기둥영어는 특별합니다.

하루에 한 스텝씩

꾸준히 공부하면

쉽게 영어를 정복할 수 있습니다.

최파비아 기둥영어 7

최파비아 기둥영어 7

1판 1쇄 인쇄 2020. 12. 15.
1판 1쇄 발행 2020. 12. 28.

지은이 최파비아
도 움 최경 (Steve Choi)
디자인 Frank Lohmoeller (www.zero-squared.net)

발행인 고세규
발행처 김영사
등록 1979년 5월 17일(제406-2003-036호)
주소 경기도 파주시 문발로 197(문발동) 우편번호 10881
전화 마케팅부 031)955-3100, 편집부 031)955-3200 | 팩스 031)955-3111

값은 뒤표지에 있습니다.
ISBN 978-89-349-9144-1 14740
978-89-349-9137-3 (세트)

홈페이지 www.gimmyoung.com 블로그 blog.naver.com/gybook
페이스북 facebook.com/gybooks 이메일 bestbook@gimmyoung.com

좋은 독자가 좋은 책을 만듭니다.
김영사는 독자 여러분의 의견에 항상 귀 기울이고 있습니다.

최파비아 기둥영어

14번 BE + pp 기둥
15번 SHOULD 기둥

7

영어공부를 재발명합니다

최파비아 지음

김영사

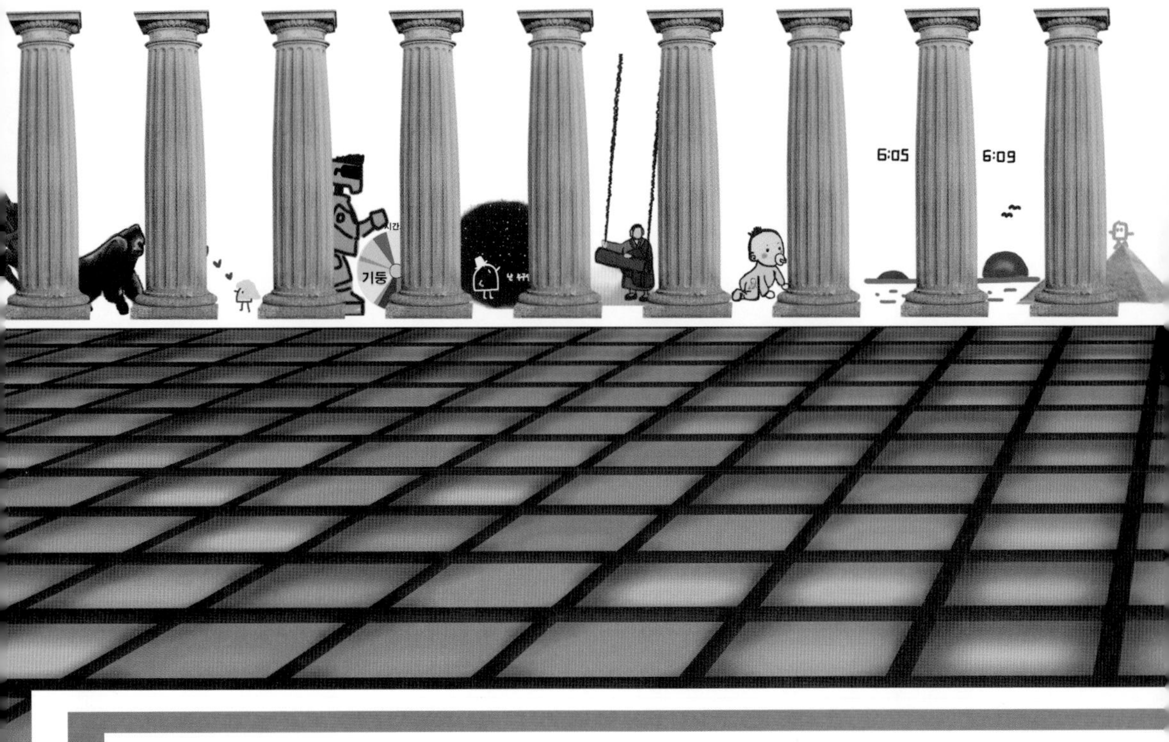

기둥 구조로 영어를 바라보는 순간 영어는 상상 이상으로 쉬워집니다.

영어의 모든~ 말은 아무리 복잡해 보여도 다 이 19개의 기둥들로 이루어져 있습니다.
더 좋은 소식은, 19개 모두 한 가지 똑같은 틀로 움직인다는 거죠. 영어가 엄청 쉬워지는 겁니다.
지금까지 영어 정복은 끝이 없는 것처럼 보였을 텐데요. 19개의 기둥을 토대로 익히면 영어 공부에 끝이 보이기 시작할 겁니다.

한국인처럼 영어를 열심히 공부하는 사람은 없습니다.
왜 우리는 지금까지 "영어는 기둥이다"라는 말을 못 들어봤을까요?

기둥영어는 세 가지 특이한 배경의 조합에서 발견됐습니다.
첫 번째는 클래식 음악 작곡 전공입니다.
두 번째는 열다섯 살에 떠난 영국 유학입니다.
마지막으로 세 번째는 20대에 단기간으로 떠난 독일 유학입니다.

영국에서 영어만 쓸 때는 언어를 배우고 익히는 방법을 따로 고민하지 않았습니다.
영어의 장벽을 넘어선 후 같은 서양의 언어인 독일어를 배우며 비로소 영어를 새로운 시각으로 바라볼 수 있었습니다. 클래식 음악 지식을 배경으로 언어와 음악을 자연스레 비교하자 영어의 구조가 확실히 드러났으며, 그러던 중 단순하면서도 확실한 영어공부법을 발견하게 되었습니다.
'기둥영어'는 이 세 가지의 특이한 조합에서 탄생한 새롭고 특별한 공부법임에 틀림없습니다.

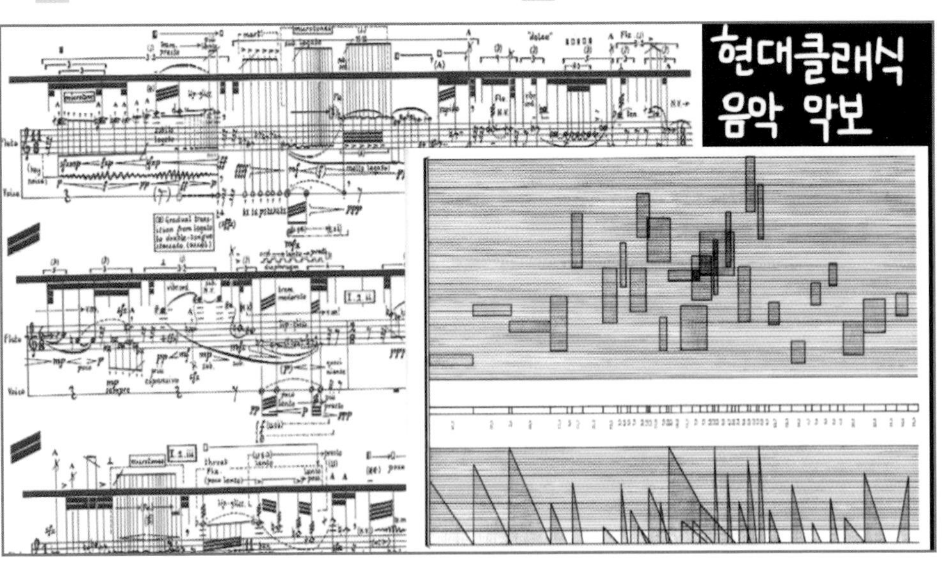

서양의 건축물을 보면 기둥이 있습니다. 서양인들은 건축뿐만 아니라 음악도 소리를 기둥처럼 쌓아서 만들었습니다. 건축이나 음악과 마찬가지로 영어도 기둥을 세우는 구조로 만들어져 있습니다. 영어의 기둥 구조는 건축과 음악처럼 단순합니다. 구조의 기본 법칙과 논리만 알면 초등학생도 복잡하고 어렵게 느끼는 영어를 아주 쉽게 자신의 것으로 만들 수 있습니다.
지금까지 우리가 알던 영어공부법은 처음에는 쉽지만 수준이 올라갈수록 어려워집니다. 이 기둥영어는 문법을 몰라도 끝까지 영어를 쉽게 배울 수 있습니다.

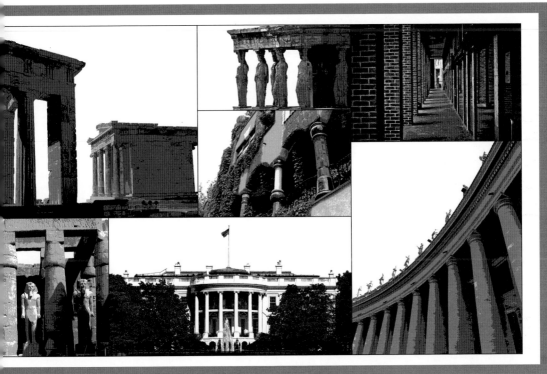

앱과 온라인 기반의 영어공부법이 우후죽순으로 나오고 너도나도 교재를 출간하는 등 영어 학습 시장은 포화 상태입니다. '기둥영어'는 왜 과열된 학습 시장에 뛰어들었을까요?

시장에 나와 있는 모든 영어공부법을 철저히 분석해봤습니다.

결론은 한국인은 영어공부를 너무 오랫동안 한다는 사실입니다.
죽어라 공부해야 결국 일상회화나 할 정도가 됩니다.
고급 영어는 아예 쳐다도 못 봅니다.
다시 말해 외국어 교육법으로는 형편없습니다.

유학생이 영어를 익힌 후 생활 속에서 자연스레 영어를 쓰듯, 국내에서 공부해도 유학생처럼 되는 영어공부법을 재발명할 필요가 있습니다. 그래서 영어공부법을 재발명했으며, 이것이 바로 기둥영어입니다. 더구나 이 방법은 사람들의 기대를 완전히 뛰어넘는 영어공부의 혁명입니다.

한국인은 전 세계에서 5위 안에 들 정도로 똑똑합니다.
이렇게 똑똑한 사람들은 시스템이나 구조보다 위에 있어야지, 그것들에 종속되어서는 안 됩니다. 우리는 중학교-고등학교-대학교까지 잘못된 영어 시스템에 종속되어 왔습니다. 심지어 유치원-초등학교까지 이 시스템에 종속되려고 합니다. 학교 영어교육 시스템에서 벗어나 사회로 나오면 또 돈을 들여 영어공부를 다시 시작합니다. 10년 아니 20년이 넘는 시간과 자신의 재능을 낭비하는 것입니다.

10대부터 60대까지 모든 연령대의 학생들을 가르치며 확신한 것이 하나 있습니다.
"우리는 이렇게까지 영어를 오랫동안 힘들게 할 필요가 없다."
이 바쁜 시대에 영어공부법은 쉽고 정확하고 빨라야 합니다. 빨리 영어를 도구로 삼아 더 큰 목표에 집중해야 합니다.
기둥영어는 영어라는 언어를 처음으로 우리에게 이해시켜줍니다.
쉬워서 모든 사람이 배울 수 있고, 정확한 분석으로 영어공부에 쉽게 적용할 수 있으며, 회화만이 아닌 모든 영역에 빠르게 생활화할 수 있습니다.
기둥영어가 여러분의 영어공부에 새로운 빛이 되어줄 것이라 확신합니다. 책을 통해 이 교육법을 모두와 공유합니다.

포기하지 마!

네가 못해서

그런 게 아니야.

원어민 선생님과 바로 스피킹하는 기존 방식은 '맨땅에 헤딩'하기와 같습니다.

원어민은 태어나 한 번도 영어 스피킹을 배운 적이 없습니다. 우리가 한국어를 자연스럽게 터득한 것처럼 그들도 마찬가지입니다.

원어민 선생님은 그저 우리와 대화하면서 틀린 것을 고쳐주거나, 필요한 문장을 반복해서 외우라고 말합니다.

세상에 말이 얼마나 많은데 일일이 어떻게 다 외웁니까?
그렇게 외우다가는 끝이 없습니다. 고급 영어는 꿈도 못 꿉니다. 결국 포기하게 될지도 모릅니다.

즉석에서 문장을 만들어내며 나의 메시지를 전달할 줄 알아야 외국어 공부로부터 자유로워집니다.

유학을 갔다 오든, 한국에 있든, 영어를 잘하려면 영어의 큰 구조를 알아야 합니다. 그래야 영어 실력도 올리고 고급 영어까지 구사할 수 있게 됩니다.

지금도 초등학교에서는
영어 문장 고작 몇 개를
반복해서 말하며 익히는 것에
한 학기를 소비합니다.

그러다 중학교부터 시험에 들어가면 실제
영어랑 너무 달라서 결국 둘 중에 하나는
포기하기에 이릅니다.

공부해야 하는 기간에
영어를 놓쳐버린 우리는
성인이 되어 자비를 들여
실전 영어를 하려 하지만,
체계적인 방법은 없고 다 그때뿐입니다.
시간이 지나면 까먹어서 다시 기본 문장만
영어로 말하고 있습니다.

요즈음은 안 들리는 영어를 머리 아파도
참아가며 한 문장을 수십 번씩 듣고
따라 하는데 그게 얼마나 집요해야 할까요!
학생이든 성인이든
영어를 좀 알아야 하죠!
문장이고 문법이고 이해가 안 가는데…
"귀에서 피나겠어!"

기존 시스템은 우리를 너무 헷갈리게 합니다. 그래서 기둥영어는 영어의 전 과정을 세밀하게 담아내면서 남녀노소 그 어느 레벨이든 탄탄하게 영어가 쌓이도록 만들었습니다.

기둥영어를 담아낸 체계적인 시스템이 Map입니다. 그럼 Map을 구경해보죠.

<교재사용법> Map은 영어의 전 과정을 보여줍니다.

Map의 구성은 기존의 모든 영어책과 다릅니다. 가르쳐주지 않은 구조는 절대 예문으로 섞여 나오지 않기 때문에 (다른 모든 영어 교재들은 섞여 나옴) 자신감이 향상되면서 스피킹이 됩니다.

또한 개념을 꾸준하게 설명하면서 모든 것을 암기가 아닌 응용으로 익히기 때문에 스텝이 진행되면서 여러분이 말할 수 있는 영어 문장들은 기하급수적으로 많아집니다.

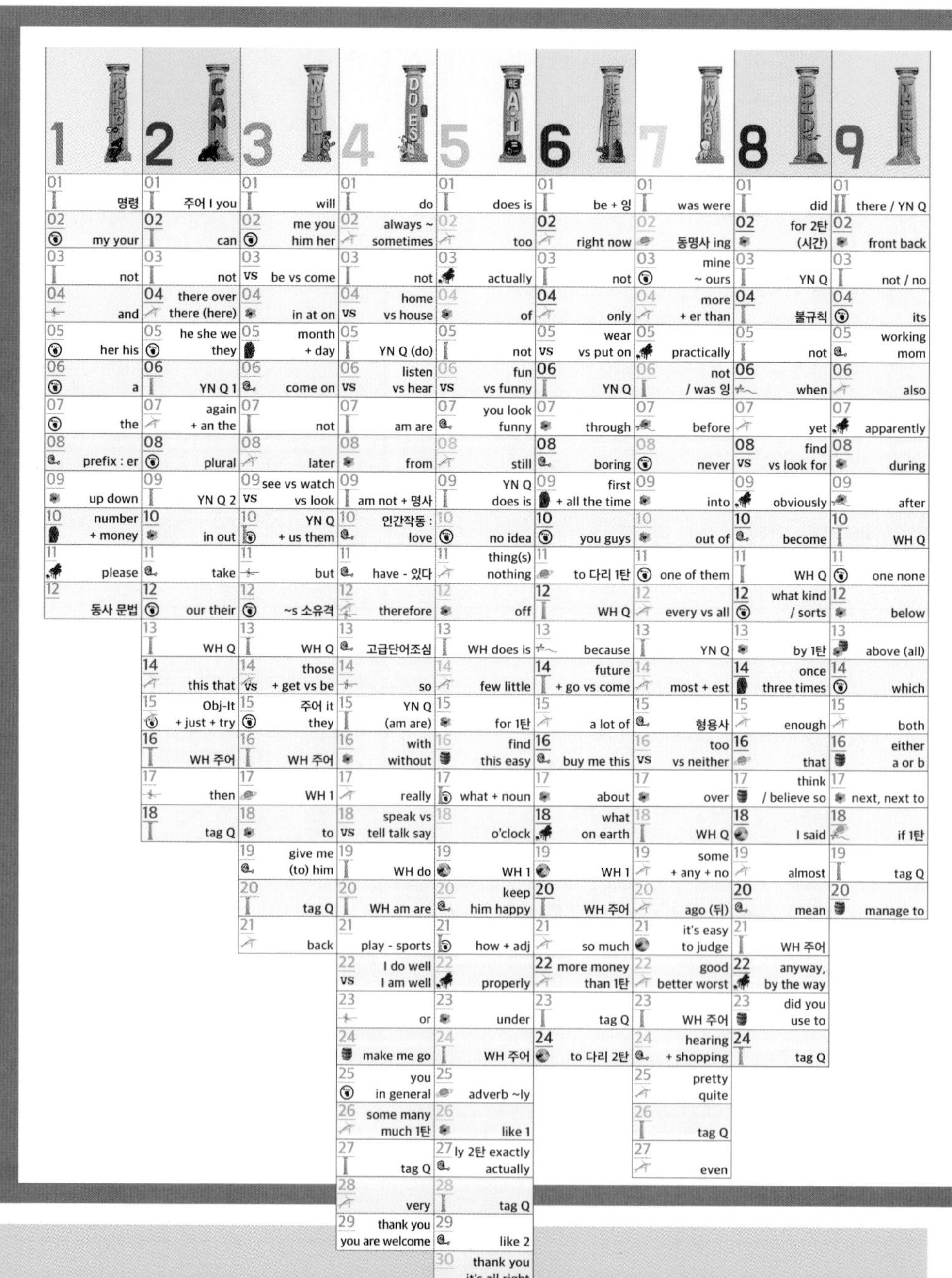

	1	2	3	4	5	6	7	8	9
01	명령	주어 I you	will	do	does is	be + 잉	was were	did	there / YN Q
02	my your	can	me you him her	always ~ sometimes	too	right now	동명사 ing	for 2탄 (시간)	front back
03	not	not	be vs come	not	actually	not	mine ~ ours	YN Q	not / no
04	and	there over there (here)	in at on	home vs house	of	only	more + er than	불규칙	its
05	her his	he she we they	month + day	YN Q (do)	not	wear vs put on	practically	not	working mom
06	a	YN Q 1	come on	listen vs hear	fun vs funny	YN Q	not / was 잉	when	also
07	the	again + an the	not	am are	you look funny	through	before	yet	apparently
08	prefix : er	plural	later	from	still	boring	never	find vs look for	during
09	up down	YN Q 2	see vs watch vs look	am not + 명사	YN Q does is	first + all the time	into	obviously	after
10	number + money	in out	YN Q + us them	인간작동 : love	no idea	you guys	out of	become	WH Q
11	please	take	but	have - 있다	thing(s) nothing	to 다리 1탄	one of them	WH Q	one none
12	동사 문법	our their	~s 소유격	therefore	off	WH Q	every vs all	what kind / sorts	below
13		WH Q	WH Q	고급단어조심	WH does is	because	YN Q	by 1탄	above (all)
14		this that	those + get vs be	so	few little	future + go vs come	most + est	once three times	which
15		Obj-It + just + try	주어 it they	YN Q (am are)	for 1탄	a lot of	형용사	enough	both
16		WH 주어	WH 주어	with without	find this easy	buy me this	too vs neither	that	either a or b
17		then	WH 1	really	what + noun	about	over	think / believe so	next, next to
18		tag Q	to	speak vs tell talk say	o'clock	what on earth	WH Q	I said	if 1탄
19			give me (to) him	WH do	WH 1	WH 1	some + any + no	almost	tag Q
20			tag Q	WH am are	keep him happy	WH 주어	ago (뒤)	mean	manage to
21			back	play - sports	how + adj	so much	it's easy to judge	WH 주어	
22				I do well vs I am well	properly	more money than 1탄	good better worst	anyway, by the way	
23				or	under	tag Q	WH 주어	did you use to	
24				make me go	WH 주어	to 다리 2탄	hearing + shopping	tag Q	
25				you in general	adverb ~ly		pretty quite		
26				some many much 1탄	like 1		tag Q		
27				tag Q	ly 2탄 exactly actually		even		
28				very	tag Q				
29				thank you you are welcome	like 2				
30					thank you it's all right				

스텝에서는 우리말이 많아 보이지만 우리말 설명 앞에 계속해서 나오는 #이 붙은 모든 문장을 이제 여러분 스스로 영어로 말하게 될 것입니다. 설명은 많지 않습니다. 개념을 익히고 계속 영어로 만들면서 진행합니다. 그래서 영어라는 언어가 어떤 것인지 정확히 감을 잡게 됩니다. 이렇게 해야 영어 공부에서 자유로워집니다.

말하기로 진도가 나가면서 듣기, 쓰기, 독해를 함께 끝낼 수 있습니다.

언어는 이렇게 모든 것을 아우르며 공부하는 것이 맞습니다.

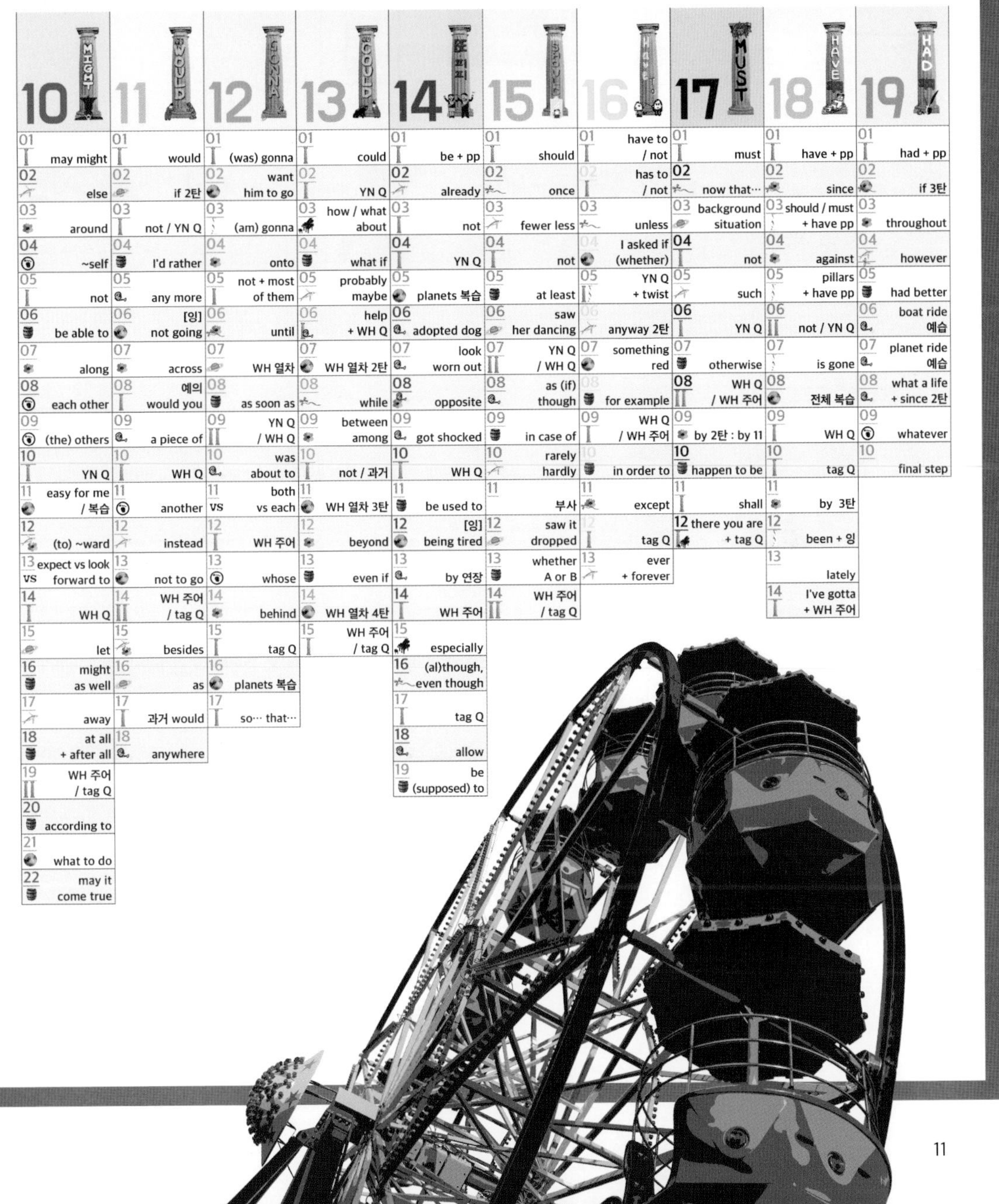

	10 MIGHT	11 WOULD	12 GONNA	13 COULD	14 BE 피피	15 SHOULD	16 HAVE TO	17 MUST	18 HAVE	19 HAD
01	may might	would	(was) gonna	could	be + pp	should	have to / not	must	have + pp	had + pp
02	else	if 2탄	want him to go	YN Q	already	once	has to / not	now that…	since	if 3탄
03	around	not / YN Q	(am) gonna	how / what about	not	fewer less	unless	background situation	should / must + have pp	throughout
04	~self	I'd rather	onto	what if	YN Q	not	I asked if (whether)	not	against	however
05	not	any more	not + most of them	probably maybe	planets 복습	at least	YN Q + twist	such	pillars + have pp	had better
06	be able to	[잉] not going	until	help + WH Q	adopted dog	saw her dancing	anyway 2탄	YN Q	not / YN Q	boat ride 예습
07	along	across	WH 열차	WH 열차 2탄	look worn out	YN Q / WH Q	something red	otherwise	is gone	planet ride 예습
08	each other	예의 would you	as soon as	while	opposite	as (if) though	for example	WH Q / WH 주어	전체 복습	what a life + since 2탄
09	(the) others	a piece of	YN Q / WH Q	between among	got shocked	in case of	WH Q / WH 주어	by 2탄 : by 11	WH Q	whatever
10	YN Q	WH Q	was about to	not / 과거	WH Q	rarely hardly	in order to	happen to be	tag Q	final step
11	easy for me / 복습	another	both vs each	WH 열차 3탄	be used to	부사	except	shall	by 3탄	
12	(to) ~ward	instead	WH 주어	beyond	[잉] being tired	saw it dropped	tag Q	there you are + tag Q	been + 잉	
13	expect vs look forward to	not to go	whose	even if	by 연장	whether A or B	ever + forever		lately	
14	WH Q	WH 주어 / tag Q	behind	WH 열차 4탄	WH 주어	WH 주어 / tag Q			I've gotta + WH 주어	
15	let	besides	tag Q	WH 주어 / tag Q	especially					
16	might as well	as	planets 복습		(al)though, even though					
17	away	과거 would	so… that…		tag Q					
18	at all + after all	anywhere			allow					
19	WH 주어 / tag Q				be (supposed) to					
20	according to									
21	what to do									
22	may it come true									

〈교재사용법〉 아이콘 설명

기둥을 중심으로 Map을 따라가다 보면 영어의 다양한 구조들을 빈틈없이 싹 훑게 될 것입니다. 영어는 기둥을 계속 나란히 세울 수 있게 만들어진 언어이고 그 기둥들에 붙는 다양한 도구들은 총 10개밖에 안 됩니다. 이것들로 인해 영어는 다시 한번 엄청 쉬워집니다.

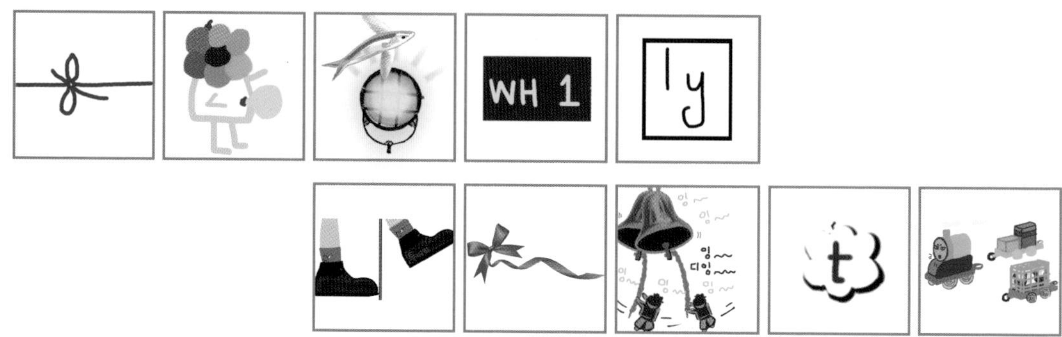

이 도구의 아이콘들과 특이한 명칭들은 여러분에게 재미있으라고 만든 것도 아니고 심심해서 만든 것도 아닙니다.

각 문법의 특징을 상기시켜주는 중요한 도움이 될 장치라는 것을 알게 될 겁니다. 모든 그림은 문법의 기능을 보여주기 위한 것이며 각각의 틀을 정확히 알아야 처음으로 접한 말도 스스로 응용해 영어로 만들 수 있습니다. 각 아이콘은 초등학생도 영어 구조의 기능을 완전히 파악할 정도로 정확히 보여줍니다.

그러면 등위 접속사, 부정사 명사 기능, 관계대명사, 부사구, 분사구문 조건절 등등 저 잡다하고 복잡한 모든 문법 용어가 다 사라집니다. 하지만 여러분은 정확하게 문법들을 사용할 수 있게 되죠.

그리고 고급 문법 구조들도 스스로 응용하여 새로운 말까지 만들어낼 수 있습니다.

반복되는 아이콘이 머릿속에 문법의 기능과 이미지로 팍팍 새겨지며 복잡한 문법들이 이렇게 귀여운 10개의 도구로 끝납니다.

나중에는 이미지만으로 설명 없이도 새로운 구조를 바로 이해하게 됩니다. 이렇게 적은 수의 아이콘으로 어려운 문장들까지 쉽게 읽고 말하는 신비한 경험을 하게 될 겁니다.

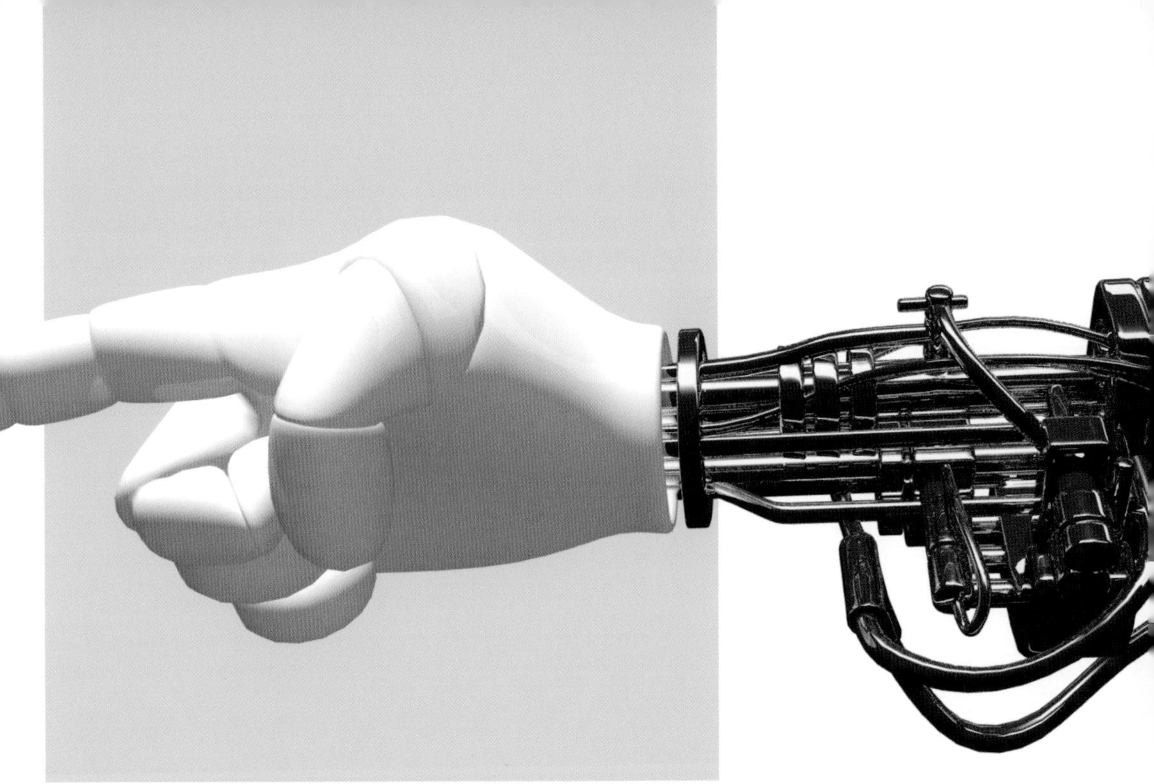

<문법 용어>

영어를 모를 때나 문법 용어를 찾게 되지 영어가 보이면 문법 용어는 쳐다보지도 않게 됩니다. 이 코스로 배운 모든 학생이 경험한 변화입니다. 여러분도 각 기능을 다 알고 나면 더 이상 이 아이콘을 굳이 쓰지 않아도 됩니다. 정작 영어를 하기 시작하면 용어 자체를 말하는 일 없이 자신의 말을 하기 때문입니다.

영어는 반복 훈련이 필요하다는 것을 다들 아실 것입니다.
하지만 언어는 다양하게 말할 수 있기 때문에 운동이나 악기연습같이 똑같은 것을 반복하는 훈련이 아닌 작곡 같은 훈련을 해야 합니다. 같은 패턴이나 문장의 암기가 아닌 자신의 말로 다양하게 만들어보는 반복 훈련을 하면 훨씬 더 큰 결과물을 빠르게 얻습니다. 그런 반복 훈련이 될 수 있도록 매 스텝을 준비했습니다.

각 스텝에 주어진 단어들이 너무 쉬워 보이나요? 쉬운 단어들을 드리는 이유는 구조를 정확히 볼 수 있게 하기 위해서입니다. 단어까지 어려우면 뒤에 숨겨진 구조를 보지 못합니다. 하지만 구조를 정확하게 이해하면 어려운 단어들로 이루어진 복잡한 문장도 쉽게 말할 수 있습니다.

이 모든 것을 쉽게 따라올 수 있도록 Map을 만들었습니다.

스텝 안에서 유념해야 할 부분

#이 붙은 문장은 설명을 보지 말고, 바로 영어로 만들라는 뜻입니다. 이렇게 계속 새로운 우리말을 영어로 직접 만들면서 익혀나갑니다. 설명만을 읽으면 지루하기도 하고, 또 문장만 만들면 암기를 하게 되는 식이라 응용법을 익힐 기회가 사라집니다. 설명을 보지 말고 함께 제공되는 가리개로 가리면서 직접 영어로 만드세요.

#이 붙은 문장들은 그 스텝에서 배우는 것만 나오지 않고, 그 전의 스텝에서 배운 것도 랜덤으로 섞이면서 접하지 않은 새로운 문장으로 나오기 때문에 퀴즈처럼 항상 머릿속으로 헤아리면서 진행해야 합니다. 재미있을 겁니다.

#이 붙은 문장을 보면 아래 설명 부분을 가리개로 가리고 공부하면 좋습니다. 정확히 구조를 모를 때는 공책에 먼저 써본 후 말하는 것을 추천합니다. 안다고 생각해도 정작 써보고 나서 가이드와 비교하면 틀리는 경우를 종종 봐왔기 때문입니다.

스텝 설명 예시

#A: 그녀는 나이가 듦에 따라, 자신감도 늘어났어.

> grow old / confidence [컨*피던스] / gain [게인] <

나이가 듦 = 자신감 늘어남. 그래서 as를 쓸 수 있죠.

→ As she grew older, she gained more confidence.

#B: 그래? 나는 나이가 듦에 따라, 몸무게가 늘었는데.

> weight / gain <

→ Yeah? As I grew older, I gained weight.

#A: 그것만이 아니지.

→ That's not all. / Not only that.이라고도 잘 쓴답니다.

#나이가 들면서 혈당량도 올라갔지.

> blood sugar level <

나이가 듦 = 혈당량도 올라감

→ As you grew older, your blood sugar level went up too.

가리개 설명

여러분은 스텝 안의 #이 붙은 모든 문장과 연습 문장을 직접 영어로 만들어나갑니다.
먼저 배운 것도 랜덤으로 섞여 나오므로 계속 이전의 것도 함께 기억하면서 새로운 것을 배웁니다.
여러분이 직접 골라서 사용할 줄 알아야 하기 때문에 잘 생각날 수 있게 가리개에 기록해두었습니다.

이제 5형식이나 시제, 조동사 등을 굳이 배울 필요가 전혀 없습니다.

가리개에는 영어의 모든 구조가 이미지로 그려져 있습니다.
기둥에는 기둥의 기능을 보여주는 이미지도 그려져 있습니다.
배우지 않은 것들은 나오지 않으니, 항상 배운 것 안에서만 골라내면 됩니다.

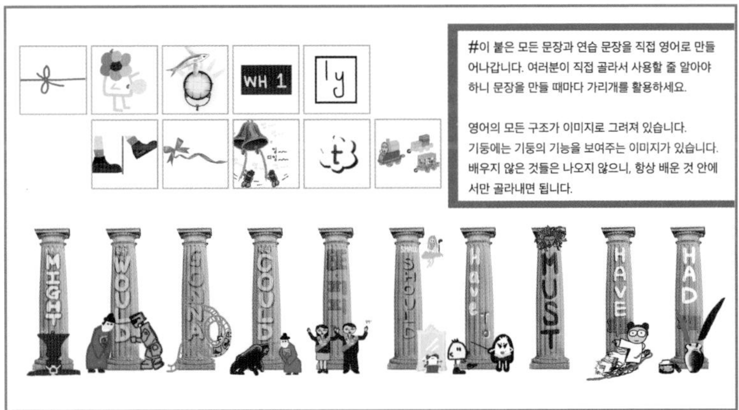

연습장 설명

연습

연습장에서 제공되는 기둥은 이미 배운 기둥뿐입니다. 위의 샘플을 보면 15번 기둥까지 배웠음을 알 수 있습니다.

문장을 만들 때는 기둥을 생각하면서 맞는 기둥을 골라 구조에 맞게 끼워 넣기만 하면 됩니다. 기둥으로 영어를 보면 우리말에 이미 힌트가 다 들어 있다는 것을 알게 됩니다. 생각할 필요 없이 단어만 끼워 맞추면 끝입니다. 영어의 모든 말은 기둥으로만 이루어져 있고, 모든 기둥은 한 가지 구조로만 움직이니 여러분은 레고처럼 그냥 단어만 끼우면 됩니다.

예문을 영어로 바꿀 때 필요한 영단어는 아래 예시처럼 회색으로 제공되며 우리말 순서대로 나열됩니다. 예를 들어, "안전벨트는 당신의 목숨을 구할 수도 있습니다." 아래에는 seatbelt / life / save로 단어가 나열됩니다.

우리말을 읽으면서 대체할 단어가 순서대로 제시되어 있습니다.
발음은 가이드라인일 뿐입니다. 접한 후 영어 발음으로 더 연습하세요.

스텝 설명 예시

#의사: 두 분 중 한 분은 가까이 계시는 편이 좋겠습니다, 동의가 필요할 것을 대비해서요.

close / stay / consent [컨센트]=동의서

One of you should stay close in case we need your consent.

#내가 산에 위스키 한 병을 가지고 오마, 우리가 뱀에 물리는 경우를 대비해서.

mountain / whiskey / bottle / snake / bite

I'll bring a bottle of whiskey to the mountain in case we get bitten by a snake.

연습장 설명

예문 오른쪽 하단의 가이드 역시 가리개로 가리고 영어 문장을 만들면 좋습니다. 연습장에서도 더 시간을 투자할 수 있으면, 공책에 적으면서 말하는 것을 추천합니다. 쓰면서 하는 공부는 다릅니다. 직접 써보면 안다고 생각했던 문장도 틀리기 쉽다는 것을 알게 될 것입니다. 적은 것을 확인한 후에 영어로 말하며 다시 만들어봅니다. 천천히 만들면서 우리말에 감정을 싣듯이 영어에도 감정을 실어 말합니다.

그 후 발음까지 좋게 하기를 원하면 www.paviaenglish.com으로 가서 리스닝 파일을 들으면서 셰도잉 기법을 활용하면 됩니다. 셰도잉 기법은 문장이 끝날 때까지 기다리지 않고 상대가 말하는 대로 바로바로 따라 말하는 방법입니다. 그러면 발음은 금방 자연스럽게 좋아집니다.

하루에 한 스텝씩! 매 스텝을 하루 10분 이내로 1개씩만 해도 1년이면 다 끝납니다. 이미 해 본 학생들 말로는 한 스텝씩이기 때문에 벅차지 않다고 합니다.

1년 뒤면 실제로 영어가 여러분의 것이 될 수 있습니다. 원서로 책을 읽고, 할리우드 영화를 영어 자막으로 보다가 자막 없이도 보고, 궁금한 내용을 구글에서 영어로 검색하는 등 실제 유학생들처럼 영어가 공부가 아닌 생활이 되기 시작할 것입니다.

영어를 어느 정도 익힌 학생들이나 빠르게 끝내야 하는 학생들을 위해 Map 안에 지름길이 세팅되어 있습니다.

다음 페이지에서 세 종류의 지름길을 소개합니다.

지름길: 필요에 따라 적절한 코스대로 익혀나가도 좋습니다.
322-323쪽에서 아이콘 요약서를 접하면 좀 더 빠르게 진행할 수 있습니다.

문법 지름길 코스

학교에서 배우는 문법을 이해 못하겠다. 말하기는커녕 독해도 어렵다. 서둘러 늘고 싶다.

고급 지름길 코스

기본 영어는 잘하고 어휘와 문법은 꽤 알지만 복잡한 문장들은 혼자서 만들 수가 없다.

여행 지름길 코스

영어를 하나도 모르지만 내 여행 스타일에 맞는 영어를 준비해서 갈 수 있으면 좋겠다.

문법 지름길

		02[13]	WH Q			05[04]	of
01[01]	명령	02[15]	Obj-it + just + try	04[01]	do	05[05]	not
01[02]	my your	02[16]	WH 주어	04[02]	always ~ sometimes	05[07]	you look funny
01[03]	not	02[17]	then	04[03]	not	05[09]	YN Q does is
01[04]	and	02[18]	tag Q	04[05]	YN Q (do)	05[10]	no idea
01[05]	her his			04[07]	am are	05[12]	off
01[06]	a	03[01]	will	04[08]	from	05[13]	WH does is
01[07]	the	03[02]	me you him her	04[09]	am not + 명사	05[14]	few little
01[09]	up down	03[04]	in at on	04[14]	so	05[15]	for 1탄
01[12]	동사 문법	03[07]	not	04[15]	YN Q (am are)	05[16]	find this easy
		03[10]	YN Q + us them	04[16]	with without	05[17]	what + noun
02[01]	주어 I You	03[11]	but	04[19]	WH do	05[19]	WH 1
02[02]	can	03[12]	~s 소유격	04[20]	WH am are	05[20]	keep him happy
02[03]	not	03[13]	WH Q	04[22]	I do well I am well	05[21]	how + adj
02[05]	he she we they	03[15]	주어 it they	04[23]	or	05[23]	under
02[06]	YN Q 1	03[16]	WH 주어	04[24]	make me go	05[25]	adverb ~ly
02[08]	plural	03[17]	WH 1	04[26]	some many much	05[26]	like 1
02[09]	YN Q 2	03[18]	to				
02[12]	our their	03[19]	give me (to) him	05[01]	does is	06[01]	be + 잉

06^{03}	NOT	08^{13}	by 1탄	11^{16}	as		
06^{07}	through	08^{16}	that	11^{17}	과거 would	15^{01}	should
06^{08}	boring	08^{17}	think / believe so			15^{02}	once
06^{11}	to 다리 1탄	08^{18}	I said	12^{01}	(was) gonna	15^{06}	saw her dancing
06^{13}	because	08^{23}	did you use to	12^{02}	want him to go	15^{09}	in case of
06^{14}	future + go vs come			12^{03}	(am) gonna	15^{11}	부사
06^{16}	buy me this	09^{01}	there / YN Q	12^{06}	until	15^{12}	saw it dropped
06^{17}	about	09^{02}	front back	12^{07}	WH 열차		
06^{19}	WH 1	09^{03}	not / no	12^{08}	as soon as	16^{01}	have to / not
06^{22}	more money than	09^{04}	its	12^{09}	YN Q / WH Q	16^{02}	has to / not
06^{24}	to 다리 2탄	09^{05}	working mom	12^{13}	whose	16^{05}	YN Q + twist
		09^{08}	during	12^{14}	behind	16^{07}	something red
07^{01}	was were	09^{09}	after	12^{16}	planets 복습	16^{10}	in order to
07^{02}	동명사 ing	09^{14}	which	12^{17}	so…that…	16^{11}	except
07^{03}	mine ~ ours	09^{16}	either a or b				
07^{04}	more + er than	09^{17}	next, next to	13^{01}	could	17^{01}	must
07^{06}	not / was 잉	09^{18}	if 1탄	13^{02}	YN Q	17^{02}	now that…
07^{07}	before			13^{06}	help + WH Q	17^{03}	background
07^{08}	never	10^{01}	may + might	13^{07}	WH 열차 2탄	17^{09}	by 2탄: By 11
07^{14}	most + est	10^{04}	~self	13^{08}	while		
07^{15}	형용사	10^{06}	be able to	13^{10}	not / 과거	18^{01}	have + pp
07^{16}	too vs neither	10^{11}	easy for me + 복습	13^{11}	WH 열차 3탄	18^{02}	since
07^{17}	over	10^{14}	WH Q	13^{14}	WH 열차 4탄	18^{03}	should + have pp
07^{19}	some + any + no	10^{15}	let			18^{05}	pillars + have pp
07^{20}	ago (뒤)	10^{20}	according to	14^{01}	be + pp	18^{07}	is gone
07^{21}	it's easy to judge	10^{21}	what to do	14^{03}	NOT	18^{11}	by 3탄
07^{22}	good better worst			14^{04}	YN Q	18^{12}	been + 잉
		11^{01}	would	14^{06}	adopted dog	18^{13}	lately
08^{01}	did	11^{02}	If 2탄	14^{07}	look worn out		
08^{02}	for 2탄 (시간)	11^{03}	not + YN Q	14^{11}	be used to	19^{01}	had + pp
08^{03}	YN Q	11^{06}	[잉] not going	14^{12}	[잉] being tired	19^{02}	if 3탄
08^{04}	불규칙	11^{08}	예의 would you	14^{13}	by 연장	19^{04}	however
08^{06}	when	11^{09}	a piece of	14^{16}	(al)~, even though	19^{05}	had better
08^{12}	what kind / sorts	11^{13}	not to go	14^{18}	allow	19^{08}	what a life + since

				12[17]	so…that…	17[02]	now that…
01[01]	명령	07[01]	was were			17[03]	background
01[03]	not	07[02]	동명사 ing	13[01]	could	17[07]	otherwise
		07[05]	practically	13[04]	what if	17[10]	happen to be
02[01]	주어 I you	07[21]	It's easy to judge	13[07]	WH 열차 2탄		
02[02]	can			13[11]	WH 열차 3탄	18[01]	have + pp
02[03]	not	08[01]	did	13[13]	even if	18[02]	since
02[06]	Y.N Q 1	08[16]	that	13[14]	WH 열차 4탄	18[03]	should + have pp
02[09]	Y.N Q 2					18[05]	pillars + have pp
02[13]	WH Q	09[01]	there / YN Q	14[01]	be + pp	18[07]	is gone
02[16]	WH 주어	09[03]	not / no	14[03]	not	18[12]	been + 잉
		09[07]	apparently	14[06]	adopted dog		
03[17]	WH 1	09[14]	which	14[07]	look worn out	19[01]	had + pp
03[19]	give me (to) him	09[18]	if 1탄	14[11]	be used to	19[02]	if 3탄
		09[20]	manage to	14[12]	[잉] being tired	19[08]	what a life + since
04[01]	do			14[16]	(al)~, even though		
04[03]	not	10[01]	may might	14[19]	be (supposed) to		
04[07]	am are	10[15]	let				
04[12]	therefore	10[16]	might as well	15[01]	should		
04[13]	고급단어조심	10[21]	what to do	15[02]	once		
04[14]	so			15[06]	saw her dancing		
04[22]	I do well I am well	11[01]	would	15[08]	as (if) though		
04[24]	make me go	11[02]	if 2탄	15[09]	in case of		
		11[06]	[잉] not going	15[12]	saw it dropped		
05[01]	does is	11[13]	not to go	15[13]	whether A or B		
05[03]	actually	11[16]	as				
05[04]	of	11[17]	과거 would	16[01]	have to / not		
05[22]	properly			16[03]	unless		
		12[01]	(was) gonna	16[04]	I asked if (whether)		
06[01]	be + 잉	12[02]	want him to go	16[05]	YN Q + twist		
06[11]	to 다리 1탄	12[03]	(am) gonna	16[07]	something red		
06[13]	because	12[07]	WH 열차	16[10]	in order to		
06[19]	WH 1	12[10]	was about to				
06[24]	to 다리 2탄	12[13]	whose	17[01]	must		

여행 지름길

		04[11]	have - 있다	07[21]	it's easy to judge	12[02]	want him to go
01[01]	명령	04[14]	so			12[03]	(am) gonna
01[02]	my your	04[16]	with without	08[01]	did	12[06]	until
01[03]	not	04[23]	or	08[02]	for 2탄 (시간)	12[07]	WH 열차
01[04]	and			08[03]	YN Q		
01[09]	up down	05[01]	does is	08[04]	불규칙	13[01]	could
01[10]	number + money	05[03]	actually	08[05]	not	13[02]	YN Q
01[11]	please	05[04]	of	08[06]	when	13[03]	how / what about
		05[05]	not	08[11]	WH Q	13[07]	WH 열차 2탄
02[01]	주어 I You	05[10]	no idea	08[12]	what kind / sorts		
02[02]	can	05[11]	thing(s) nothing	08[13]	by 1탄	14[01]	be + pp
02[03]	not	05[15]	for 1탄	08[16]	that	14[06]	adopted dog
02[04]	over there (here)	05[17]	what noun	08[18]	I said		
02[06]	YN Q 1	05[19]	WH 1	08[20]	mean	15[01]	should
02[07]	again + an the	05[21]	how + adj			15[07]	YN Q / WH Q
02[13]	WH Q	05[23]	under	09[01]	there / YN Q		
02[14]	this that	05[25]	adverb ~ly	09[03]	not / no	16[01]	have to / not
02[15]	Obj-it + just + try	05[26]	like 1	09[05]	working mom	16[02]	has to / not
02[17]	then			09[08]	during	16[05]	YN Q + twist
		06[01]	be + 잉	09[09]	after	16[11]	except
03[01]	will	06[07]	through	09[10]	WH Q		
03[04]	in at on	06[08]	boring	09[14]	which	17[01]	must
03[10]	YN Q + us them	06[11]	to 다리 1탄	09[17]	next, next to	17[03]	background
03[11]	but	06[12]	WH Q	09[18]	if 1탄	17[04]	not
03[13]	WH Q	06[13]	because				
03[14]	those + get vs be	06[14]	future + go vs come	10[01]	may might	18[01]	have + pp
03[21]	back	06[15]	a lot of	10[15]	let	18[02]	since
		06[17]	about	10[21]	what to do	18[03]	should + have pp
04[01]	do	06[24]	to 다리 2탄			18[07]	is gone
04[03]	not			11[01]	would		
04[05]	YN Q (do)	07[01]	was were	11[08]	예의 would you		
04[07]	am are	07[02]	동명사 ing	11[10]	WH Q		
04[08]	from	07[07]	before				
04[09]	am not + 명사	07[19]	some + any + no	12[01]	(was) gonna		

Index

14 BE + pp 기둥

15 SHOULD 기둥

BE + pp 기둥

14

14일

수동태

BE + pp

14번 기둥에 오신 것을 두 팔 벌려
환영합니다.
정말 많이 오셨네요!

이번 기둥은 많은 분이 가장 복잡하게 배운 기둥입니다. 억지스러운 예문을 접한 경우가 많아 언제 사용해야 하는지를 제대로 모르는 분들이 의외로 많답니다.

새로운 마음으로 시작해봅시다.
다음 문장을 영어로 만들어보세요.

#제 이름은 수지예요.

→ My name is Soo-ji.

#한국 출신이며 이 부채들은 제가 만들었습니다.

> fan은 선풍기, 부채는 paper fans <

→ I am from Korea, and I made these paper fans.

상황) 몇 개월 뒤 그 부채가 세계로 수출되었습니다. 지나가던 외국인이 묻습니다.

"이 부채는 어디서 만들어져 오는 건가요?"

상인이 대답합니다.

한국에서 만들어졌습니다.

자! 여러분도 집에 있는 물건이 '누구'에 의해 만들어졌는지는 모르죠? 그냥 '어디서' 만들어져 오는지 정도만 알 뿐입니다. 수지가 만들었는지, 정수가 만들었는지까지는 궁금해하지 않습니다.

먼저 만들어보죠.

이 부채는 한국에서 만들어집니다.

뭐가 만들어져요?

'부채'죠? This paper fan~

그다음! 만들어진다고 할 때 make잖아요. 그런데 부채가 make를 하는 것은 아니죠.

부채는 가만히 있잖아요. 부채의 상태니까, is.

This paper fan is~ 상태가 만들어진 겁니다. 이미 오래전에 한국에서 만들어져서 온 거겠죠. 그럼 과거를 써줘야 하는데, 이 과거는 그냥 DID와는 다르잖아요. 부채가 만든 것이 아니니까요. 그래서 분류를 하게 됩니다. 그리하여 영어에는 과거가 하나 더 생긴다는 것이지요. 하하.

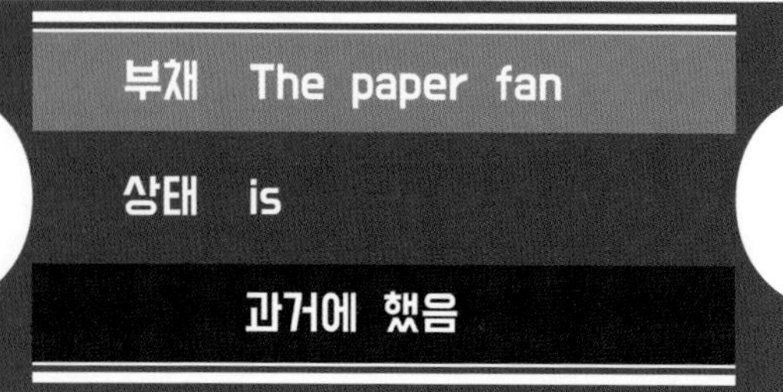

이 과거의 이름은 pp라고 부릅니다.

pp는 약자인데, 무엇의 약자인지는 중요치 않으니 pp라고 기억하세요.

자! 보세요.

make의 과거는 made, 불규칙인 것 배웠었죠?

기억하기 쉽게 나란히 써보죠.

make - made

이제 과거의 또 다른 종류인 pp도 붙일게요.

make - made - ?

make의 pp는 똑같이 made입니다.

make - made - made

긴장하게 해놓고는 결국 똑같죠?

넵! **이렇게 대부분의 pp는 과거와 모양부터 발음까지 똑같이 생겨서 따로 외울 것은 많지 않답니다.**

이 코스에서는 쉽고 자연스럽게 외울 수 있게 나누어 준비했으니, 굳이 따로 암기할 필요 없이 예문에서 접하면 됩니다.

그럼 문장을 끝까지 만들어보죠.

부채의 지금 현재 상태가
The paper fan is~
과거에 누군가가 만든 것이니 과거에 만들어서, made
부채가 만들어졌다.
The paper fan is made~
extra 외국인이 궁금해하는 것은 어디서 만들어졌느냐는 거죠?
한국인데 한국은 지역이고, 사이즈가 크니까 그 안에서 만들어져서, in Korea.
→ This paper fan is made in Korea.
어렵지 않죠?

그럼 이번에는 부채라 하지 말고 그냥 it으로 시작해서,
"한국에서 만들어졌어요"라고 만들어보죠.
It is made in Korea.
짜잔!

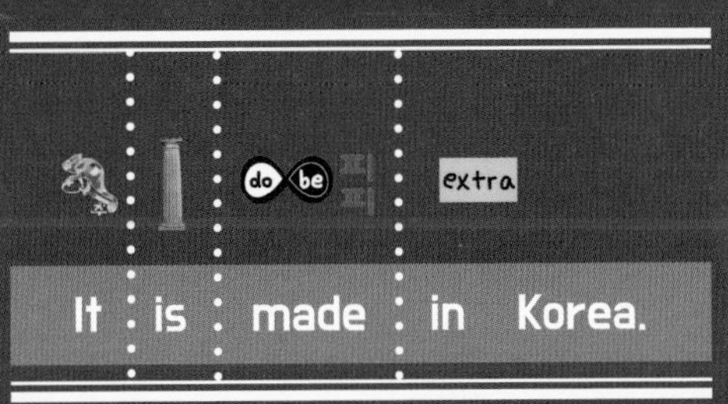

이제 왜 물건들 보면 made in Korea, made in China 되어 있는지 보이죠?
It is made in Korea.
이 물건이 '한국에서 만들어졌다'는 정보를 주는 거죠. 수지가 만들었는지까지는 관심 없는 겁니다.

일일이 "It is made in Korea"라고 전체 문장을 표기하기 그러니 앞에 'It is'는 자르고 뒤의 필요한 부분만 쓴 거죠.
Made in Korea.

더 만들어보죠.

#이 자동차는 한국에서 만들어졌어요.

이 차의 현재 상태, This car is~
만들어진 것은 이미 과거니까, made in Korea.
→ This car is made in Korea.

is를 빼버리면 자동차가 뭔가를 만든 겁니다. 자동차는 가만히 있는 것이니 "This car is~"예요.
상태인 BE 들어가고, 과거에 다른 이의 행동을 pp 과거로 집어넣은 거죠.

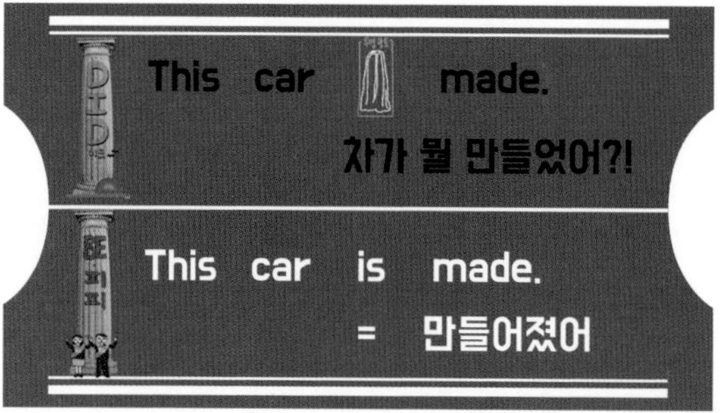

그래서 이번 기둥의 이름은 **BE + pp** 기둥입니다.

BE + 잉 기둥과 만들어진 방식은 같아요.
BE + 잉 기둥은 BE 다음에 두비를 넣어야 하는데 나란히 못 쓰니 [잉]으로 갔다면, 이 기둥은 [pp]로 간 것뿐이죠. 영어에서 이러는 것은 딱 이걸로 끝입니다.
BE 다음에 [잉]이나 [pp].

'누가' 했는지 중요치 않을 때
BE + pp 기둥을 사용한다! 이것이 이 기둥을 쓰는 이유예요. 이런 상황은 의외로 많답니다.

상황 더 들어가보죠. 영어로 먼저 만들어보세요.

상황) 친구와 새 집으로 이사했습니다. 벽에 페인트칠을 해야 하는데 어느 페인트 회사에 연락할지 고민입니다. 난 일을 가야 해서 친구에게 상기시키고 갑니다.

#그냥 다시 상기시키는 건데, 벽 까먹지 마!

> remind [*리'마인드]=상기시키다 / wall / forget <

→ I am just reminding you again, don't forget the wall!

#나 이제 일 간다! 좀 있다 봐!

→ I am going to work now. See you later!

그리고 시간이 지나 전화해봅니다.

자! 내가 궁금한 것은 벽이 칠해져 있느냐죠.
A 회사가 했는지, B 회사가 했는지, 다른 친구를 불러서 같이 했는지, 1명이 했는지, 5명이 했는지 그건 궁금하지 않아요.
벽이 칠해진 상태냐 아니냐, 그것만 궁금한 겁니다.

"벽 다 끝냈어?"라고 묻자 친구가 대답합니다.

#어, 벽 다 끝냈어.

벽이 끝났다.
벽의 상태가, The wall is~
어느 누군가에 의해 이미 과거에 끝내진 거죠, pp를 붙여줍니다.
'끝나다' finish의 did는 finished죠? 그래서 pp도 finished.
DID에서 규칙적인 것은 pp도 다 규칙입니다. 외울 게 없죠!

→ Yes, the wall is finished.

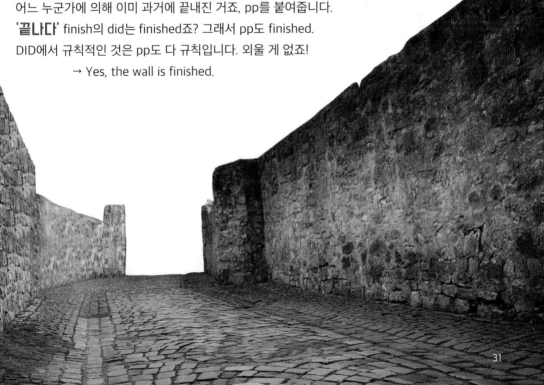

단어만 바꿔볼까요?

#페인트칠 됐어.

벽이 페인트칠 된 거죠. 벽의 상태가, 굳이 the wall 반복 안 하고, It is~
paint가 이미 됐다, paint의 과거는 규칙. 그러니 pp도 [이드] 붙여서 painted.
→ It is painted.

글이 아닌 이미지로 떠올리면서 비교해보세요.
This is paint. VS. This is painted.
모르고 보면 완전히 비슷해 보이지만
전혀 다른 기둥인 거죠.

This is paint.
이것의 상태가 페인트.
This is painted.
이것의 상태가 페인트칠이 된.
첫 번째 문장은 BE 기둥,
두 번째 문장은 BE + pp 기둥.

영어가 웃기죠? 똑같은 문장에서 한 단어 뒤에 ed 하나 달랑 붙었는데 둘은 전혀 다른 기둥인 겁니다.
이래서 기둥의 구조를 정확히 아는 것이 중요해요.

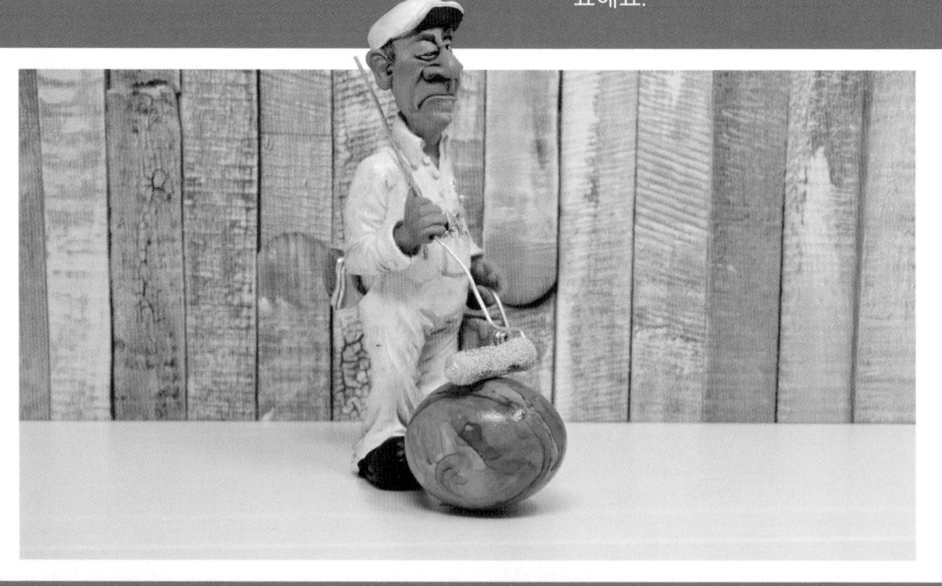

이 기둥은 기둥 생김새가 특이하니, 탄탄해질 때까지 설명과 같이 만들어보죠. 단어들은 전부 pp가 과거와 똑같이 생긴 것만 나올 거예요. 그러니 pp 모양을 고민하지 말고 기둥을 언제 쓰게 되는지 집중하면서 그 상황을 상상하며 만드세요.
이 기둥이 빛을 발하기 쉬운 것으로 가볼까요?

저들이 당선되었습니다.

이 문장 보면, 누가 당선을 시켜줬는지는 전혀 말이 없죠. 어느 지역 사람들인지, 어느 국민인지도요. 분명 많은 이가 투표하고 선출해주어 그 행동으로 인해 당선된 것이지만 말에서는 누가 투표했느냐가 아닌 누가 당선되었느냐가 중요하니 그 사람을 중심으로 말합니다.

그럼 먼저 아래 문장을 만들어보세요.

#국민들이 저들을 선출시켜줬습니다.

> people=국민 / elect [일'렉트]=선출하다 <

→ People elected them.

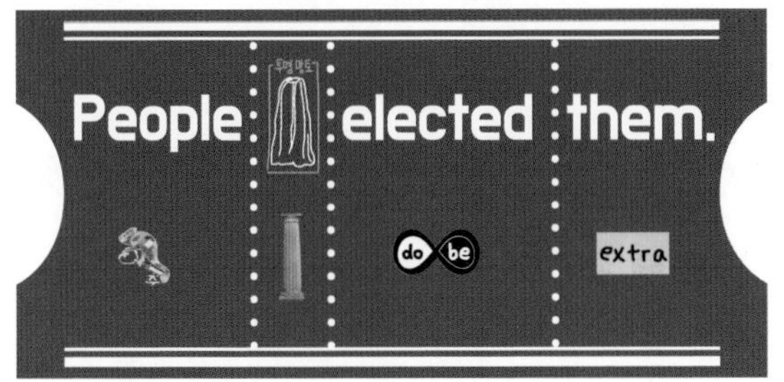

더 잘 쓰이는 말은?

#저들이 당선되었습니다.

They~ 상태가, are.

다른 사람들이 선출했으니 elected.

elect, 여러분이 처음 보는 동사 단어가 나오면 그 단어의 과거는 99%가 규칙일 거라고 했죠.

편하게 [이드] 붙이세요.

→ They are elected.

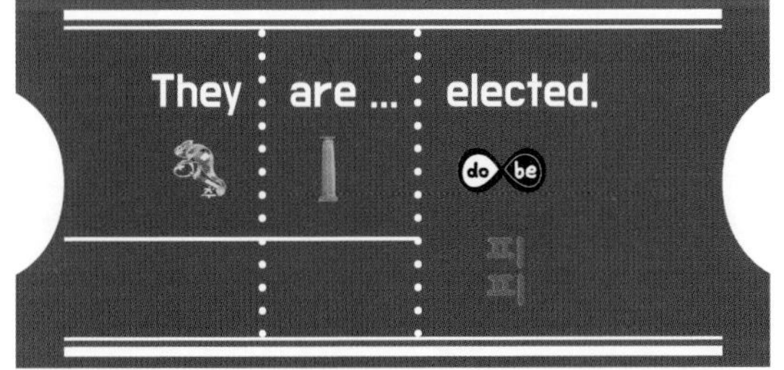

끝!

투표하는 날에 정작 후보들은 가만히 앉아 있어야 하잖아요. be의 상태로 가만히 앉아 있다가, 많은 사람이 선출을 해주면서, 그 사람의 상태가 당선되는 것으로 바뀌는 거죠. BE + pp 기둥 쓰기에 딱 좋습니다. 그래서 기둥 그림을 보면 당선자들의 이미지가 그려져 있죠?

이제 스스로 문장들 쌓아서 만들어보세요.

#저것들 다 묻어버려!

> bury [베리] <

→ Bury all of them! Bury them all!

#다 묻었어.

"내가 묻었다!" 하고 싶으면

→ I did!

'저것들 다 묻혔다'는 말로 하고 싶다면

#저것들 다 묻혔어!

→ They are all buried!

우리말로 더 자연스러운 말은,

#다 묻었어!

→ They are all buried!

#죽으면

→ When you die,

#would you rather be buried or be cremated?

WOULD 기둥이죠. 그런데 트위스트 된 것 보이세요?
Would you rather~ 배웠죠? (스텝 11[04]) 통째로 나온 후
두비 나오는 것인데, be가 나오고 그 뒤에 pp 따라 나왔죠?
묻히는 것을 더 원하느냐고 묻는 겁니다.

두비 자리에는 무조건 do 혹은 be가 들어가는데, BE + 잉 기둥처럼, BE + pp 기둥도 두비에 그렇게 따라 들어갈 수 있게 되는 겁니다. 간단한 룰을 두고 기둥들을 쉽게 꼬일 수 있게 만든 거예요.
그다음 읽어보죠.

be cremated. 상태가 cremated [크*리메이티드] 되고 싶으냐는 건데,
뒤에 [이드]로 끝나는 것 보니, 규칙적인 pp 같죠?
cremate 찾아보면 '화장하다'가 나옵니다. 화장되는 거죠. 이제 직접 만들어보세요.

#넌 죽으면 차라리 묻히고 싶을 거 같아, 아니면 화장할 거 같아?

BE 자리에 따라 들어가면서 기둥들이 엮이는 것. 구조가 재미있죠? 또 만들어볼게요.

#미루지 마! 지금 행동으로 옮겨!!

> delay [딜'레이] / act=행동하다 <

→ Don't delay! Act now!

유럽의 저가 항공 중 'Easy Jet' 사이트에 있는 질문을 보죠.

#What to do if your flight is cancelled or delayed?

> flight [*플라이트]=항공편 / cancel [켄슬]=취소하다 <

easyJet

무엇을 하느냐, 너의 flight가 취소되거나 미뤄질 경우에?

is cancelled 보이죠? BE + pp죠. 항공편이 뭔가를 취소하는 것이 아니라 취소가 되는 거예요.

or delayed 우리말로 '지연되다'가 어울리겠지만, 영어는 간단하게 delayed로 사용하죠?

여러분이 아는 기본 단어들이 의외로 이렇게 온 사방에 많이 사용됩니다. 그러니 이제 이런 기본 단어들을 BE + pp 기둥에서 쉽게 사용하도록 연습해보자고요.

연습장에서 쉬운 단어들로 만들어보세요. DID와 똑같이 생긴 pp만 드릴 겁니다. 처음 보는 단어는 다 규칙적으로 변하는 것들이니 [이드]로 계속 가면 됩니다. 구조들 엮는 것 두려워 마세요!

연습

#A: 문 잠가! 문 사슬로 잠가!

lock / chain=(쇠)사슬로 묶다

.... Lock the door! Chain it!

#B: 문을 못 열겠어. (내 생각엔) 문이 사슬로 묶여 있는 것 같은데.

I can't open the door.
.... I think it is chained.

#C: 무슨 뜻이야? (뭔 말이야?)

.... What do you mean?

#B: (내 말은) 잠겼다고!

.... I mean it is locked!

#재(남)가 올해의 선수로 뽑힐 거야.

Hint: 미래 기둥입니다.

select [셀'렉트]

He will (is gonna) be selected

.... as the player of the year.

상황) 화장실 앞에서

#아직 거기 들어가지 마. 세면대 막혔어! 물로 차 있어!

sink / block / fill=채우다

Don't go in there yet.

The sink is blocked!

.... It is filled with water.

상황) 아내가 우편물을 열어보더니 말합니다.

#아내: 우리 결혼식에 초대받았어.

wedding / invite=초대하다

.... We are invited to a wedding.

#남편: 누구 결혼식?

.... Whose wedding?

#아내: 모르겠는데~ 이리로 와서 봐봐. 누구인지 당신은 알아?

I don't know. Come and have a look.

.... Do you know who they are?

#사실이야? 자정 이후에 컴퓨터게임 하는 것이 한국에서 금지되어 있는 게?

Hint: THAT 딱지 / 동명사

true / midnight=자정 / play / ban=금지하다

Is it true (that) playing computer games

.... after midnight is banned in Korea?

상황) 영국 친구들과 럭비를 하러 간답니다.

#미쳤어?! 쟤네들이 어떻게 하는지나 알아? 너 산 채로 매장될 수도 있어!

Hint: 기둥 조심!

insane [인'쎄인] / alive / bury=묻히다, 매장하다

Are you insane?! Do you even know

.... how they play? You could be buried alive!

한 단계 더! 직접 응용해보세요! 항상 상식적으로 움직입니다. 쓰면서 만들면 더 수월해요.

#A: 파일 파기했어?

> destroy [디스'트*로이] <

→ Did you destroy the file?

#B: 파기했어요.

우리말로 '파기됐어요'란 말이 호응이 어색해서 '파기했어요'라고 썼지만 실제 '내가 했답니다'라고 주장하지 않고, 파일 자체가 파기되었다는 말에 집중하고 싶으면 BE + pp 기둥.

→ It is destroyed.

#A: 그 두 파일 나눴어, 파기하기 전에?

> separate [쎄퍼*레이트] <

파기하기 전에: before 리본 묶고, 동명사로 만들면 간단하겠죠?

→ Did you separate those two files before destroying them?

#B: 네, 파일 나눠졌었어요.

자! 지금 파일 상태가 나눠진 것이 아니죠. 없어졌잖아요! 그럼 없어지기 전에 나뉘었다는 것을 말해야 하니 배운 걸 어떻게 응용할까요?

바로 "Yes, they **are** separated"가 아닌, 그 전의 상태 "They **were** separated"가 되는 거죠. **BE + 잉 기둥에서** "저 먹고 있었어요. I **was** eating" 같은 거죠. 꼬일 수 있는 기둥들끼리 꼬이는 것뿐 상식적으로 추론할 수 있습니다.

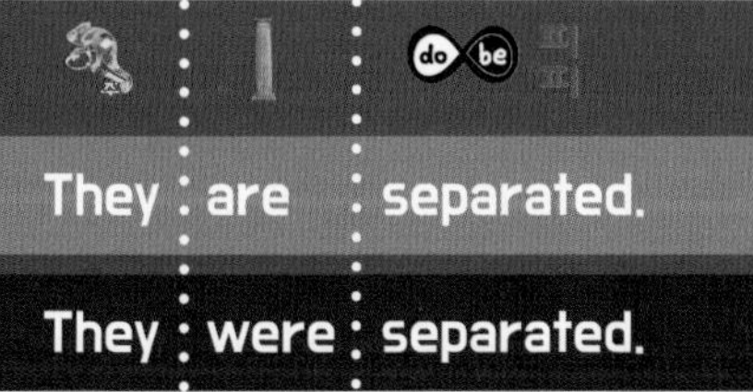

그럼 이제 주위 물건들을 보면서 BE + pp 적용하며 만들어보세요!

14 02

부사

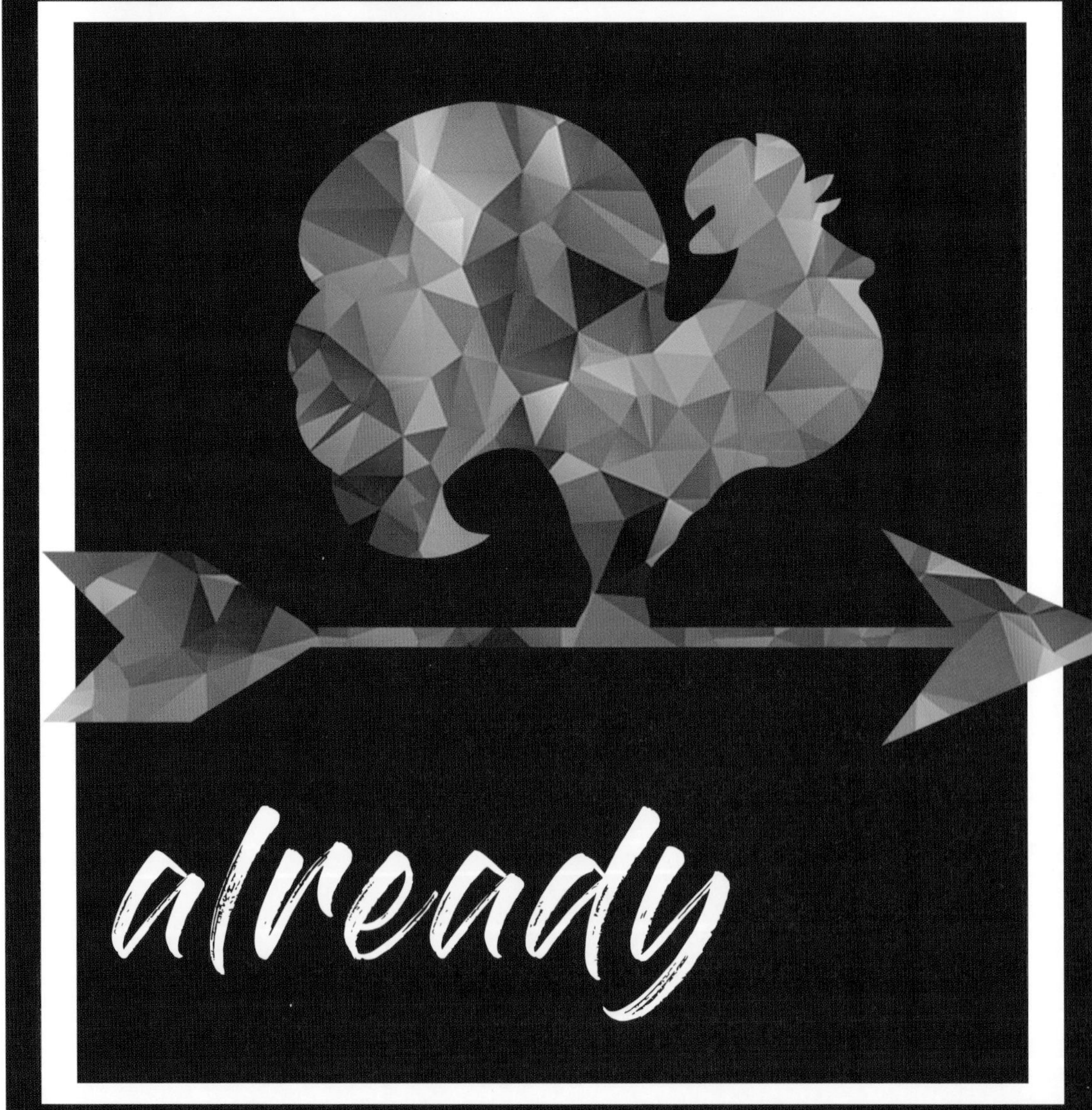

쉬운 스텝!

상황) 발표 준비로 서류를 챙기는데, 같이 가야 할 동료가 안 보여요. 사무실 문밖으로 소리쳐봅니다.

#A: 준비 됐어?

→ Are you ready?

#B: 나 문 앞에 있어.

→ I am at the door.

이미 문 앞에 가 있네요.

'이미, 벌써'는 영어로 **already** [어*뤠디]라 합니다.

시간을 보여주는 날치이기 때문에 위치는 always처럼 기둥 뒤에 넣어도 됩니다.

I am already at the door.

강하게 말하고 싶을 때는 문장 끝에 넣어 마지막에 들릴 수 있게 해도 되죠.

#B: 나 벌써 여기 있거든!

→ I am at the door already.

상황) 약속 시간에 늦을 것 같은데, 같이 가야 하는 친구가 나오질 않습니다.

#A: 뭐가 이렇게 오래 걸리는 거야?

주어 조심! 카멜레온 자체가 뭔지 모르는 거죠. WH 주어로 질문하면 해결됩니다. 단어에 헷갈려 하지 말고, 메시지를 전달하면 돼요! 여러분이 만들 수 있는 레벨입니다.

→ What is taking so long?

#야! 빨리!! 우리 이미 늦었어!

→ Hey! Come on!! We are already late!

더 강하게 already로 소리치고 싶으면 뒤로 넣어서,

→ We are late already!

상대가 묻습니다.

#B: 12시 반이야?

→ Is it half twelve? (스텝 05[18])

같은 말에 액세서리 달아보죠.

#벌써 12시 반이야?

→ Is it already half twelve?

질문은 1번 2번이 뒤집히는 것이니 위치는 그대로 기둥 뒤에 오면 되겠죠?

'벌써'와 **'이미'**는 우리말로 살짝 다른 것처럼 보이지만 언제 사용되는지를 보면 같습니다. 안 되었다고 생각했는데, 확인해보니 이미 다 된 것.

계속 가보죠. 친구가 기차 시간을 확인한 후 말합니다.

#지금 몇 시야?

→ What time is it now?

#어, 우리 기차 이미 놓쳤다.

> train / miss <

→ We ( ) already missed our train.

기둥이 숨었을 때는 날치가 기둥 앞에 간 것인지 뒤에 간 것인지 보이지 않겠죠? 대부분 영어책에서는 위치가 매번 다르다고 설명해서 엄청 복잡해집니다.
여러분은 편하게 기둥 바로 뒤로 생각하세요.
강조할 때는 말했듯이 맨 끝! 그럼 간단히 해결됩니다.

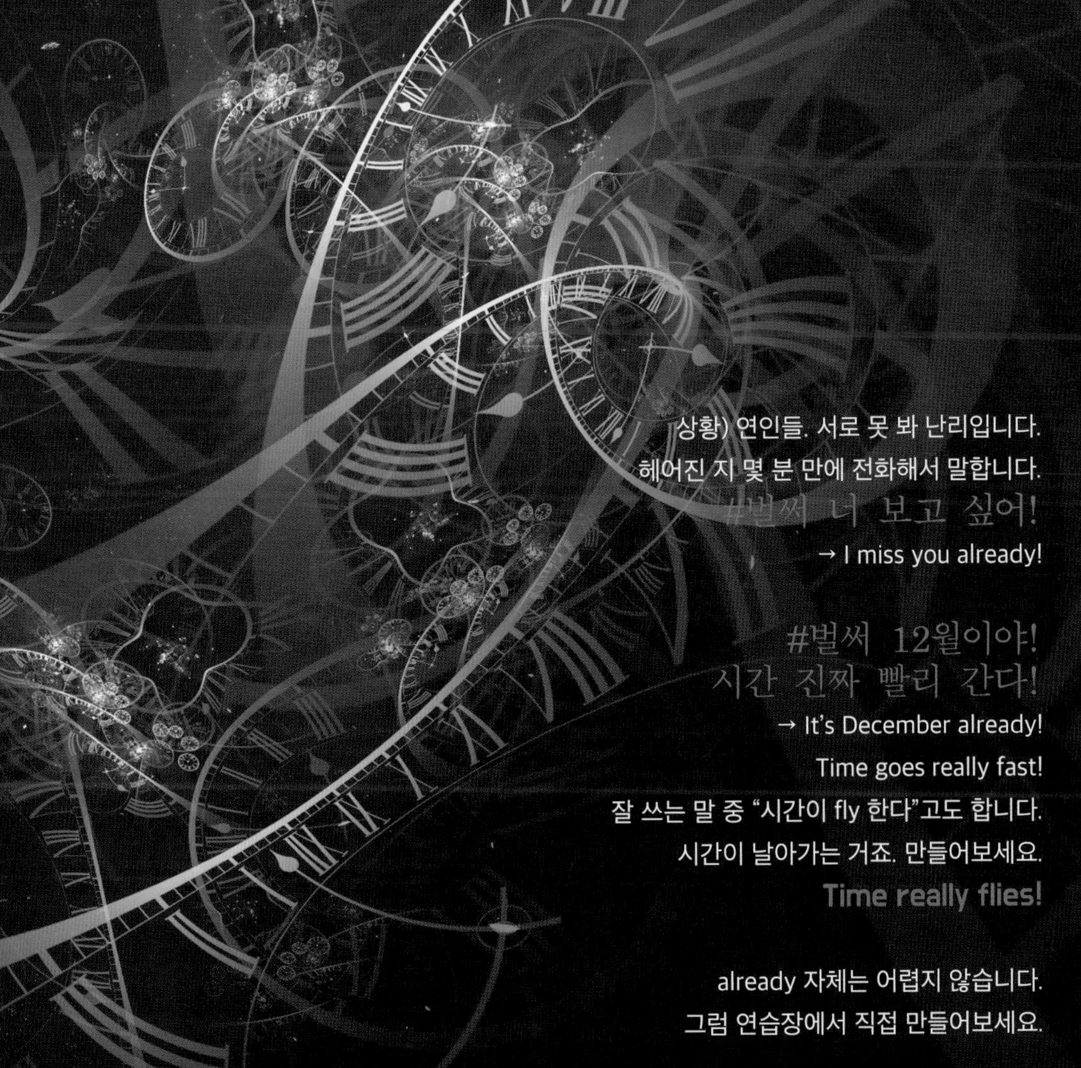

상황) 연인들. 서로 못 봐 난리입니다.
헤어진 지 몇 분 만에 전화해서 말합니다.

#벌써 너 보고 싶어!

→ I miss you already!

#벌써 12월이야!
시간 진짜 빨리 간다!

→ It's December already!
Time goes really fast!

잘 쓰는 말 중 "시간이 fly 한다"고도 합니다.
시간이 날아가는 거죠. 만들어보세요.

Time really flies!

already 자체는 어렵지 않습니다.
그럼 연습장에서 직접 만들어보세요.

연습

#전 이미 먹었습니다.
eat

.... I already ate. / I ate already.

#지금 벌써 2시야.

.... It's already two o'clock now.

#걘(남) 벌써 배고프대?
hungry

.... Is he hungry already?

#저분들한테 이미 감사하다고 했어요.
thank

.... I already thanked them.

#우리 아들이 벌써 열두 살이라는 게 믿겨요?
son / believe

.... Can you believe (that) our son is already twelve years old?

#전 이미 질문이 뭐가 될지 알아요.
Hint: WH 1 / question

.... I already know what the question is gonna be.

#이미 우리 가족들한테 너에 대해 말했는데.
family / tell

.... I already told my family about you.

#이미 답을 알고 있었다면, 나한테 왜 물어봤는데?
answer / ask

.... If you already knew the answer, why did you ask me?

#Justin은 벌써 우리 둘보다 프랑스어를 더 많이 알아.

.... Justin already knows more French than both of us.

이제 already를 BE + pp 기둥에 적용해볼까요?

상황) 룸메이트가 아침에 이미 부엌에 있습니다. 계란이 먹고 싶어 묻습니다.

#A: 나도 계란 프라이 좀 해 줄 수 있어?

→ Can you fry me an egg, too?

#B: 계란들 이미 삶아졌는데!

The eggs ~ 계란이 삶고 있는 것이 아니라, 계란은 가만히 있는데 누군가 삶은 거죠.

~ are ~

'삶다'는 boil [보일], 그러니~ boiled.

already를 뒤에 써도 되고, 바로 기둥 뒤에 넣으려면,

→ The eggs are already boiled!

BE + 잉 기둥처럼 기둥이 엮일 때는 잉이나 pp는 이미 두비 자리죠? 그러니 '바로 기둥 뒤이면' be 뒤가 맞겠죠? 또 볼게요.

#B: 네 계란은 이미 프라이 됐어!

→ Your egg is already fried!

이미 DID 불규칙을 하셨기 때문에 pp의 불규칙은 식은 죽 먹기일 겁니다. 처음부터 DID 불규칙에 pp까지 동시에 접하면 외워야 할 것이 굉장히 많아 보이지만 pp만 따로 나눠서 보면 이건 불규칙 수가 정말 적거든요.

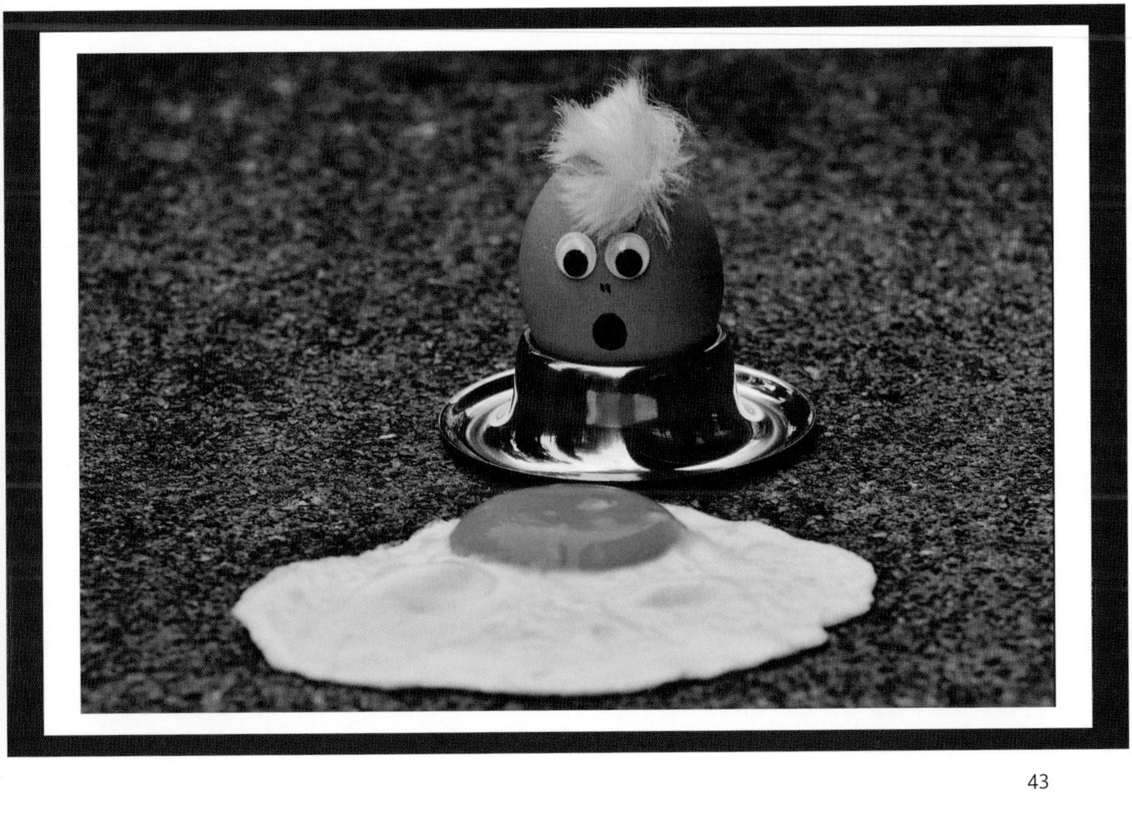

그럼 이번 스텝에서 아쉽지 않게 불규칙 하나 익히고 가보죠.
바로 가장 많이 쓰는 기본 단어 do의 pp!
do의 과거가 did였죠?
또 다른 과거인 pp는 done이랍니다. done [던]!
이 기둥은 BE + pp 기둥이기 때문에 두비에서 be 쪽의 pp는 붙을 일이 없어요. 그런 상황이나 말 자체가 아예 생기지가 않는답니다. 그러니 do 쪽만 신경 쓰세요.

pp는 done처럼 이렇게 [은] ㄴ 받침 들어가는 것이 많답니다.

기본 do에 [은] 붙여서 스펠링이 done.
발음은 스펠링에 맞게 [던]. 확실히 불규칙이죠?
이 do만 변형이 심하고 나머지 불규칙 pp들은 다 기본단어와 비슷하게 생겨서 쉽습니다.
그럼 한번 적용해볼까요?

#계란 이미 됐어!
누가 '만들었다'가 아니라, 계란이 다 된 것을 더 강조하는 겁니다.

→ The egg is done!

계란이 한 것이 아니죠?
우리말에는 '하다'와 '되다'가 있지만 영어는 do 하나만 두고 pp로 바꿔버린 겁니다.

상대가 요리가 덜 되었다며 의심합니다.
#내가 요리했어! 제대로 요리된 거야!
> cook / properly <

→ I cooked them! They are cooked properly!

They are cooked~ 응용 제대로 하셨나요?
"I cooked them properly"도 되겠죠? 대신 'They are'라고 하는 순간 계란들이 제대로 요리가 '된 거'라고 말하는 겁니다.

#치킨 다 됐어!

→ The chicken is done!

#다 됐어!

→ It is done!

“It is done”에서 기둥을 묶으려면 어떻게 묶을까요?
당연히 아는 답입니다. It’s done.
BE 기둥 묶는 식으로 똑같이 묶으면 되는 겁니다.
BE + pp 기둥에 좀 더 익숙해지고 있나요? 쭉 만들어보세요.

#스테이크 벌써 다 됐네!
→ The steak is already done!
#이미 다 됐어!
→ It’s done already!
#꺼내!
→ Take it out!

already는 어렵지 않죠?
일상 대화에서 already를 다음처럼 접할 수도 있을 겁니다.
누군가가 뭔가 행동하기를 기다리다 기다리다 더 이상 참지 못할 때,
“빨리 좀 해!”라는 말로 **“Do it already!!”**라고도 한답니다.
“이미 넌 하고도 남았어야 해!” 식의 말로 already를 쓰는 듯해요.

이 코스에서는 가장 자주 접하는 것들과 가장 자주 접하는 예외들에 집중할 겁니다.
#앉아! 앉으라니까! 아! 좀 앉아!
→ Sit! I said sit! Ah! Sit down already!

그럼 지금까지 배운 BE + pp와 함께 already를 대화에 넣어서 천천히 만들어보세요.

14 03

(감정)과거분사 / 부정문

BE + pp 기둥 구조도 다른 기둥들처럼 스텝이 진행될수록 탄탄해질 겁니다.

그러니 여러분이 집중해야 할 것은 언제 BE + pp 기둥을 쓸 것인지를 꾸준히 익히는 것! 이것이 탄탄해질 때까지 pp의 불규칙은 피할 겁니다.

이번 스텝 역시 이미 많은 분이 알고 있지만 상당수가 정말 많이 틀리는 것! 점수만 잘 받을 수 있을 정도로 접해버린 바람에 오히려 더 자주 틀리는 것들!
이미 예전의 스텝에서 접했었는데 다시 떠올려볼까요?
다음 문장을 영어로 만들어보세요.

#너 재미없다! (너 지루해!)

> bore <

→ You are boring!

아예 이 사람 성격이죠. 항상 누군가를 지루하게 만드는 중인 겁니다. **bore**는 '지루하게 만들다, 재미없게 만들다'라는 do 동사라고 했죠. 네가 하는 짓인 거죠. (스텝 06[08])

심심해. 재미없어요.

하면 보통 많은 이가 "I am boring"이라고 하는데 이 말은 "나 재미없는 사람이야, 나랑 있으면 심심할 거야!"라는 뜻이라고 했습니다. 전혀 다른 말이죠.

그러면 우리가 말하는

심심해요. 재미없어요.

어떻게 말할까요?

나라는 사람은 가만히 있는데 I am~

재미없는 상황이 나를 지루하게 한 겁니다. 그것이 bore 하는 것이니 bore의 pp를 붙여줍니다.

규칙적이니 간단하게 bored.

→ I am bored!

BE + pp 기둥이죠.

내가 뭘 한 게 아니라, 난 가만히 있는데 주위의 것이 날 지루하게 만드는 겁니다.

만들어보세요.

상황) 영화를 보고 있습니다.

#이 영화 재미없어!

→ This movie is boring!

#나 심심해!

→ I am bored!

이해되죠? 그럼 이번엔 비슷한 것으로 응용해볼게요.

#이 이야기 흥미롭네. 영어로?

> interest <

→ This story is interesting.

단어 interest 역시 do 동사에서 온 것입니다.
'뭔가의 관심을 끌다'란 뜻이죠.

#아까 저 여자애랑 대화해봤는데 쟤 흥미롭더라.

→ I talked to that girl before, and she was interesting.

#나 쟤(여)한테 관심 있어.

내가 뭘 한 게 아니라, 난 가만히 있었는데 저 여자애가 뭔가로 나의 관심을 끈 겁니다.
그 여자가 interest를 한 거죠. 그래서 BE + pp 기둥으로 말할 수 있답니다.

난 가만히 있는데. I am.
관심 가게 했어. interested.
이 말이 **"난 관심 있어"**입니다.

extra 엑스트라 있죠?
'쟤한테'라는 말을 붙여야 하니 껌딱지 필요합니다. 저 사람한테 흥미를 느낀다고 할 때는 저 사람의 성격부터 다양한 것을 두루 커버하기 위해 in을 씁니다.
→ I am interested in her.

#내 동료가 너한테 관심 있는데.

> co-worker <

→ My co-worker is interested in you.

'동료'는 co-worker가 있고 colleague도 있었죠?
co-worker는 어떤 직위든 상관없이 같이 일하는 동료를 말하고 colleague는 같은 직위나 책임을 맡은 동료를 말합니다.

co-worker나 colleague같이 비슷한 단어의 차이를 모를 때는 직접 검색해보세요.
#이 붙은 문장을 번역할 때도 마찬가지지만 영어 단어를 검색하는 것에 게을러지지 마세요. 습관이 붙으면 속도도 빨라지고 노하우를 알면 외국어를 배우는 데 정말 유용해진답니다. 비슷한 단어의 차이를 모를 때는 한글로 검색해보세요. 사람들이 헷갈려 하는 영어 단어들은 이미 국내에 설명되어 있는 경우가 많거든요. 꼭 쉽게 설명해주는 것을 위주로 읽으세요.

그러면 한 단계만 더 섞어보죠. NOT을 넣어서 만듭시다. NOT은 당연히 어디에?
세 번째. 만들어보세요.

#아직 계약서에 사인 안 됐어.

> contract [컨트*락트] / sign <

The contract~ 계약서는 가만히 있는데 누군가 사인을 안 한 거죠, is not signed.

extra 엑스트라 더 남았죠? **아직**, yet.

→ The contract is not signed yet.

#그러니 집중력 잃지 마!

> focus / lose <

→ So don't lose focus!

어렵지 않죠? 또 만들어보세요.

#A: 이 일은 매우 피곤해.

> tire <

→ This work is very tiring.

#난 피곤해!

→ I am tired!

내가 피곤한 사람이 아니라, 난 가만히 있는데 이 일이 날 피곤하게 한 거죠!

"I am tired!"라는 말은 많은 분이 아실 겁니다. 이제 왜 이렇게 생겼는지 보이죠?

자신이 이미 아는 말들이 어떤 기둥으로 생겼는지 알게 되면 응용할 수 있는 능력부터 번역 능력까지 늘게 됩니다. 하지만 그냥 그때그때 문장만 외워버리면 스스로 말을 만들면서 쉽게 한계에 부딪히게 되죠.

계속 만들어보세요. 상대방이 대꾸합니다.

#B: 벌써? 난 안 피곤한데.

→ Already? I am not tired!

#피곤해하지 마!

명령이죠!

→ Don't be tired!

간단하죠? 기둥이 twist 된 겁니다. 두비 자리에 be 넣고 pp로 엮었죠?

다음 말에는 무슨 기둥이 좋을지 골라보세요.

#벌써 피곤하면 안 되지!

그러면 안 된다! 그럴 수 없다! CAN 기둥인 겁니다.

→ You can't be tired!

extra 엑스트라 '벌써'를 잊었네요. 잊었을 때는 그냥 문장 맨 뒤에 붙여서 말하면 됩니다.

→ You can't be tired already!

내가 행동한 게 아니라 난 가만히 있었는데 내 상태가 피곤해진 것에 대해 말하려 할 때 BE + pp 사용.

bored, tired, interested는 실제 대화에서 상당히 많이 씁니다. 하지만 그냥 문장만 달랑 외우지 말고 제대로 BE + pp 기둥이라고 인지하면서 익숙해지셔야 합니다.

그럼 이제 연습장에서 다른 것들과 함께 더 만들어보세요. 암산이 안 될 때는 쓰면서!

#선생님 제품은 좋은 발명품이에요.

product [프*러덕트]=제품 / invention [인*벤션]=발명품

.... Your product is a good invention.

#하지만 아쉽게도 아직 업계는 선생님 발명품에 관심이 없습니다.

unfortunately [언*포츄너틀리]=아쉽게도 / industry [인더스트*리]=업계 / interest=관심을 끌다

.... But, unfortunately, industry isn't interested in it yet.

#하지만 선생님의 시간이 올 겁니다.

time

.... But your time will come.

#문제가 아직 해결은 안 됐어요.

problem / solve

.... The problem isn't solved yet.

#저 테이블은 예약 안 되어 있다! 저거 달라고 해!

table / reserve / ask

.... That table is not reserved! Ask for that one!

#저희 이거 안 필요해요. 저희 심심하지 않았었는데.

need / bore

.... We don't need this. We weren't bored.

#집에 청소기 안 돌려져 있는데. 네가 해줄 수 있어?

house / vacuum

.... The house isn't vacuumed. Could you do it?

#유럽에 있는 역사적인 건물들은 제2차 세계대전 동안 파괴되지 않았죠.

Europe / historical buildings / World War 2 / destroy

.... Historical buildings in Europe weren't destroyed during the World War 2.

#나한테 그거 그만 보여줘! 내가 그 일에 관심 없다고 했잖아!

show / work / interest / say

Stop showing me that! I said (that) I am not interested in the job.

#제 남동생이 항상 피곤하다고 하는데. 제 동생 괜찮은 건가요?

My brother says (that) he is always tired. Is he okay?

#내가 헷갈려 한다고 그만 말해! 난 헷갈리지 않는다고!

confuse=혼란시키다 / say

Stop saying (that) I'm confused! I'm not confused!

#프랑스어는 이 직업에 요구되지 않습니다.

french / job / require=요구하다

French isn't required for this job.

#여기에 저분들 성함이 언급 안 되어 있는데요. 한 번 더 확인해주시겠어요?

mention=언급하다 / more / check

Their names are not mentioned here. Could you check it once more(one more time)?

BE + pp는 그리 새로운 기둥은 아닙니다. 이미 두 기둥으로 다양한 말을 만들었잖아요. 시야만 바꿔 다른 각도에서 보며 말하는 것뿐이죠.

#이게 날 스트레스 주네.

이것이 스트레스를 나한테 주고 있는 중인 거죠.

→ This is stressing me out.

out을 잘 붙입니다. 스트레스 받으면 열이나 한숨이 밖으로 나와서 그럴까요?

#아니야! 이 정도는 감당할 수 있어!

> handle <

→ No! I can handle this!

#난 스트레스 안 받았어!

→ I am NOT stressed! / I am not stressed out!

내 상태가 다른 것에 의해 스트레스를 받은 상태가 아닌 거죠? I am not~ stressed.

상황) 일이 끝난 후 확인합니다.

#저희 아직 돈 안 받았는데요.

상대가 pay를 해야 하는데 안 한 거죠.

→ We are not paid yet. 이렇게 잘 씁니다.

"We didn't get the pay"라고 해도 문제없겠죠?

the pay : 보수
We didn't get the pay.

pay : 지불하다
We are not paid. 피피

더 해볼까요? 실수한 상대에게 장난을 쳐보죠.

#넌 항상 날 실망시키는구나.

> disappoint [디싸'포인트] <

→ You always disappoint me.

#실망했다.

난 가만히 있고, 상대방이 실망을 시킨 거죠.

→ I am disappointed.

am과 뒤에 ed를 보면 disappoint가 do 동사에서 온 것임을 추측할 수 있죠.

복습 한번 해볼까요?

#농담이야. 실망 안 했어. 넌 날 절대 실망시킬 수 없을 거야, 네가 노력한다고 해도.

> kid / try <

→ I am kidding. I am not disappointed. You could never disappoint me even if you try.

직접 만들기는 어려워도 가이드를 보면 낯설지 않으셔야 해요. 더 강하게 말하려면 "You can never disappoint me"라고 해도 됩니다.

기둥이 바뀔 때마다 그 틀에 맞게 넣고 빼는 것에 익숙해지세요~

#이거 사용하지 마!

→ Don't use this!

사람을 '이용'해먹는 사람들이 있죠? 힌트 드렸으니 다음 문장 만들어보세요.

#넌 이용당할 거야.

너의 미래 상태가, You will be.

누군가의 목적을 위해 사용될 거라는 거죠, used.

→ You will be used.

CAN 기둥과 twist 될 수 있었던 것처럼 WILL 기둥도 마찬가지로 엮일 수 있는 겁니다.

그럼 번역 전에 마지막으로 만들어보죠.
독일 그림 형제의 이야기 《Hansel과 Gretel》.
《헨젤과 그레텔》 동화책 버전에서는 부모에게 버려진 오누이가 숲속에서 굶주리며 헤매다
과자와 초콜릿으로 만든 집을 발견합니다.
그 집을 뜯어 먹다가 집을 만든 마녀에게 잡히죠. 마녀는 아이들을 요리해서 먹으려고 애들을 가두고 살을 찌우려 합니다. 이 이야기에 나오는 집처럼 실제 서양에서는 gingerbread [진져브레드] house라 해서 과자와 초콜릿 등으로 만든 모형집을 쉽게 볼 수 있답니다.

〈Sex and the City〉에도 이 동화를
얘기하는 장면이 나옵니다. 만들어보세요.

#내가 방금 깨달았는데.

> realize <

→ I just realized.

#(잘하면) 성숙함이나 지혜일 수도 있는데,

> maturity [마'츄*리티] / wisdom [위스덤] <

→ Maybe it's maturity or the wisdom,

무슨 지혜인지 설명하기 위해 열차 하나 더 연결해서

#나이랑 같이 오는 지혜.

> age / come <

→ that comes with age.

모두 합쳐 한 문장으로 말하면,

→ I just realized maybe it's maturity or the wisdom that comes with age,

아직 문장 안 끝났습니다. 번역으로 연결합니다.

maybe it's maturity or
the wisdom that comes with age.

#but the witch in Hansel and Gretel— she is very misunderstood.

나이에서 오는 지혜일 수도 있는데, 마녀, 《헨젤과 그레텔》에 나오는 마녀—그녀는 매우 misunderstood? 무슨 말이죠?

misunderstand = '잘못 이해하다'의 과거가 misunderstood죠. understand의 과거가 understood잖아요. 'is misunderstood'이니 BE + pp죠?

다른 이들이 그녀를 잘못 이해하고 있다. 더 자연스러운 우리말은 사람들이 오해하고 있다는 겁니다.

그다음 말을 만들어보세요.

#내 말은, 여자가 자신의 꿈의 집을 짓는데 이 버릇없는 녀석들이 나타나더니 먹기 시작하는 거잖아.

> mean=~뜻으로 말하다 / dream house / brat=버릇없는 녀석 / come along / eat / start <

영어 버전을 드릴 테니 자신이 만든 것과 비교해보세요. 스토리이기 때문에 DO 기둥으로 잘 씁니다.

→ I mean, the woman builds her dream house and these brats come along and start eating it.

쭉 읽어보세요. 길었는데 어렵지 않았죠?

I just realized maybe it's maturity or the wisdom that comes with age. but the witch in Hansel and Gretel—she's very misunderstood. I mean, the woman builds her dream house and these brats come along and start eating it.

영어권 영화나 드라마를 보면 이렇게 유명 스토리들을 재미있는 시각으로 재해석해 말하는 장면을 자주 접할 수 있답니다.

자! She is misunderstood.

"She misunderstood"와 전혀 다른 말이죠?

BE + pp 기둥이란 것 보였나요?

'사람들이 오해하고 있다'가 이렇게도 전달되니 재미있죠? 기초 단어들과 친해지세요.

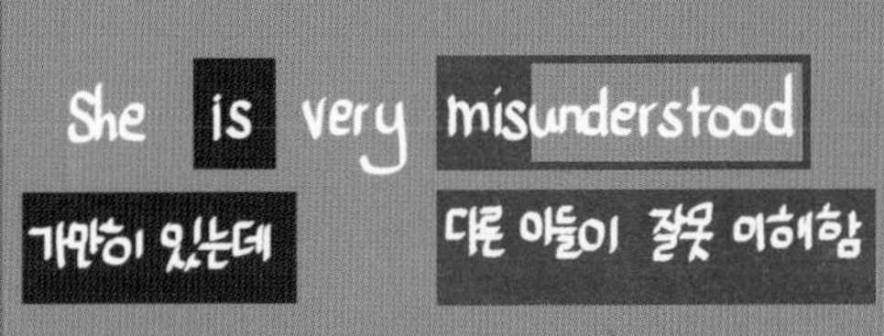

지금까지 배운 기둥들이 탄탄하다면 BE + pp 기둥을 인지하는 순간 이 기둥을 구별해서 알아보는 것도 그리 어렵지 않겠죠?

그럼 지금까지 한 것들을 카멜레온이나 기본 기둥에 엮으면서 다양하게 계속 연습해보세요.

1404 의문문

YN Q

외국 영화에서 이런 것 본 적 있으세요? 옛날에는 편지를 보낼 때 겉봉투 중앙에 색이 있는 촛농을 풀 대신 떨어뜨린 후 그 위에 자신의 가문 문장이 새겨진 도장 등을 찍었습니다. 국내 팬시 문구점에서도 볼 수 있죠.

이렇게 봉하면 누군가가 뜯어볼 수 없잖아요. '밀봉하다'는 seal [씰]이라 합니다.
그럼 문장에 넣어볼까요?

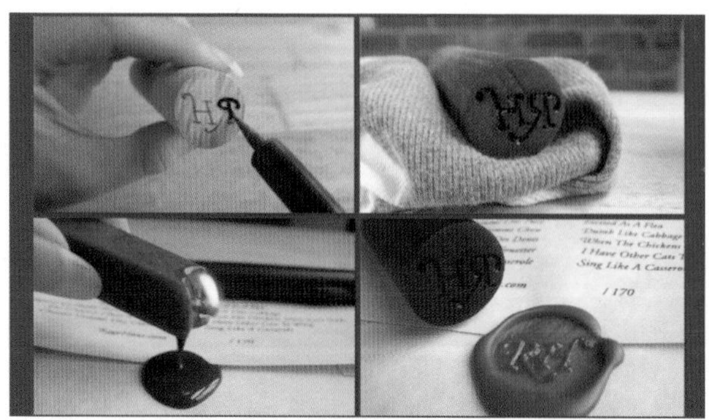

상황) 편지를 봉투에 넣은 후.

#A: 봉투 붙여.

> envelope [엔*블롶] / seal <

→ Seal the envelope.

#봉투 밀봉 좀 해줄래?

→ Could you seal the envelope, please?

#B: 붙여져 있는데.

봉투가 붙이는 것이 아니라 붙여져 있는 거죠?

BE + pp 기둥 써서

→ It is sealed.

간단하죠?

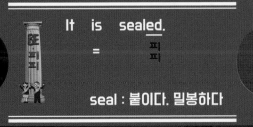

It is sealed.
= 피피

seal : 붙이다. 밀봉하다

그럼 YN Q 스텝으로 들어가볼게요.

자주 틀리는 어휘들을 접하면서 진행합니다.

아까 봉투 관련해서 밀봉이 되었는지 질문해 보세요.

#A: 밀봉됐나요?

뒤집으면 되죠?

→ Did you seal it?

이렇게도 되지만, 봉투 자체가 밀봉이 되었느냐고 물어보고 싶으면 뒤집어서

→ Is it sealed?

계속 만들어보세요.

#A: (달라 하면서) 봐봐요.

let으로 가면 좋습니다. 내가 보고 싶으니 보게 해달라는 거죠.

→ Let me see.

#밀봉이 제대로 안 됐네.

> properly <

→ It's not sealed properly.

계속 더 만들어보죠.

상황) 아이디어가 인상적입니다. 놀라워요.

#이거 훌륭하네!

> 인상에 남을 정도로 훌륭할 때 잘 쓰는 말, impressive [임프'*레씨*브] <

→ This is great!

→ This is impressive!

impressive 꼬리의 [이브]를 빼면 **impress** [임프*레스]
do 동사로 '깊은 인상을 주다'란 뜻입니다.
나는 가만히 있었는데, 아이디어가 impress를 한 거죠.
그래서 나에게 '인상'에 남았다고 할 때 BE + pp를 사용해요.

→ I am impressed.

"This is impressive!"는 인상이 깊을 정도로 훌륭하다는 것이고,
"I am impressed!"는 자신의 개인 감정을 표현한 느낌입니다. 내가 감동을 받은 거죠.
영어에서 잘 쓰는 말입니다.

사전에서 "I am impressed"는 "인상적이네요, 감명 받았습니다"라고 나오지만 저렇게만 연결해놓으면 정작 영어를 할 때 써먹지를 않는다는 거죠.
우리는 실제 "감명 받았어요"보다 "놀랍네요! 좋네요!" 등을 더 잘 쓰죠.
'오, 훌륭하네!' 느낌으로, "I am impressed!"라고 연기하세요!

감동을 받으며 옆 사람에게 묻습니다.

#놀랍지 않으세요?

질문이니 1번과 2번만 뒤집으면 됩니다.
상대는 impress 안 당했느냐는 거죠.

→ Aren't you impressed?

→ Are you not impressed?

상황) 나쁜 행동도 잘하면 놀라워하죠.

이야~ 정말 놀랍다. 어떻게 그렇게 머리가 돌아가?

#이야! 정말 거짓말 잘한다!

→ Wow! You ( ) lie so well!

#놀랍다 놀라워! 진짜!

→ I am impressed! Really!!

#그런데 모든 사람이 감탄하는 거 아니야.

→ But not everyone is impressed.

조심하세요.

"Everyone is not impressed"는 아무도 감탄 안 하는 겁니다.

not everyone이어야 많은 사람이지만 전부가 아닌 거죠. (스텝 07[17])

뭔가를 잘하길래, "놀라워!" 하며 "I am surprised!"를 쓰면 듣는 사람은, "왜요? 예상했던 것과 다르나요?" 식의 의문이 들게 됩니다. '예상 밖의 상황에 놀라다'가 surprise거든요.

영미권에서는 주인공 모르게 생일 등을 준비해 놀래주는 파티를 surprise 파티라고 합니다. 아무 낌새도 못 챈 주인공이 약속된 장소에 나타나면 모두 숨어 있다가 일어나서 화들짝 놀래주는 파티인 거죠. 그때 "Surprise!!"라고 외친답니다.

놀래주기 위해 행동하는 사람들이 surprise를 하는 것이고, 주인공인 나는 받는 입장입니다. do와 be인 거죠. 나는 가만히 있다가 받은 상태였으니 BE + pp.

#놀랐었어!

→ I was surprised!

많은 분이 그냥 DID 기둥을 써서 "I surprised"라고 하는데, DID 기둥은 내가 하는 겁니다!

놀램을 받는 입장은 가만히 있는 상태!!

I am surprised. 내 현 상태가 = 놀랐다

I was surprised. 내 전에 상태가 = 놀랐었다

가족이 묻습니다.

#B: 놀랐니?

번역이 아닌 상식적으로 생각하세요.

→ Are you surprised?

#A: 응. 전혀 몰랐어.

→ Yes, I had no idea.

아예 조그만 아이디어도 없었다, 전혀 몰랐다. 잘 쓰는 말이죠.

다른 어휘로 더 연습해보죠.
신이 날 때 흥분했다는 말 하죠? 우리는 "흥분했어!"도 쓰지만 "신났어", "기대돼!"를 더 잘 씁니다.
뭔가에 의해 신이 난 거죠. excite [익'싸이트]는 do 동사로 '신을 나게 하다'란 뜻입니다. 만들어보죠.

#A: 아, 기대돼! (신이 나!)
→ I am excited!
#여행 생각에 기분이 들떴어!
→ I am excited about the trip!
#너도 흥분돼?
→ Are you excited too?
#B: 응. 못 기다리겠어!
→ Yes, I cannot wait!

이 스텝에서 배운 단어들은 초기 단어인데요, 너무 대충 외워버려서 많이들 틀리세요.
실제 영어에서 워낙 많이 쓰여서 짚고 넘어가는 겁니다.

이제 연습장에서 자주 틀리는 단어들 위주로 기둥들 섞어가며 만들어보세요.

연습

#너 이 땅에(부동산에) 관심 있어?
property [프*로퍼티]=부동산 / interest=관심을 끌다

.... Are you interested in this property?

상황) 애인을 가족에게 소개하기 전에 경고합니다.
#놀라지 마, 질문들을 너무 많이 받을 때.
주의! BE + pp 기둥 문장 2개 있습니다.
surprise=놀라게 하다 / ask

.... Don't be surprised when you're asked so many questions.

#너 놀랐어? Lucy가 Javen 빰 때렸을 때?
slap=손바닥으로 철썩 때리다

.... Were you surprised when Lucy slapped Javen?

#국가를 돕기 위해 금이 모아졌습니다.

nation [네이션] / help / gold / collect=모으다

Gold was collected to help the nation.

#A: 내 이력서는 모두 준비가 됐고 밀봉됐어.

C.V. / prepare=준비하다 / seal=밀봉하다

My C.V. is all prepared and sealed.

#B: 피곤하지 않아?

tire

Aren't you tired?

#A: 아니(정정), 흥분돼, 근데 살짝 긴장도 돼.

excite=흥분하게 만들다 / nervous [널*버스]

Actually, I'm excited, but a little nervous, too.

#넌 심심하지 않냐? 난 정말 심심해!

bore

Aren't you bored? I am so bored!

#걔네 결혼식에 난 초대 안 됐어? 왜?!

wedding / invite

Am I not invited to their wedding? Why not?!

#이 그림들은 모두 르네상스 시기에 그려졌죠.

painting / Renaissance period [*르네상스 피*리어드] / paint=그리다

These paintings were all painted in the Renaissance period.

#오디션 끝났나요? 그래서 감독님이 변화에 (좋다고) 놀라워하셨나요?

audition / finish=끝내다 / director / change / impress=감동을 주다

Is the audition finished? So was the director impressed with the change?

#아침 식사는 제공되나요?

breakfast / serve=제공하다

Is breakfast served?

이 기둥은 잘못 쓰면 오해를 불러일으킬 수 있는 기둥입니다. 구경해보죠.

상황) 누가 나한테 귀찮게 굴고 짜증 나게 해요!

#나 그만 짜증 나게 해!

> annoy [어'노이]='사람을 짜증 나게 하다' do 동사 <

→ Stop annoying me!

항상 사람을 짜증 나게 하는 이들도 있죠?

#(너) 짜증 나. 그럴 땐

→ You are annoying!

행동을 항상 하는 중인 거죠. 그래서 아예 성격으로 말해버리는 겁니다.

그래서 받는 사람 입장에서는

#(아~) 짜증 나!

→ I am annoyed!

내가 짜증을 받은 상태잖아요.

"I am annoying"과 완전히 다른 뜻이죠?

1

이거

짜증 나

2

나 짜증 나게 해.

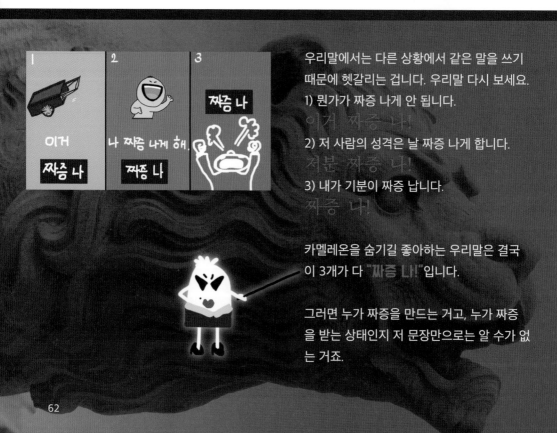

짜증 나

3

짜증 나

우리말에서는 다른 상황에서 같은 말을 쓰기 때문에 헷갈리는 겁니다. 우리말 다시 보세요.

1) 뭔가가 짜증 나게 안 됩니다.

이거 짜증 나!

2) 저 사람의 성격은 날 짜증 나게 합니다.

저분 짜증 나!

3) 내가 기분이 짜증 납니다.

짜증 나!

카멜레온을 숨기길 좋아하는 우리말은 결국 이 3개가 다 "짜증 나!"입니다.

그러면 누가 짜증을 만드는 거고, 누가 짜증을 받는 상태인지 저 문장만으로는 알 수가 없는 거죠.

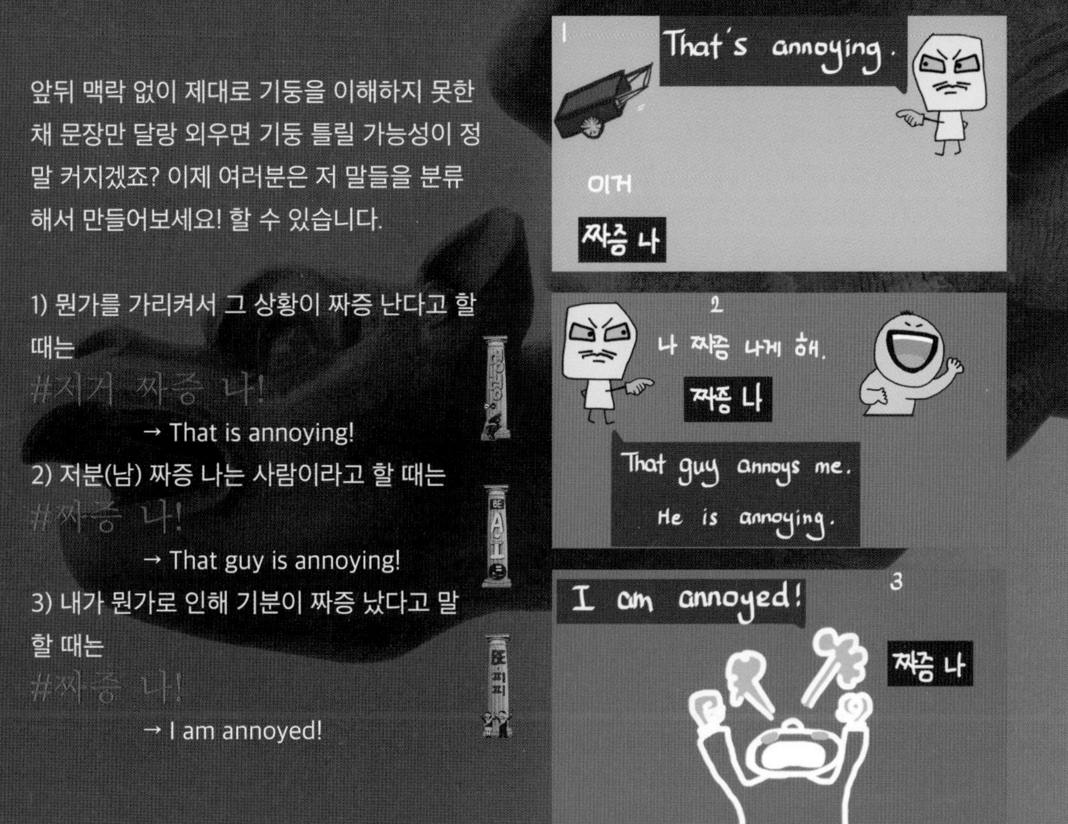

앞뒤 맥락 없이 제대로 기둥을 이해하지 못한 채 문장만 달랑 외우면 기둥 틀릴 가능성이 정말 커지겠죠? 이제 여러분은 저 말들을 분류해서 만들어보세요! 할 수 있습니다.

1) 뭔가를 가리켜서 그 상황이 짜증 난다고 할 때는
#저거 짜증 나!
→ That is annoying!

2) 저분(남) 짜증 나는 사람이라고 할 때는
#짜증 나!
→ That guy is annoying!

3) 내가 뭔가로 인해 기분이 짜증 났다고 말할 때는
#짜증 나!
→ I am annoyed!

3번에서 많은 분이 "I am annoying!"이라고 말합니다. 그러면 "나 성격 이상한 사람입니다, 나랑 있으면 짜증 날걸요"라고 말하는 겁니다.
실제로 인터넷에서 누군가 질문했는데, 얼마나 답변을 잘못했는지 보죠.

전 사람 짜증 나게 만들어요. 나랑 놀지 마요.
I am annoying. Don't hang out with me.
그래요.
나 그래요.

누군가 온라인에서
annoying you의 뜻을 물었습니다.
여러분은 어떤 대답을 해줄 건가요?
천천히 생각해보세요.

카멜레온, 기둥 둘 다 없으니 이러면 알 수가 없습니다. 그냥 "널 짜증 나게 하는 것"이라고만 하기에는 뭔가 이상하잖아요.
"앞에 무슨 말이 있었을 텐데, 말이 잘린 것 같아요. 앞뒤 맥락이 필요합니다"라고 반응해야 맞습니다.
만약 추측만 한다면 번역이니 기둥을 먼저 골라야겠죠? 가장 비슷한 기둥인 BE + 잉으로 추측해보죠.

BE + 잉 기둥으로 추측한다면, 가장 가까운 말은 결국

#누군가 너 짜증 나게 하고 있구나.

→ Somebody is annoying you. 아니면

#뭔가가 너 짜증 나게 하고 있구나.

→ Something is annoying you. 이렇겠죠?

BE + 잉 기둥이라고 추측하면 카멜레온과 BE가 빠진 거잖아요. 그래서 그 자리를 somebody / something으로 메워준 겁니다. you가 기둥 뒤편에 있으니 받는 입장인 거죠. 누군가 너를 annoy하게 하는 중. 생각해보면 그리 어렵지 않죠?

그런데 누군가 답변으로 이렇게 댓글을 달았어요.

"참 좋지 않은 내용인데요. 네가 짜증 나"입니다.

전혀 반대의 말이죠.

그러자 답변을 받은 분이 인사를 전합니다.

답변 덕분에 많이 알아갑니다. 페이스북에서 어떤 여자가 갑자기 저보고 저렇게 말해서요 ㅜㅜ

온라인에서 자주 보는 일입니다. 이래서 단어만 아는 것이 아니라, 기둥 구조를 정확히 아는 것이 중요하답니다. 기본 기둥들만 탄탄히 해놓고 나면 최소한 크게 틀린 것은 직접 알아볼 수 있는 눈이 생깁니다.

재활용하는 것을 좋아하는 영어는 이렇게 초반 기둥들을 섞고 볶고 BE + pp처럼 만들어놓기 때문에, 영어 기초를 무시하면 조금만 레벨이 올라가도 단어만은 다 안다는 생각에 저렇게 실수할 수 있는 겁니다.

그럼 다음 상황을 영어로 만들어보고, 가이드와 비교해보세요.

#A: 나 어제 내 프로젝트 했어.

→ I did my project yesterday.

#B: 끝났어?

→ Is it finished?

#A: 아니, 아직 다 안 됐어.

→ No, it's not done yet.

카멜레온을 I로 말해서 DID 기둥으로 갈 수도 있지만, 프로젝트를 먼저 말해서 it으로 해도 되는 거죠.

그럼 이번에 접한 자주 틀리는 어휘들로 상황을 상상하면서 반복 연습해보세요.

14 05

Planets 복습

BE + pp 기둥 어떠세요? 감이 잡히고 있나요?
새로운 것을 배울 때 가끔씩 쉬었다가 다시 보면 훨씬 더 잘 보이기도 한답니다.

그래서 준비했습니다!
바로 전체 복습 스텝!

그럼 아래 스텝들로 돌아가 연습장 예문을 복습하면서 익숙하지 않은 것들을 좀 더 반복해서 연습해보세요!

새로운 것을 배운다고 해서 전에 알던 것을 놓으면 안 됩니다.
모든 단어를 알 필요는 없지만 영어의 기본 틀과는 연습으로 더 친해져야 하는 거죠. 그러려면 꾸준히 전의 것도 접해놓아야 합니다.

3[17]	WH 1
5[19]	WH 1(복습 1)
5[25]	ly
6[11]	TO 다리 1부
6[19]	WH 1(복습 2)
6[24]	TO 다리 2부
7[02]	동명사 ing
7[21]	It's easy to judge
8[16]	THAT
8[18]	I said
9[18]	IF 1부
10[11]	Easy for me + 복습

10[15]	LET
10[21]	What to do
11[02]	IF 2부
11[06]	Not ~ing
11[13]	Not to go
11[16]	AS
12[02]	Want him to go
12[07]	WH 열차 1부
12[16]	복습
13[07]	WH 열차 2부(That)
13[11]	WH 열차 3부
13[14]	WH 열차 4부

adopted dog

서양에서는 입양을 많이 하는 편입니다. 부모의 사랑을 받지 못하는 아이들을 입양해 사랑을 주고 보살펴주는 것을 좋은 문화로 바라보죠. 안 좋은 사례도 가끔 생기지만 그런 예외는 어느 일에나 있는 것 같습니다. 애플사의 Steve Jobs도 입양된 아이였답니다.
다음을 영어로 만들어보죠.

#제 친구는 아프리카에서 아이를 입양했어요.

> adopt <

→ My friend adopted a child from Africa.

입양된 아이의 입장에서 말을 해볼까요?

#저 입양됐었어요.

I~ 난 가만히 있었는데, 누군가 입양을 한 거죠, was adopted.

→ I was adopted.

계속 만들어보세요.

#저 경찰관은 친절하시네요.

→ That police officer is kind.

#친절한 경찰관

→ kind police officer

쉽죠?

#이거 재미있네. (흥미롭네.)

→ This is interesting.

#흥미로운 이야기

→ interesting story

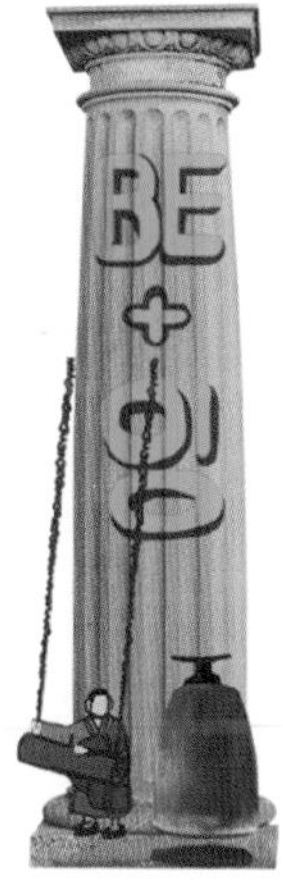

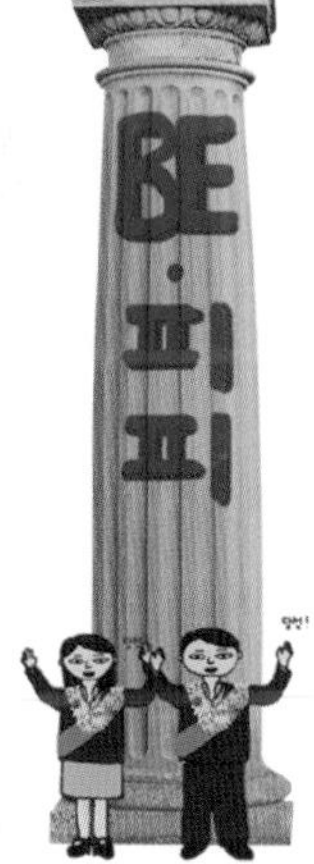

보면 다 BE 기둥에서 파생되었죠? 여기까지 배웠습니다. (스텝 09[05] 참조)

#저 개는 입양되었어요.

→ That dog is adopted.

입양된 개

→ adopted dog

같은 식이죠?

= kind officer
= interesting story
= adopted dog

보이세요? 우리말로는 다 '형용사'로만 보여도 영어는 기둥에서 파생된 것들이어서 모양이 서로 다를 뿐입니다. working mum처럼 pp도 이렇게 '형용사'로 쓰일 수 있는 거지요. 만들어보죠.

개가 짖고 있습니다.

#짖는 개는 안 물어.

> bark / bite <

→ Barking dogs don't bite.

자! 주인 따라 나온 개가 길을 잃어버렸어요.

#저거 잃어버린 개다.

That dog is~ 잃어버리다.

내가 열쇠를 잃어버렸을 때는 "I lost my key" 잖아요. lose의 과거가 lost였죠? pp는 뭘 것 같아요? 안 가르쳐드렸으니 당연히 did와 똑같은 lost.

→ That is a lost dog.

그래서 잃어버린 개를 찾을 때 이렇게 적힌 포스터를 붙입니다.

Lost dog

잃어버린 개

우리말대로 **"개를 찾습니다"**라고 쓴다면 "Looking for the dog"가 되겠죠.

우리가 찾고 있다는 이미지가 그려지잖아요.

영어로는 **Lost dog**라고 해서 개는 가만히 있는데 누군가로 인해 잃어버려진 이미지가 떠오르죠. 포스터에 더 짧은 글로 메시지 전달도 가능하고요.

잃어버리는 것과 버리는 것은 다르죠.

'뭔가 버리다, 단념한 후 버리고 떠나다'는 abandon [어'반든]이라고 합니다.

#절 여기에 버리고 가지 마세요!

→ Please don't abandon me here!

leave는 떠나는 것인데, 날 버리는 건 아니죠.

abandon은 버리고 떠나는 겁니다.

abandon의 과거는 abandoned, 그러니 pp도 마찬가지.

#버려진 건물

→ abandoned building

다음을 만들어보세요.

#넌 버려진 아이가 아니었단다.

You~ 옛날 상태니까 were.

→ You were not an abandoned baby.

#넌 사랑을 받았었어.

당신의 옛날 상태, You were~

누군가 사랑했었다는 거죠. love의 pp는? DID가 규칙이니 이것도 마찬가지로, loved.

→ You were loved.

#그 점을 잊지 마.

→ Don't forget that.

우리나라의 많은 아이가 한국전쟁 이후 미국으로 입양되었습니다.
#미국은 영어로? America
그럼 #남미는 영어로? South America
여기에도 America가 들어가죠? America는 아시아처럼 대륙의 명칭입니다.
미국은 North America에 위치한 것이고, South America 안에만도 국가가 12개입니다.
이 대륙을 America 혹은 The Americas라고도 한답니다.

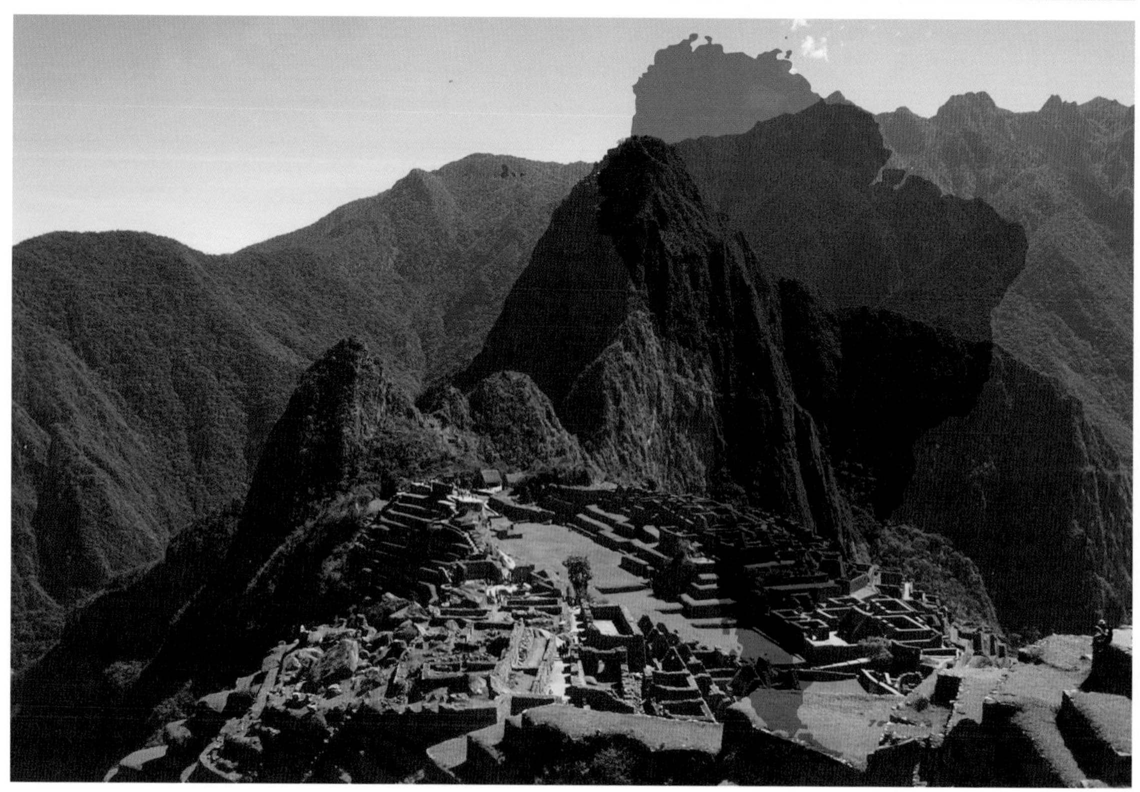

그래서 “I am from America”라고 하면 우리가 “I am from Asia”라고 하는 것과 같아요.
실제 유럽에서 여행하는 미국인을 만나면 대다수 the States [스테이츠]에서 왔다고 한답니다.
I am from the States.
많이들 알듯 미국은 여러 개의 ‘주’가 있죠? 우리나라의 ‘도’(강원도, 경기도)처럼 지역을 분류할 때 사용하며, 하나의 주를 state라고 부릅니다.

이 한 주 자체가 대부분 우리나라 전체 땅 크기보다 크답니다. 각각의 주마다 법이 따로 있고요.
이 state들이 모여서 미국이란 국가를 이루는 거죠.
#모이다란 뜻의 단어는 영어로 다양한데 ‘통합시키기 위해 모이다’는? unite [유나이트]

누군가 주들을 모아서 국가로 세운 거죠?
unite의 과거는? 불규칙에서 안 나왔으니 규칙인 겁니다! 그럼 pp도 마찬가지로 규칙, united.
누군가 모아서, 지금은 **모여진 주들.** 영어로 하면, pp를 써서 United States.
이제 왜 ‘미국’ 스펠링의 시작을 저렇게 쓰는지 보이죠?

그런데 아무 주들이 합쳐진 것이 아니라, America 대륙에 있는 주들이 합쳐진 거죠.
그래서 한 번 더 들어가서, of America.
United States of America. 이래서 USA인 겁니다.
잠깐! 그런데 미국의 북쪽에 있는 캐나다도 주로 합쳐 말할 수 있잖아요. 그래서 구분해주기 위해서,
The United States of America

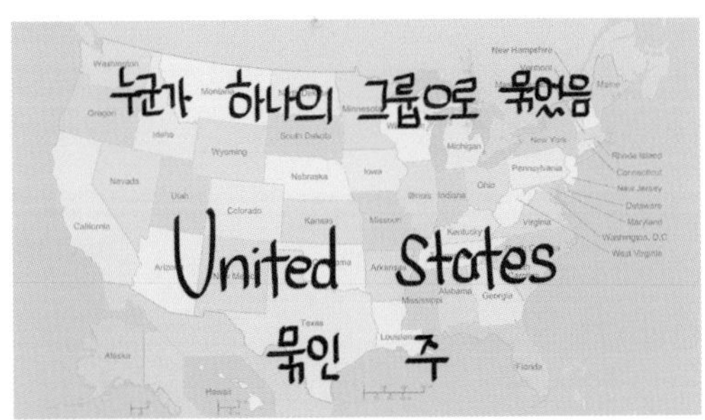

이래서 미국 국가 이름 앞에는 The가 붙는 겁니다.
그러지 않으면 “합쳐진 주들 어디?” 이렇게 나오기 때문이죠. 우리가 ‘아시아에 합쳐진 도’라고 말하면 “그게 어디인데?”라고 반응하겠죠?
여기서 The!
미국은 아주 유명하고 누구나 아는 나라인데도 필요하냐고요? 지금은 그냥 빼고 써도 다 어디인지 알죠. 하지만 처음 미국이 건국되었을 때는 그렇지 않았을 거예요.

자, 그럼 lost dog처럼 lost가 pp인지 did인지 어떻게 구별할까요? 예문으로 보죠.

#Developed countries

카멜레온(주어)도 없는데 이렇게 뒤에 [이드]가 붙었으면 pp가 재활용된 것으로 보면 됩니다.
develop이 된 국가들. **develop**, 무슨 뜻이죠? '성장하다, 발달하다.'
그러니 developed면 이미 누군가 개발시킨, 발달이 된 국가인 거죠. 우리가 말하는 '선진국'을 뜻합니다.

영어책 고급 레벨을 보면 #Advanced Level이라 적힌 것을 볼 수 있습니다.
꼬리에 또 [이드] 보이죠? **advance**가 된 레벨인 겁니다.
advance는 '앞서가다, 진전하다'라는 뜻. 그래서 선진국을 developed 말고 advanced country라고도 부른답니다. 하지만 선진국이라고 해서 모든 부분이 다 앞서는 것은 아니잖아요.

Cambridge English
Advanced
Certificate in Advanced English (CAE)

그래서 **'경제적으로 선진국'**이라는 말로 economically developed country라는 말도 쓴답니다.

'사회적으로 앞서가는 국가들'을 뜻하는 socially advanced countries라는 말도 있죠.

그러면 **developing countries**는 무슨 뜻일까요? 이번에는 [잉]으로 갔죠?
발전하고 있는 국가들인 거죠.
우리말로 '개발도상국', emerging countries라고도 합니다.
emerging은 '잉' 때문에 emerge가 do 동사인 것을 예상할 수 있죠.

emerge는 '어둠 속에 있다가 모습을 드러내다'라는 뜻이랍니다.

그럼 마지막으로 하나 더 해볼까요?
sell의 과거는? sold. pp도 똑같습니다.
상황) 티켓 구매 장소에 사인이 보입니다.

#Sold out

상태가 sold out 되었다, 매진. 티켓이 다 팔린 겁니다. 다음을 만들어보세요.

#모든 티켓이 팔렸습니다. (매진되었습니다.)

→ All the tickets are sold out.

#티켓이 다 팔렸습니다.

→ Tickets are all sold out.

그럼 이제 연습장에서 기본적인 pp와 이미 배운 것들을 좀 더 탄탄하게 익혀보죠.

연습

#지금 여러분은 첨단무기 체계를 보고 계시는 중입니다.

advance=앞서가다 / weapon [웨폰] / system=체계 / look

.... Now, you're looking at an advanced weapons system.

#이 마을에는 폐업한 가게들이 많이 있네요.

Hint: 폐업한 가게=문 닫은 가게

close / store

.... There are many closed stores in this town.

#A: 나에게 중고차를 사준다고?!

Hint: 중고차, 이미 누가 사용한 자동차죠?

use

.... You are gonna get me a used car?!

#B: 당연하지. 네가 잘 모르나 본데, 새 차가 중고차보다 더 비싸!

maybe / expensive

.... Of course! Maybe you don't know, but a new car is more expensive than a used car!

#많은 입양된 아이들이 생부모를 찾으려고 노력합니다.

adopt=입양하다 / children / find / birth parents=생부모

Many adopted children try to find their birth parents.

#유기된 아기 고양이를 신고하고 싶은데요.

abandon=버리다, 유기하다 / kitten / report

I'd like to report an abandoned kitten.

#한국에서는 기차에서 삶은 계란을 팔더라고.

train / boil=삶다 / egg / sell

In Korea, they sell boiled eggs on the train.

#우울증을 앓는 사람들은 그들한테 사회적 지지가 부족하기 때문에 우울합니다.

depress=우울하게 하다 / people / social support / lack=부족하다

Depressed people are depressed because they lack of social support.

자! 날씨가 얼어붙을 만큼 추울 때

정말 춥다!

> freeze=얼리다 <

→ It is freezing. 이렇게 말합니다.

다음 상황)

밖을 나갔는데, 머리카락이 얼어버렸어요.

#A: 내 머리 봐봐.

→ Look at my hair.

#얼어버렸어. 영어로?

내 머리는 가만히 있는데 날씨가 얼려버린 거죠.

It is~ freeze의 pp는?

freeze의 과거가 froze였죠, pp는 여기 뒤에 [은] 붙여서 frozen. pp 불규칙 나왔죠?

→ It is frozen.

그래서 애니메이션 〈겨울왕국〉의 영어 제목이 **〈Frozen〉**인 겁니다.

#세상이 아름다워.

→ The world is beautiful.

#세상이 얼었어.

→ The world is frozen.

#아름다운 세상

→ beautiful world

#언 세상

→ frozen world

Frozen (2013)
Directed by C. Buck and J. Lee

드디어 새로운 pp 불규칙 패턴을 배우는 겁니다! 같은 패턴을 하나 더 배워보죠.

#이것 봐! 부러졌어!

Look at this! It is~ break의 과거는 broke, pp는 [은] 붙여서 broken [브록큰].

→ Look at this! It is broken!

#누가 이거 부러뜨렸어?

→ Who broke this?

조심! DID 기둥입니다. 누가 그 행동을 했느냐고 묻는 거죠.

freeze - froze - frozen

break - broke - broken

소리가 비슷한 패턴이죠?

사랑하는 사람과의 이별로 마음이 아플 때, 영어로 **broken heart**라고 합니다. 부서진 심장, 깨져버린 마음. 우리말 번역으로는 '상심, 비탄'이라고 하네요.

새로운 pp 불규칙 잠깐 접하니 어때요? 그냥 뒤에 [은] 소리만 붙이면 되었죠? DID를 확실히 알았으니, pp는 더 쉬울 겁니다. pp 불규칙이 훨~씬 적거든요.

그럼 먼저 이번 스텝에서 배운 것을 질문이나 NOT으로 바꿔가면서 기둥이 탄탄해지도록 계속 연습해보세요.

14[07]
감각동사 (지각)수동태
LOOK WORN-OUT

이 스텝은 이미 여러분들이 다 알고 있습니다. 복습한다는 기분으로 들어가보죠. 영어로 만들어보세요.

#넌 달라!

→ You are different!

#너 다르게 보인다!

→ You ( ) look different! (스텝 05[07])

	=	
You	are	different!
You	look	different!

내 눈에는 네가 그렇게 보임 (기능)

다음 문장을 읽어보세요.

#This doesn't look therapeutic.

[쎄라어쩌구]처럼 보이지 않는다.

마음을 안정시키는 치료법을 therapy [*쎄라피],

'긴장 푸는 데 도움이 되는'은 한 단어로 therapeutic [*쎄라'퓨틱].

#그림 그리는 것이 마음의 치료가 될 수 있나요?

→ Can drawing be therapeutic?

다음 문장을 만들어보세요.

상황) 동료가 아이에게 장난치는 게 아니라 겁을 주고 있어요.

#야! 너 꼬마애(남)를 겁주고 있잖아!

> boy / scare <

→ Hey! You are scaring the boy!

#애 겁주지 마!

→ Don't scare him!

#애가 무서워해.

받은 거죠?

DID가 규칙이면 pp도 규칙이라고 했습니다!

→ He is scared.

#무서워하는 것처럼 보여.

그렇게 보인다! 같은 방식!

→ He ( ) looks scared!

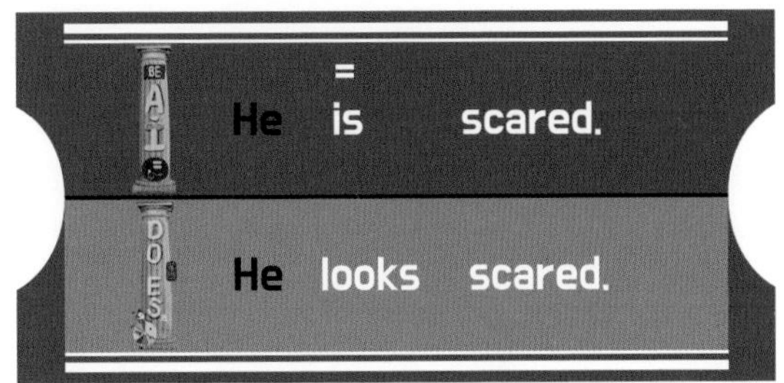

완전 같은 방식이죠?

스스로 겁먹었을 때, "무서웠어요"를 "I was scary"라고 하는 분들 계세요.

scare는 **'겁을 주다'**의 do 동사예요.

그래서 scary라고 하면 '겁을 주는, 무서운'이라는 형용사로 내가 겁주고 다니는 사람이 되는 겁니다.

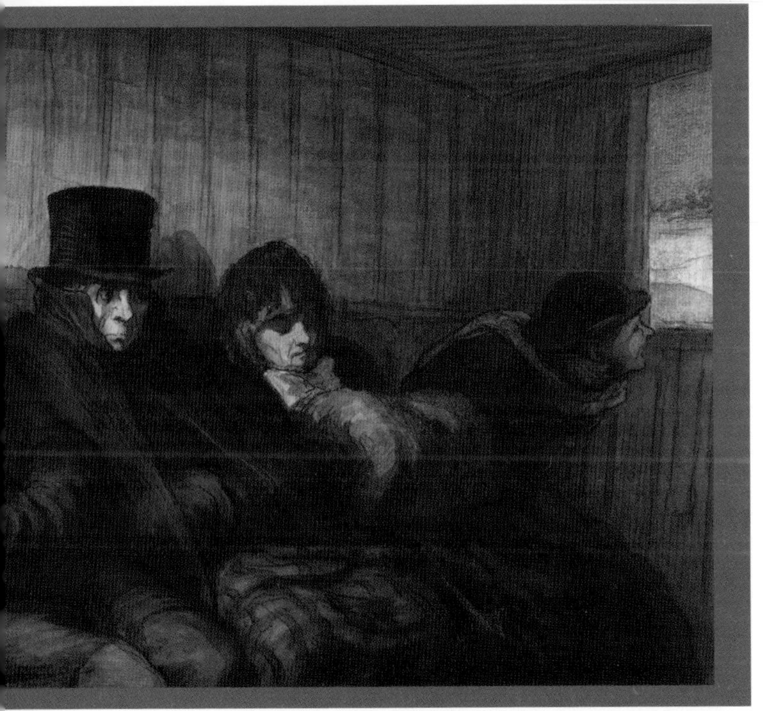

#귀신은 무섭다.

> ghost [고스트] <

→ Ghosts are scary.

귀신이 scary 한 것이지 귀신이 무서워하는 게 아니에요.

무서운 선생님들한테도 scary를 잘 사용합니다.

#우리 수학 선생님 진짜 무서워!

→ Our maths teacher is really scary!

내가 긴장해서 무섭다고 할 때는 난 당하는 입장이죠.

→ I am scared!

#A: 너 겁나냐?

→ Are you scared?

#너 겁내는 것처럼 보여!

scared 한 상태인지는 모르지만 그렇게 보이니

→ You look scared!

#B: 겁 안 나거든!

→ I am not scared!

"You are happy"와 "You look happy" 같은 거죠. happy 대신 pp로 바뀐 것뿐입니다.

You are scared.

You look scared.

'너의 상태가 그렇다'는 be 쪽이지만, 기능적으로 말할 때는 do 쪽으로 움직였죠? 그렇게 보인다, 냄새가 난다, 맛이 난다 등 몸의 기능이 작동되어서 알게 되는 것은 do로 썼습니다. (스텝 05[07])

그럼 pp랑도 연결해서 더 늘려볼까요?

#A: 나 피곤해.

→ I am tired.

상대 목소리가 피곤하게 들려요.

#B: 목소리가 피곤하게 들리시네요. 괜찮으세요?

→ You sound tired. Are you all right?

쉽죠? 또 해보죠. 다음 문장들을 빨리 말해보세요.

#나를 배신하지 마.

> betray [비'트*레이] <

→ Don't betray me.

#내 형이 나를 배신했어.

→ My brother betrayed me.

질문으로 만들어볼까요?

#너 배신당했었어?

→ Were you betrayed?

#너 배신당한 느낌 들어?

→ Do you feel betrayed?

#20년 전에 배신당한 느낌이 들었었어?

→ Did you feel betrayed 20 years ago?

배운 거 섞는 것이니 어렵지 않죠? 어려우면 스텝 05[07]을 잠깐 복습해도 좋습니다. 그럼 연습장에서 직접 만들어보세요.

연습

상황) 산악자전거를 타다가 넘어졌습니다.

#A: 내 발목이 부러진 거 같아. (생각엔)

ankle / break=부러뜨리다

.... I think my ankle is broken.

#B: 그러네, 부러진 것처럼 보이네.

break

.... Yes, it does look broken.

#의사: 한쪽 발목 골절이시네요.

Hint: 감기입니다. You have a cold.

broken ankle

.... You have one broken ankle.

#그녀는 혼자였고 무서웠어요.

alone / scare=겁주다

.... She was alone and scared.

상황) 친구랑 통화하는 중입니다.

#A: 너 괜찮아? 목소리가 우울하게 들리는데.

depress=우울하게 만들다

Are you okay?
.... You sound depressed.

#B: 우울하진 않아. 그냥 기분이 실망스럽네.

Hint: 누가 실망시켜서 실망스러워진 거죠?

disappoint=실망시키다

I'm not depressed.
.... I just feel disappointed.

#A: 오늘 매우 피곤해 보이세요.

tire=피곤하게 만들다

.... You look very tired today.

#B: 네. 축구 보려고 잠을 안 잤거든요.

Hint: stay up을 사용해보세요.

.... Yeah. I stayed up to watch football.

상황) 누군가 우리를 공격합니다.

#A: 우리 지금 공격당하고 있는 거야?

Hint: You are being a baby. / attack

.... Are we being attacked?

#이 깨진 창문 좀 봐. 내가 보는 거 너도 보이냐?

Hint: 내가 보는 거, 뭔지 모르니 WH 1으로 가면 되겠죠?

Look at this broken window.

.... Do you see what I see?

#B: 내가 생각하는 거 너도 생각하고 있니?

.... Are you thinking what I am thinking?

비틀스 노래 중 〈**Please Please Me**〉가 있습니다. 무슨 말 같아요?
영어는 '를~ 은~ 의~ 에~' 이런 조사가 없고 다 단어들만 자리에 들어가 있을 뿐입니다.
그래서 위치를 아는 것이 정말 중요하다고 고장 난 테이프처럼 반복했어요.

예의 바른 말: please, 이 말을 원래 길게 풀면

If it pleases you.

'당신을 만족하게 한다면, 당신을 기쁘게 한다면'

뭔 소리냐고요? 내가 부탁을 하는데 당신 마음에 든다면 부탁을 들어달라는 거죠. 저렇게 전체 다 말하면 굉장히 예의를 차리는 것이어서 일상생활에서는 접할 일이 거의 없습니다.

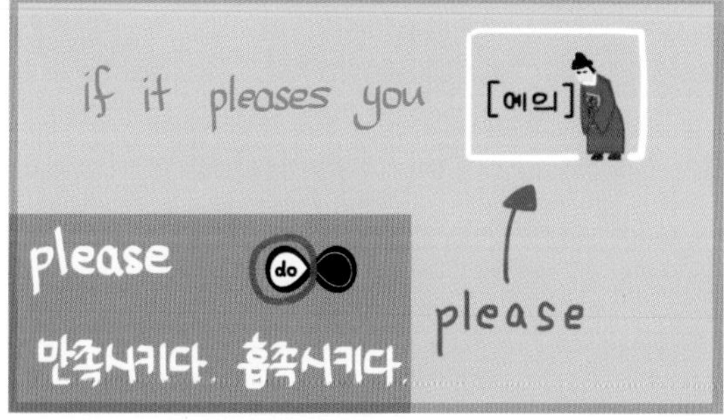

이처럼 please는 원래 do 동사로 '만족하게 하다, 기분 좋게 하다'라는 뜻이랍니다. 실제 do 동사로 아주 자주 쓰이는 단어죠.

Please Please me.

"부탁인데, 나를 기분 좋게 해줘"라는 뜻입니다. 야한 이야기 아니에요. 내가 기분 좋게 웃고 다닐 수 있게 해달라는 뜻입니다.

노랫말을 볼까요?

Please, please me, like I pleased you.

제발, 날 기분 좋게 해줘, 내가 널 기분 좋게 해준 것처럼.

like 뒤에 기둥 문장 들어간 거 보이죠? 원래 껌딱지 뒤에는 명사만 오는 게 '문법 규칙'이지만 이제는 오히려 이것을 오류라고 말하면 욕먹을 정도로 보편적이 되었답니다.

please는 do 동사로도 알아두세요. 그럼 사용해볼까요?

상황) 뭔가 결과가 나왔는데, 그 결과가 나를 please 합니다. 그래서

#난 만족해.

내가 누구를 만족시키는 것이 아니라, 결과에 의해서 가만히 있는 내가 만족감을 얻은 거죠.

→ I am pleased.

넵! please는 기본 do 동사이니 당연히 did 과거도 있고 pp로도 사용됩니다.

더 만들어볼게요.

상황) 프로젝트가 끝나고 나서, 상사에게 묻습니다.

#결과에 만족하십니까?

> result <

→ Are you pleased with the result?

껌딱지 with 썼죠? 결과를 보면 만족하는지 묻는 거죠.

상사가 질문을 못 듣고 전화 받으러 나갔습니다. 옆의 동료에게 묻죠.

#만족해하시는 것 같았나요? 만들어보세요.

> seem <

→ Did he seem pleased with it?

“Did he look pleased?”라고 해도 되겠죠?

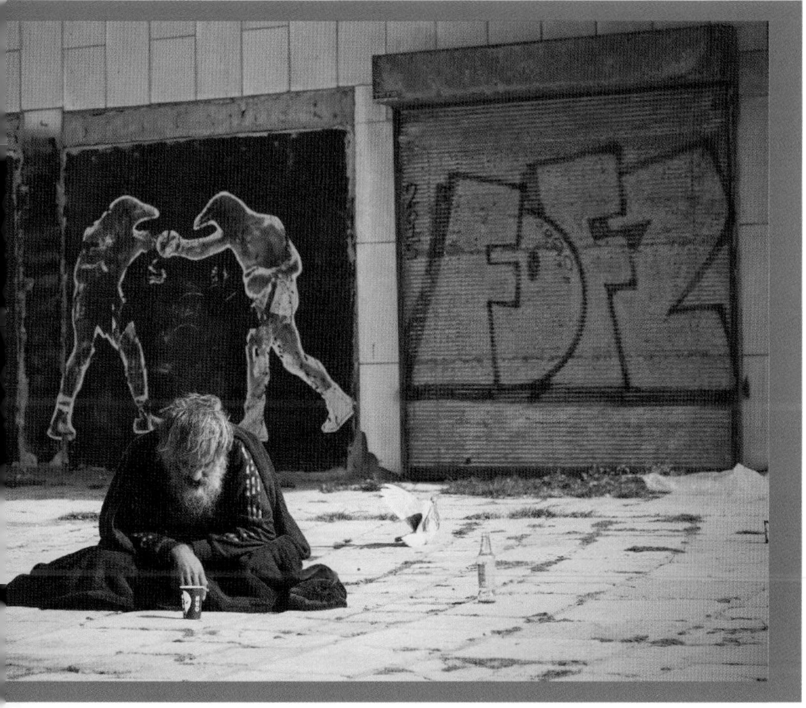

보이는 것만이 아니라 뭔가 전체적으로 그런 느낌일 때는 seem 하나로 쓸 수 있습니다.
(스텝 08[15])
느낌을 상상하면서 익숙해지세요.

자! 이렇게 please처럼 새로운 do 동사를 접했을 때 그것을 pp로 응용할 수 있는 연습도 천천히 시작하셔야 합니다. 안 배운 단어들은 거의 대부분 다 기본으로 변형된다고 했습니다.

연습장에서는 DID와 똑같은 pp들만 제공하고 있으니 자꾸 익숙해지세요.
그럼 말 나온 김에 불규칙도 살짝 접해보죠.

상황) 청바지가 찢어졌어요.

#이 청바지 찢어졌다.

> ‘찢다’는 tear [테어], 스펠링이 똑같은 다른 tear는 ‘눈물’이란 뜻이 있는데 발음은 [티어].
위치 보고 아는 겁니다. 과거는 tore [토어], pp는 [은] 붙여서 torn <
청바지가 스스로를 찢지는 않겠죠.

→ These jeans are torn.

똑같은 식으로,

#그 청바지 찢어진 것처럼 보여.

→ Those jeans look torn.

#점퍼가 낡아 보인다.

→ The jumper looks old.

이렇게 해도 전혀 이상하지 않아요.

또 잘 쓰는 단어 하나 알려드릴게요.
‘옷을 입다’, wear. 자주 입어서 낡아지는 거죠.
wear의 과거는? wore [*워], pp는 [은] 붙여서 worn [*원].
낡아 보인다고 할 때 worn 잘 씁니다.
The jumper looks worn-out.
out까지도 잘 붙여요. 옷을 하도 많이 입어서 out, 밖으로 떨어지게 보이는 거죠.
이 worn은 옷에만 쓰이지 않아요.

#You look worn out.

너 엄청 피곤해 보인다는 겁니다. 뭔가에 지쳐 너덜너덜해진 것처럼 피곤해 보이는 거죠.
반복적인 스트레스로 피곤해 보일 때 이런 말을 잘 씁니다.

마지막으로 배운 것을 꼬아보죠. 천천히 문장 쌓아서 만들어보세요.

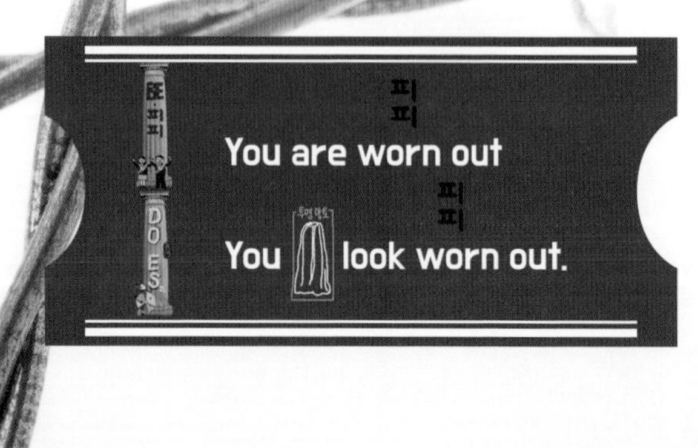

#너 나한테 거짓말했어?

> lie <

→ Did you lie to me?

#난 누가 나한테 거짓말하는 것 정말 싫어해.

→ I hate when someone lies to me.

이 말을 하는 다른 방법이 하나 더 있는데, 힌트 문장을 먼저 드릴게요.

#나 수영하는 것 싫어해.

→ I hate swimming. 이건 쉽죠? 힌트 또 드리죠.

#난 여기 있는 것 너무 싫어!

→ I hate being here.

똑같은 식인데 swim이 do이듯 be here는 be 쪽인 거죠? 그럼 다음 말을 만들어보세요.

#너 나한테 거짓말했구나!

→ You lied to me!

상대가 거짓말을 해서 내 상태가 거짓말을 받은 거죠. 그럼 내 입장에서 말하면 **I am lied to.** 왜 to까지 나왔는지 보이죠? You lied to me.

힌트 다 나왔으니 다음을 만들어보세요.

#난 누가 나한테 거짓말하는 것 정말 싫어해.

난 그런 상태가 되는 것이 싫은 겁니다.
I hate being here~가 아니라 거짓말당하는 거.

→ I hate being lied to.

지금까지 배운 것들을 섞은 것뿐입니다. 쉬운 문장 구조 아니었죠?

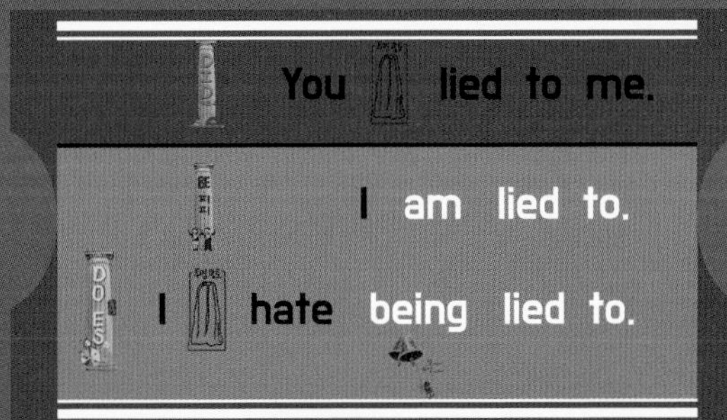

"

갈수록 탄탄해질 겁니다.
뉴스는 누군가의 상태가 변하는 상황을 말하는 경우가 많아서 BE + pp 기둥이 많이 사용된답니다.

여러분이 모든 do 동사에서 DID를 익혔듯, 모든 do 동사에 pp가 있다고 생각하면 됩니다. 그런데 열어보고 나니 결국 다 똑같이 생기거나 아니면 뒤에 [은]이 붙는 것뿐, 별것 아니랍니다. 이제 지금까지 배운 것을 다시 속도 올리며 연습해보세요!

계속 pp만 한 것 같은데 이번에는 쉬운 것들을 섞어볼까요? 만들어보세요.

#흑과 백.

→ Black and white.

#전부든지, 아니면 아무것도 없든지!

→ All or nothing!

'반대쪽'을 뜻하는 단어 **opposite** [어포짓트]

pretty girl의 pretty처럼 opposite도 그냥 단어입니다. 만들어보죠.

#벽	wall	#반대쪽 벽	간단하게 opposite wall
#방향	direction	#반대방향	opposite direction
#내 편	my side	#반대편	opposite side
#네 의견	your opinion	#반대의견	opposite opinion

별거 아니죠?

대화로 만들어보죠.

#A: 교수님(여) 어디 계신지 아세요?

> professor <

→ Do you know where the professor is?

#B: 방금 저 길로 가셨어요.

→ She just went that way.

#A: 이 길요?

→ This way?

#B: 아니요, 반대쪽요.

→ No, the opposite way.

the가 붙은 것은 the way 때문이에요. 복잡하게 생각할 필요 없습니다. the girl과 같은 식인 거죠.

별것 없죠? 그럼 살짝 다른 것을 해볼까요?

상황) 아는 남자인지 궁금해요.

#저 남자분 성함이 뭐야?

→ What is the name of that man?

이름이 궁금해서 the name이 먼저 나온 것뿐입니다. the name 한 후 저 남자분이란 말을 더하기 위해 한 번 더 들어간 것뿐이죠, of that man.

이 구조와 똑같이 이번엔 opposite를 명사 자리에 사용해보세요.

#이거 뭐야?

→ What is this?

이것의 반대가 뭐야?

반대가 뭔지 궁금한 거죠? What is the opposite~ 아무것의 반대가 아닌, 이것의 반대이니 한 번 더 들어가서, of this.

→ What is the opposite of this?

What is the name?

What is the opposite

... of that man?

... of this?

the name이 명사이듯 opposite도 명사로 쓸 수 있는 거죠. 다양한 위치에 쓸 수 있습니다. 그럼 다양하게 넣어보죠.

#A: '여명'의 반대말이 영어로 뭐지?

> dawn [돈] <

→ What is the opposite of 'dawn'?

#B: '황혼'요.

> dusk [더스크] <

→ It's 'dusk'.

#A: 보라색의 반대색이 뭐지?

> purple <

→ What is the opposite of purple?

#B: 전혀 모르겠어. 왜 물어봐?

→ I have no idea. Why do you ask?

"Why are you asking?"도 됩니다. 상대가 답을 얻기 전까지 물어볼 것이 예상되어서인지 지식, 정보에 대해 질문할 때는 DO 기둥으로도 잘 질문한답니다.

#A: 포스터 만드는 데 필요한데, 반대색이 어떤 건지 확실히 모르겠어서.

Hint. 필요함 — 만들기 위해서.

→ I need it for making a poster, but I wasn't sure which colour is the opposite.

동명사랑 그 다음 문장은 WH 1으로 만들었죠? TO 다리로도 만들 수 있겠죠?

→ I need it to make a poster, but I wasn't sure which colour is the opposite.

#A: 노란색인가? 아니 녹색이었나?

→ Is it yellow? Or was it green?

#B: 구글 검색해! 어떤 색이 반대색이었어?

→ Google it! Which colour was the opposite?

문장이 길 때는 암산 말고 쓰면서! 조금만 더 만들어보죠.

#이 두 아이템이 똑같아 보일 수 있지만, 완전히 반대예요.

볼 수도 있고 안 볼 수도 있으니 MIGHT 기둥도 되고, COULD 기둥도 됩니다.

→ These two items might look the same, but they are totally the opposite.

opposite는 예문들로 만들다 보면 쉽게 마스터되겠죠?

자! 그런데 이것은 껌딱지로도 사용 가능합니다!
across 배웠었잖아요? (스텝 11[07]) 이것이 '건너편' 느낌이라면 opposite는 '반대편' 느낌입니다. 둘이 너무 비슷하니 솔직히 하나만 알아도 됩니다. 그래도 잠깐 접해보죠. 바로 적용!

#A: 은행이 어디 있죠?

→ Where is the bank, please?

#은행이 어디에 있는지 알려주실 수 있나요?

→ Could you tell me where the bank is?

#B: 백화점이 어디 있는지 아세요?

> department [디'파트먼트] store <

→ Do you know where the department store is?

#백화점 반대편에 있어요.

→ It's opposite the department store.

간단하죠? 껌딱지처럼 그냥 붙여주면 끝이에요!
이미 있는 단어를 껌딱지로도 사용해버린 거죠. 더 만들어보세요.

#ATM 찾고 계세요?

→ Are you looking for an ATM?

이 빌딩 반대편에 하나 있어요.

There is one~ **이 건물 반대편:** opposite this building.

#내 반대편에 앉지 마! 내 옆에 와서 앉아!

→ Don't sit opposite me! Come and sit next to me!

껌딱지로 사용한 거죠. 다시 명사로 써볼까요?

→ Don't sit on the opposite of me!

#의자에 앉지 마!

→ Don't sit on the chair! 같은 거예요.

더 해보죠.

#A: 게시판 봤어? 거기에 너한테 온 메시지 있더라.

> notice board [노티스 보드] <

→ Did you see the notice board? There was a message for you.

#B: 게시판이 어디 있어?

→ Where is the notice board?

#A: 문 반대편 벽에 걸려 있잖아.

> hang - hung - hung <

뭐가 걸려 있다는 거죠? 게시판. 반복하지 않기 위해 It.

게시판이 거는 것이 아니라 누군가 걸어놓은 거죠? BE + pp 기둥 써서~ is.

hang의 과거는 hung, pp도 똑같아요, ~ hung.

extra 어디에 걸려 있어요? 벽이죠, ~ on the wall.

extra 아직 안 끝났죠? 벽인데, 문 반대편이래요, ~ opposite the door.

→ It is hung on the wall opposite the door.

문 반대편 벽 게시판이면 '문'을 먼저 생각하게 되지만 이미지로 중요한 것부터 떠올려 보세요.
게시판이 보이고, 게시판이 걸린 벽이
보인 후에, 벽을 설명하기 위해 반대편에 있는 문이 보이겠죠?

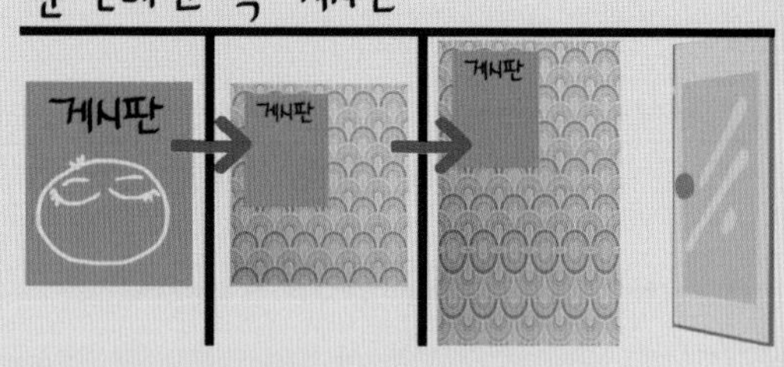

영어는 배경을 두고 대상을 말하는 것이 아니라, 중요한 대상부터 보며 말한다고 했죠?
이렇게 이미지로 상상하면서 만들어나가면
훨씬 더 쉬워진답니다.

It is hung on the wall opposite the door.

같은 구조로 다른 껌딱지를 넣어볼게요.

It's hung on the wall in the room.

이 말은 간단해 보이죠? 보통 껌딱지들이 쪼끄마해서 엑스트라로 붙이며 사용하는 것이 어색하지 않은데 이 opposite는 생긴 것이 커서 괜히 다르게 보이는 것뿐입니다. 겉모습에 속지 말아요. 그냥 껌딱지일 뿐이에요.

실제 opposite는 형용사나 명사로 더 잘 쓰이지만 이렇게 재활용해서 껌딱지로도 사용되는 거죠. 하다 보면 위치가 돌아다니겠죠? 룰로 일일이 기억하기보다는 여러분이 필요할 때 그 위치에 넣으면 됩니다. 그럼 편하게 껌딱지 익히며 연습장 들어가보죠.

#그녀는 테이블로 그를 따라가서 그의 반대편에 앉았다.
follow / sit

.... She followed him to the table and sat opposite him.

#걔네(남) 집은 역 반대편에 있어.
station

.... His house is opposite the station.

#본인의 생년월일을 성함 반대편에 쓰세요.
date of birth / name / write

.... Write your date of birth opposite your name.

#A: 레스토랑이 은행 반대편에 있대.

....The restaurant is opposite a bank.

#B: 은행 이름이 뭔데?
Hint: 궁금한 건 이름!

....What is the name of the bank?

#A: 씨티은행.

....It's Citibank.

#B: 그래, 그러면 레스토랑은 씨티은행 반대편에 있네.

.... Okay. So the restaurant is opposite a Citibank.

#A: 저기 씨티은행이 있고 (반대편을 보면서) 아무것도 없잖아!

.... There is the Citibank, and there is nothing!

#걔네 둘이 함께인 게 놀랍지 않냐?

> surprise <

Aren't you surprised~

extra 나머지 엑스트라는 기둥 문장으로 붙이면 편하겠죠?
접착제 THAT 붙인 다음, that
~ they are together.

→ Aren't you surprised that they are together?

#They say opposites attract, don't they?

> attract=마음을 끌다 <

그들이 말하잖아요. '반대들은 끌어당긴다고.' 자석에서 N과 S가 서로 끌어당기잖아요. 영어는 전혀 반대여서 못 어울릴 것 같은 사람들이 연인이 되면, **opposites attract**라고 합니다. 정반대가 서로를 끌어들인다는 거죠. 재미있죠? 잠깐 어휘 좀 건드려볼까요?

자석에서 N과 S는 무엇을 상징하죠?
N은 North.
S는 South.

그럼 번역하면서 어휘를 접해보세요.

#According to Feng shui, having a view of the door without being too close to it gives you a sense of safety while you rest or sleep.

같이 해보죠.

According to Feng shui. [펭슈이]에 따르면? 기억나세요? 풍수죠. 풍수에 따르면,
having a view 가지고 있는 것, 시야를
of the door 문의 시야를 가지고 있는 것은, 문이 보이는 것을 having 하는 거죠? 문이 보이는 것은,
without being too close to it 뭐 없이? 상태가 너무 가까이 있지 않게 to it? 여기서 it은 방금 말한 door. 문 쪽 방향으로 너무 가까이 있지 않으면서 문이 시야에 들어오면
gives you a sense of safety 준다 / 너에게 / 센스를 / 안전감이 느껴지는 센스를
DOES 기둥이었던 거죠? give 뒤에 s가 보이잖아요.
while you rest or sleep. 리본입니다. 뭐 하는 동안? 당신이 쉬거나 자는 동안.
이미지 하나씩 그려졌나요?

다시 읽으면서 이미지를 좀 더 탄탄하게 만들어보세요. 이해가 갔으면 우리말로 편하게 메시지 전달을 하면 되겠죠?
풍수에 따르면, 자거나 쉴 때, 문에 너무 가까이 있지 않으면서 문이 시야에 들어오면, 안전감을 느끼게 해준다. 더 좋은 우리말 번역은 하고 싶은 사람의 몫!

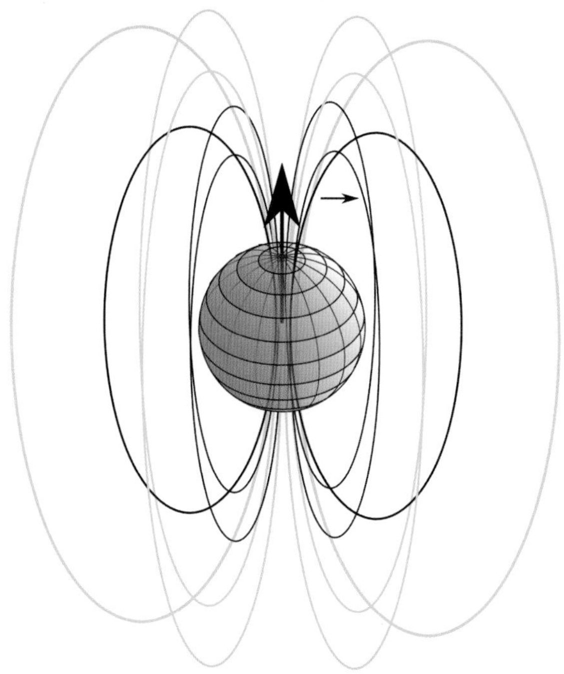

그럼 마지막으로 불규칙 DID에서 [은]만 붙이면 되는 pp들 2개 더 소개해드릴 테니 친해져보세요.

#아무것도 잊혀지지 않았어.

> forget의 과거는? forgot, pp는 [은] 붙여 forgotten <

'아무것'이 잊은 것이 아니라, 사람들이 잊지 않은 거죠.

→ Nothing is forgotten.

#전 도둑질 안 해요!

> steal <

→ I do not steal!

#도와주세요! 제 차가 어젯밤에 도난당했어요!

> steal의 과거는 stole, pp는 [은] 붙여서 stolen [스톨른] <

뭐가 도난당했죠? My car~

차가 훔친 것이 아니고, 누군가 어제 훔친 것이니, ~ was stolen.

엑스트라가 있죠? 어젯밤에 ~ last night.

→ Help! My car was stolen last night!

그럼 지금까지 배운 불규칙 pp에 opposite도 넣어가면서 다양한 상황으로 문장을 만들며 연기해 보세요!

14 09

get 과거분사

GET SHOCKED

이 스텝에서는 편안하게 BE + pp 기둥을 더 탄탄하게 하면서 나가봅시다.
"Don't get sick!"과 **"Don't be sick!"** 둘의 다른 느낌 배웠죠?
get은 뭔가 얻는다는 느낌이 있어서 아직은 안 아픈 사람에게 말하는 거였죠.

이미 아파하고 있는 사람에게
"Don't get sick!"이라 하면 반응은
"Too late!" 너무 늦었어! 이렇게 나오겠죠. (스텝 03[14])

자, 이 BE + pp 기둥은 난 가만히 있는데 다른 것이 행동하며 벌어지는 일이어서 get과도 잘 어울립니다. 그렇지 않다가 get, 그런 상태가 되었다는 거죠.

이번 스텝에서는 이 get을 사용할 겁니다. 규칙 pp만 나올 거니까 be를 get으로 바꿨을 때 그 느낌에 집중해보세요.

상황) 남동생에게 사진을 찍어달라고 합니다.

#A: 나 사진 찍어줘!

→ Take a picture of me!

남동생이 사진을 찍은 후 보더니 말합니다.

#B: 누나 화장 전혀 안 하고 있다는 것을 기억해.

> make up / wear / remember <

→ Remember that you are not wearing any make up.

#그러니까 쇼크 먹지 마!

'쇼크를 주다'는 shock, 과거도 규칙이니 pp도 규칙.

쇼크를 먹다? 쇼크를 받는 사람은 가만히 있다가 받는 것이니 pp로 연결해야 합니다.

"받지 마!"라고 하니까 명령 기둥이잖아요.

be 쪽으로 가서 pp 기둥과 엮으면 간단해요!

→ Don't be shocked!

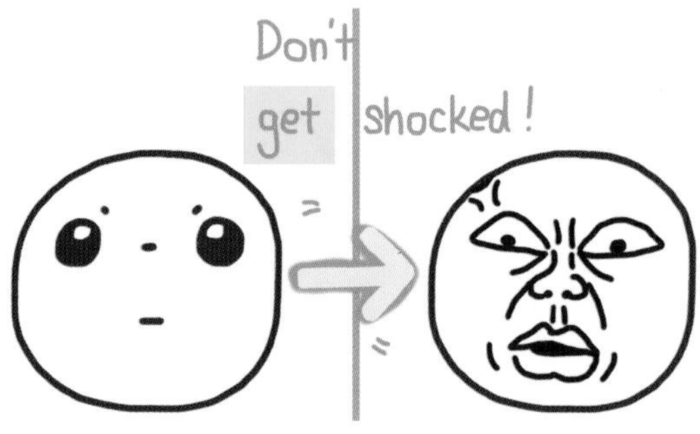

그런데 이 말은 이미 쇼크를 받은 사람에게 더 잘 어울려서, 쇼크를 아직 안 받은 사람에게 받지 말라는 느낌을 더 전달하고 싶으면

→ Don't get shocked!

간단한 겁니다. "Don't get sick!"과 같은 거죠.

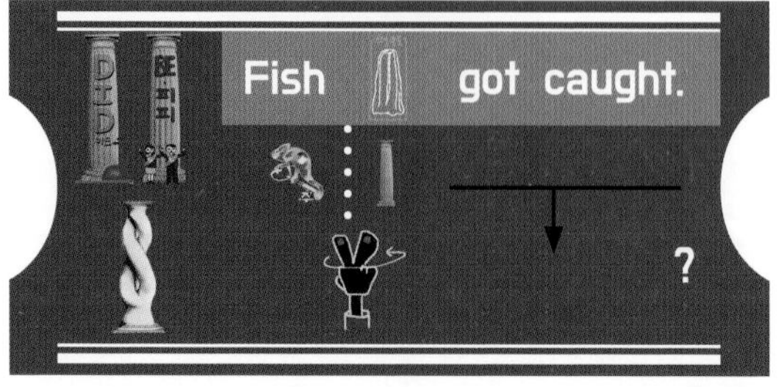

또 해볼게요.

상황) 물고기가 유유자적 놀다 딱 잡혔어요.

#물고기: 아악~잡혔어! 잡혔어!

> catch의 과거가 caught, pp도 같아요. <

안 잡힌 상태로 있다가 잡힌 거죠! get. 이미 잡혔으니 과거로 got!

→ I got caught.

누군가 묻습니다.

#그거 잡혔어?

get caught 됐느냐고 묻는 것인데 get은 do 동사에서 온 거니 당연히 DID 기둥으로 질문해야 합니다. 룰로 기억할 것이 아니라 당연한 방식입니다.

→ Did it get caught?

get caught는 두비 자리로 들어간 거죠. 기둥들 꼬이는 것 보면 웃기죠?

타임라인도 살짝 움직여볼까요?

#너 곧 승진할 거다.

> promote [프*로모트] <

승진을 하는 것은 위에서 내리는 결정이죠.

미래이니 WILL 기둥으로 연결.

→ You will get promoted soon.

DID에서 불규칙으로 배운 것이 아니면 pp도 규칙처럼 [이드] 붙이면 됩니다. 모르는 단어는 간단하게 규칙으로 보세요.

기둥이 I am에서 I will be로 가는 것은 알죠?

I get에서 I will get으로 가는 것도 똑같은 겁니다.

WILL 기둥보다 좀 더 확실하게 말하려면 GONNA 기둥으로 말해도 됩니다.

→ You are gonna get promoted.

WILL이든 GONNA든 시간을 먼저 말해주고 상태를 설명해주는 거죠. 다른 시간으로 만들어보세요.

#저희 집 남편이 어제 승진했어요.

→ My husband got promoted yesterday.

#그이가 매우 흡족해하고 있어요.

→ He is very pleased.

승진이 그를 please 하게 만든 거죠?

더 해보죠.

#이건 수입된 거야.

> import <

→ This is imported.

#이 제품들이 한국에서는 값이 비싸게 매겨져.

> price는 '가격'이죠. do 동사에 넣으면 '가격을 매기다'가 됩니다. 원래 가격보다 비싸게 매기는 것은 over-price 하는 거죠. <

→ These products get overpriced in Korea.

#우리는 왜 이렇게 이용당하지?

> use=사용하다 <

누군가 나를 사용하면 난 이용당하는 거죠? 반복적으로 이용당하면 DO 기둥으로 엮어서,

→ Why do we get used like this?

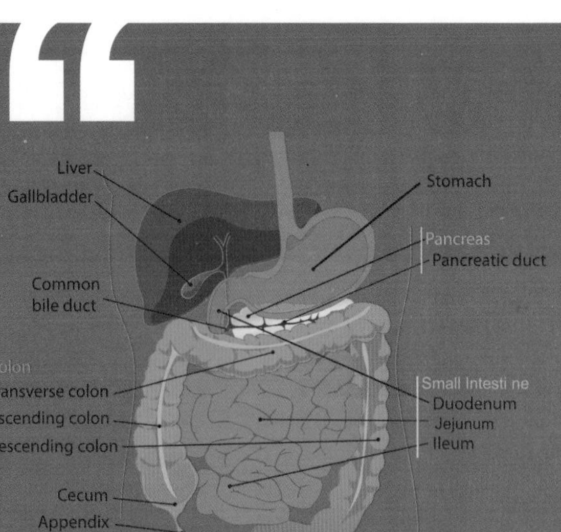

기둥들을 꼬니까 더 헷갈리나요?
룰은 바뀐 것이 없으니
소화하면서 천천히 만들어보세요.
그럼 연습장에서 좀 더 해본 후에,
이 스텝에서 배운 것들로
기둥을 천천히 바꿔보면서
다양하게 연습해보세요.

연습

#우리가 피곤해져서 땅 파는 것을 멈췄어.
tire / dig

.... We got tired, so we stopped digging.

#외국인: 현대는 일본에서 수입되는 거 아니잖아.
Hyundai / Japan / import=수입하다

.... Hyundai isn't imported from Japan.

#중국 회사잖아, 아니야?
Chinese / company

.... It's a Chinese company, isn't it?

#한국인: 아니(정정), 한국 회사인데.
Korean

.... Actually, it is a Korean company.

#난 쉽게 스트레스 받아서, 롤 게임 안 해요.
easy / stress / Lol

I get stressed easily, so I don't play Lol.

#그 게임에서 사람들이 계속 부모님에 대해 물어봐요.
keep / parents / ask

In that game, people keep asking me about my parents.

#내 친구 중 한 명(여)은 화재경보기를 눌러서 학교에서 퇴학당했어.
fire alarm / press=누르다 / expel [익스'펠]=퇴학시키다

A friend of mine got expelled from school because she pressed the fire alarm.

#일반적으로 인턴들은 봉급을 받나요?
general / intern / pay=지불하다

Generally, do interns get paid?

#뭐야?! 나 방금 유튜브에서 정지 먹었어!
ban=누구의 권한으로 정지하다

What?! I just got banned from Youtube!

#제가 문자를 보내면 그녀가 짜증 낼까요?
Hint: 기둥 조심. 아직 짜증 안 냈습니다.

Would she get annoyed if I text her?

#그녀가 절 차단한 것 같아요. 제가 페이스북에서 차단당했는지 어떻게 알아낼 수 있죠?
block / find out

I think she blocked me. How can I find out if I got blocked on Facebook?

#난 오늘 해고당했어. 아니야, 아직 해고 안 당했어.
fire=해고하다

I got fired today. No, I didn't get fired yet.

14[10]

의문사 의문문

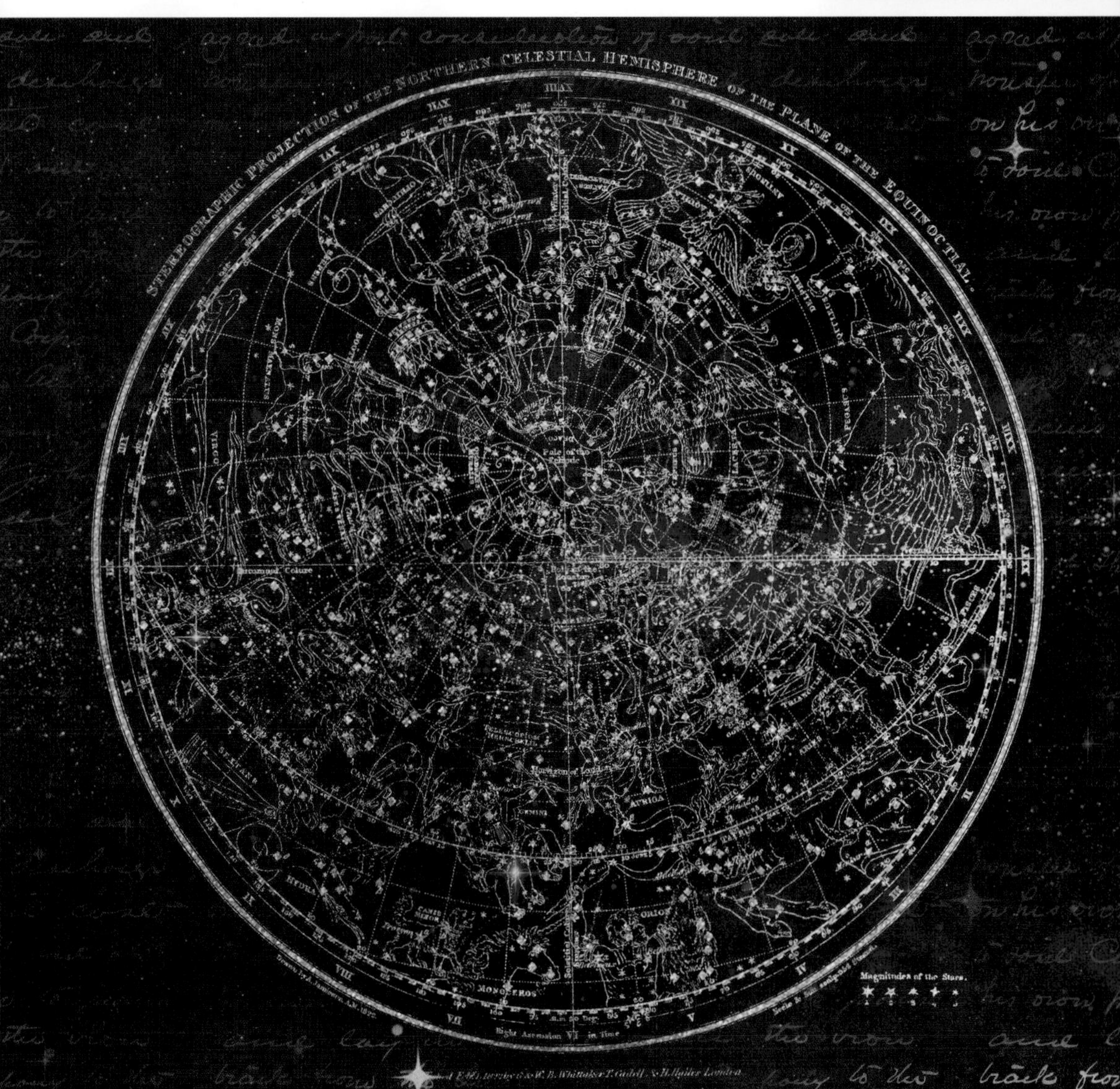

저는 2월에 태어났어요.

자신이 태어난 월로 말해보세요. 이 말 할 줄 아는 분들 많을 겁니다. 모르는 분들은 다음 문장을 보고 월만 바꿔서 말해보세요.

→ I was born in February.

BE + pp 기둥인 것 알았나요?

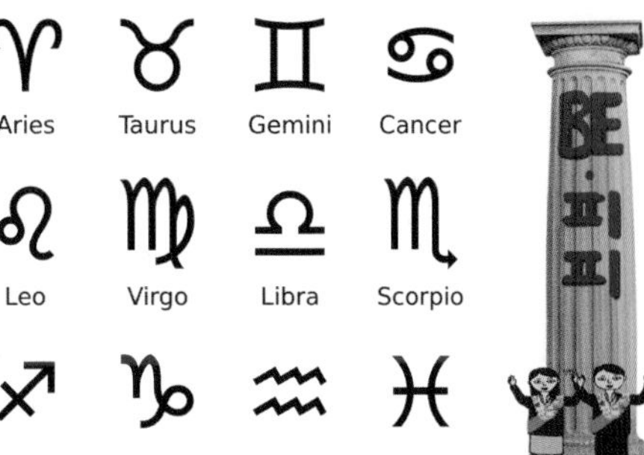

태어날 때 난 가만히 있고, 엄마가 다 하는 거죠? '분만'은 영어로 뭘까요?

힌트: #노동은 영어로? labor [레이버]

그래서 #노동당을 labor party라고 부른답니다. 분만도 노동이죠.

그래서 '분만 중이다, 아이를 낳는 중이다' 할 때 "She is **in labor**"라고 한답니다.

우리는 태어날 때 가만히 배달만 되잖아요. 배 속에서 배 밖으로 배달. 그래서 **'분만실'**은 영어로? delivery room. delivery가 '배달'. 재미있죠?

내 상태는 가만히 있었고, I was.

born의 기본 원형은 bear [베어]입니다. 곰, bear와 똑같이 생겼지만 다른 뜻.

bear는 퇴색된 고어입니다.

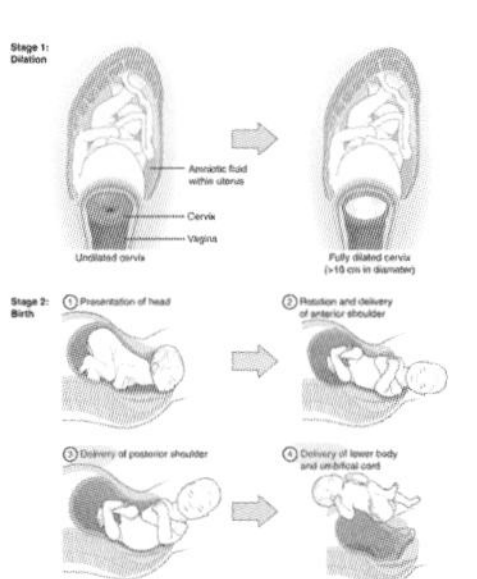

Childbirth 출산

bear를 영영사전에서 찾아 같이 번역해보죠.

#When a woman bears a child, she gives birth to him or her.

언제 / 여자가 / bear를 하면 아이를, 그녀가 / 준다 / 탄생을 / (방향 들어가서) 얘한테(아이인 거죠.)

어머니가 한 행동 bear do

우리는 가만히 be born be

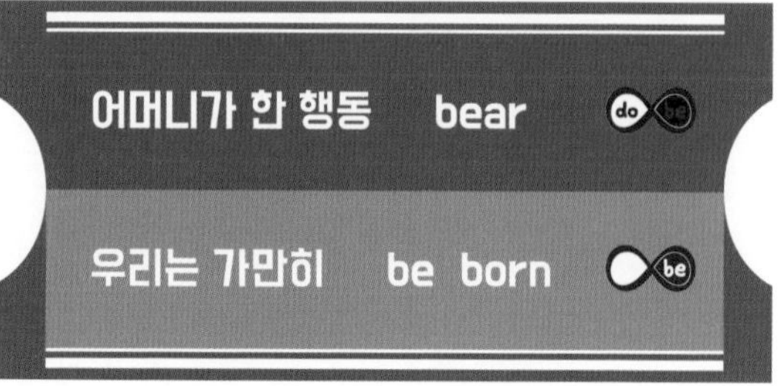

여자가 아이를 bear 한다면, 그녀가 그 애한테 탄생을 준다. 결국 애를 낳는다는 뜻이죠. bear의 pp가 born인 겁니다.

보통 DID와 pp를 배운다고 테이블에 두-디드-던 적고 구구단처럼 외우지만, 실제 보면 고어가 되어서 안 쓰는 것들도 상당히 많습니다.

다 외우지 않아도 된다는 거죠. 많이 쓰는 것들부터 먼저 접하세요.

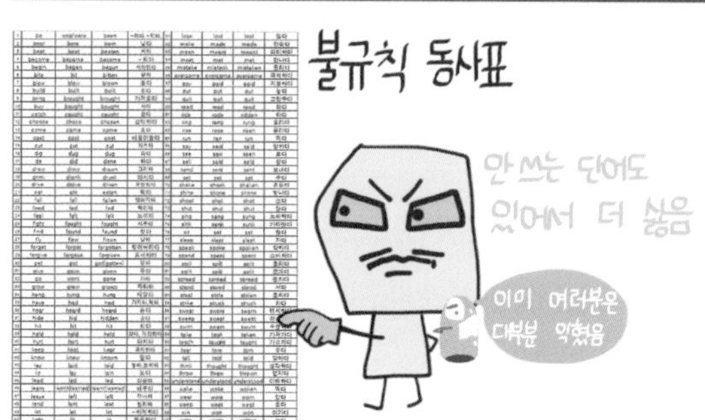

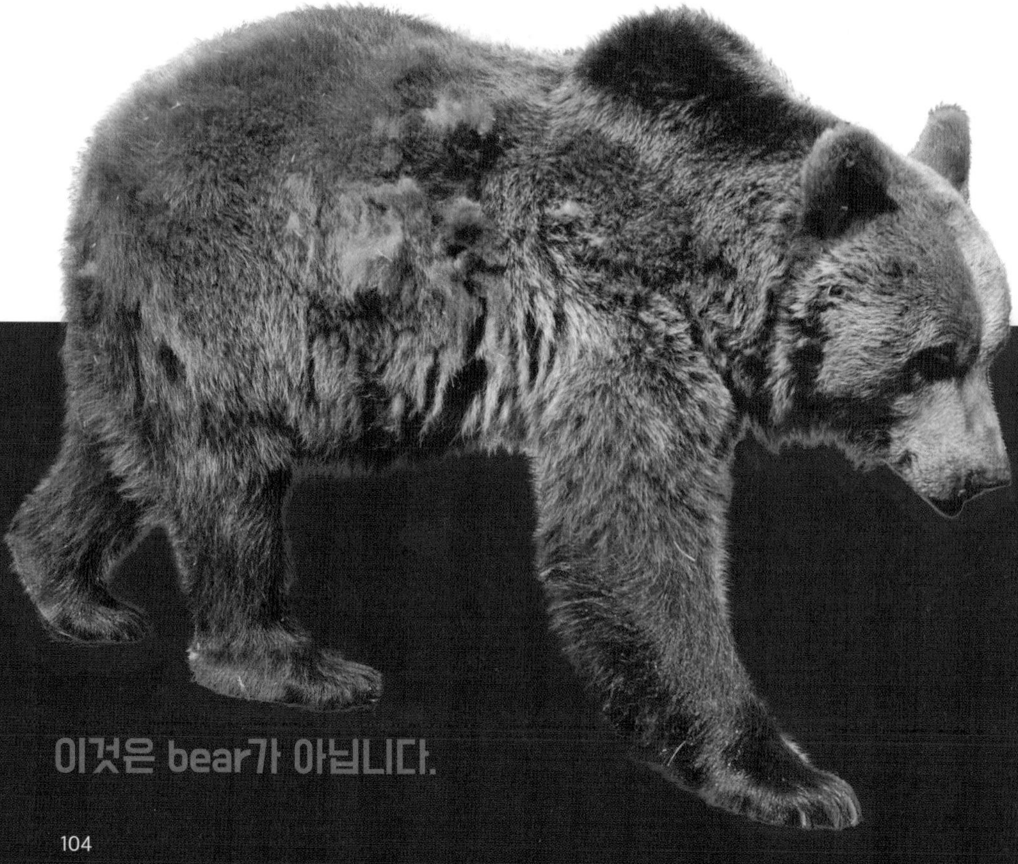

이것은 bear가 아닙니다.

다음 문장을 영어로 만들어보세요.

상황) 꼬마가 묻습니다.

#J 고모는 언제 태어나셨어요?

바로 WH Q 질문이죠?

앞에 고모가 있으면:

→ When were you born?

고모가 없으면:

→ When was aunt J born?

YN 뒤집고 앞에 WH만 붙이면 되죠?

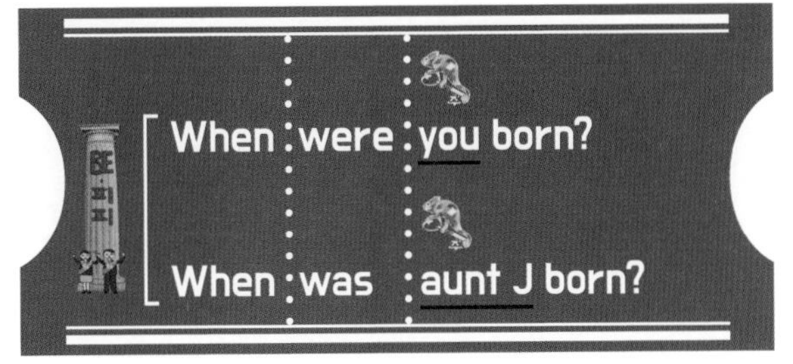

#고모: 고모는 1979년도에 태어났어.

→ I was born in 1979.

#아빠: J 고모는 1979년도에 태어났어.

→ She was born in 1979.

자! 고모가 나타납니다. 그러자 이 꼬마가 이렇게 말합니다. 영어로 말해봅시다.

#난 21세기에 태어났는데.

→ I was born in the 21st century.

#고모는 20세기에!

→ You in the 20th century!

바로 비교하는 것이어서 "You were born in the 20th century!"라고 말하지 않고 우리말처럼 이렇게 다른 것만 뽑아서 말해도 됩니다.

하지만 영어의 구조를 확실히 안다는 생각이 들기 전까지는 기둥 구조를 생략하는 것을 삼가세요. 잘한다고 하는 분들도 구조를 정확히 익히지 않아서 카멜레온 같은 엉뚱한 것을 생략하는 장면을 자주 목격했기 때문입니다. 그러니 연습할 때는 전체 문장으로, 글을 쓸 때도 생략하지 말고 안전하게 전체 문장으로 말하세요!

WH Q 스텝은 쉬우니 다른 불규칙을 접해볼 겁니다.
지금까지는 DID에서 [은]이 붙으며 바뀌는 것들로 접했었죠?
이번에 나오는 pp는 **DO에서 [은]을 붙이는 것들**입니다.

#그 속담은 한국에 알려져 있어요.

> proverb [프*로'*벌브] / know <

그 속담이 알고 있는 게 아니니,

That proverb is~

사람들이 아는 거죠. '알다'는 know. 이것의 pp는 곧바로 know 기본에 [은]을 붙인 known [노운].

extra 한국에서, in Korea.

→ That proverb is known in Korea.

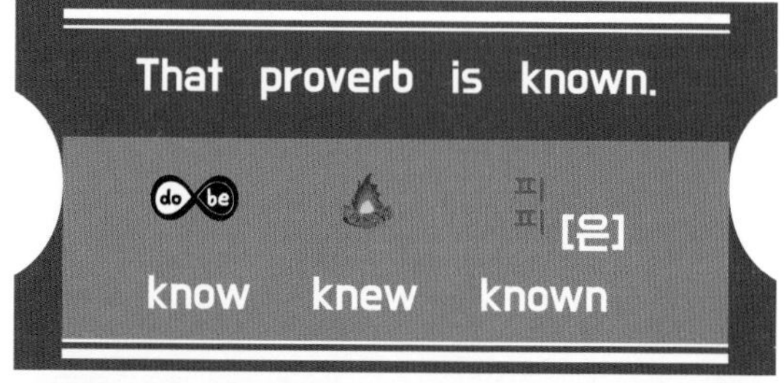

그래서 잘 알려져 있다고 할 때는 well-known이라고 쓴답니다.

#잘 알려진 속담

→ well-known proverb

#그건 잘 알려진 속담이에요.

→ That is a well-known proverb.

#그 속담은 잘 알려져 있어요.

→ That proverb is well-known.

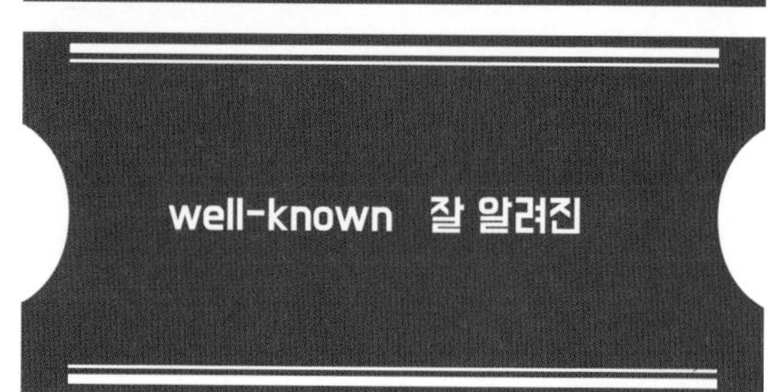

어떻게 해서 그게 여기에 잘 알려져 있는 거죠?

왜 잘 알려져 있느냐는 거니까 why로 가도 되겠지만 쉬우니 하나 더 가르쳐드릴게요. '왜?'인데 어떻게 해서 그렇게 되었느냐고 할 때 '**how come**'이라고 물을 수 있습니다. 형식적인 글에서는 피하세요. 대신 일상에선 자주 들립니다. THAT 접착제로 연결되는 것으로 기둥 문장 뒤집지 않고 그냥 붙이세요. → How come (that) that is well-known here?

어떻게 해서 그 결과로 왔느냐고 묻는 거죠. 앞에 질문식으로 'how come'을 해버리니까 뒤에는 뒤집지 않고 그냥 붙는 거예요. 레고처럼 정확하죠? how come은 접하기만 하세요.

계속 do 기본에서 [은] 붙이는 불규칙을 만들어봅시다.

#학생 몇 명은 시험에서 떨어졌어요.

> exam / fail <

→ Some students failed the exam.

#그래도 두 번째 기회가 주어졌어요.

> give의 pp도 그대로 [은] 붙여서 given / chance <

학생들이 준 것이 아니라, 학교나 선생님이 준 거죠.

→ But they were given a 2nd chance.

#불공평하게 들리지 않아요?

> unfair <

→ Doesn't that sound unfair?

#왜 두 번째 기회가 주어졌을까요?

→ Why were they given a 2nd chance?

계속 만들어보죠.

#이 책은 속초에서 쓰였어요.

> write - written [*뤼튼] <

누가 썼는지를 말하는 게 아니라, 속초에서 쓰였다는 거죠.

이 책이 전에, This book was~

그리고 write를 pp로 만들면 되겠죠? 똑같이 [은]을 붙이지만 스펠링으로 인해 발음이 좀 다르게 변합니다, written [*뤼튼].

→ This book was **written** in Sok-cho.

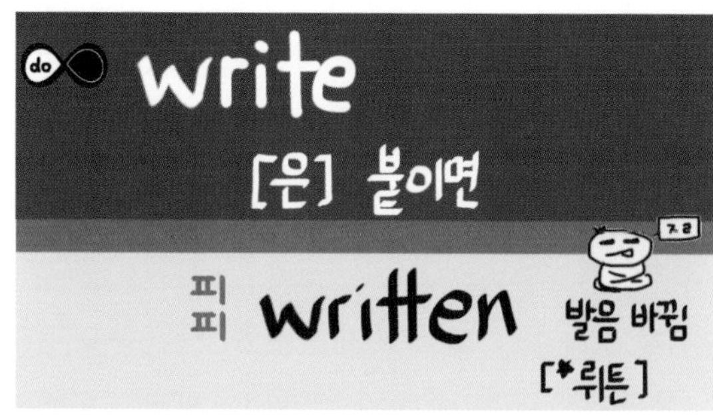

#책이 언제 쓰였죠?

→ When was the book written?

#얼마나 오래전이죠?

→ How long ago was it?

위의 문장들을 보면 누가 썼는지는 안 보이죠. 책과 속초만 보입니다. 이것이 이 기둥의 특징이에요. 그 행동을 취한 사람은 보이지 않습니다. 계속 더 해보죠.

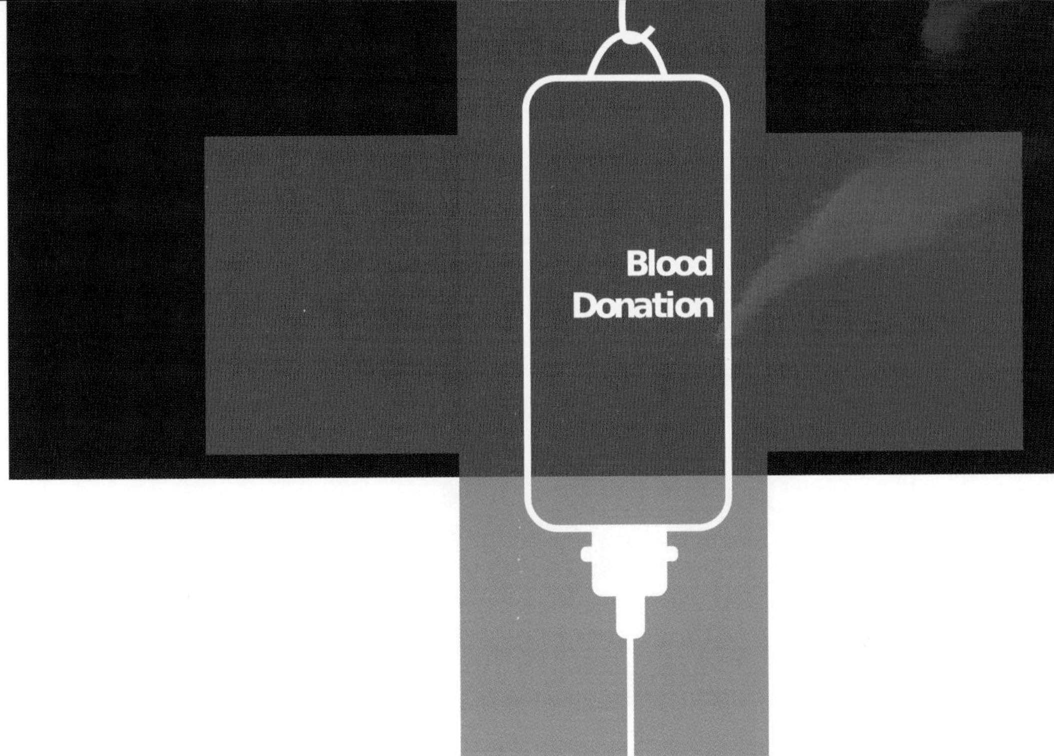

#A: 혈액 샘플들이 환자들에게서 채취되었어요.

> blood sample / patient [페이션트] <

혈액 샘플들은 가만히 있는 거죠.

Blood samples were~ **'채취되다'**는 아는 단어로 해보세요!

골라볼까요, have, get, take, bring 등등.

누군가가 혈액 샘플을 가지고 간 거죠. 그러니 가장 어울리는 단어는 take!

take의 pp는 [은] 붙여서 taken.

extra 엑스트라 더 있죠? **환자들에게서.** 껌딱지 하나 붙여서, from patients.

→ Blood samples were taken from patients.

#B: 몇 시에 채취되었죠?

→ What time were they taken?

#A: 1시간 전에 채취되었어요.

→ It was taken an hour ago.

→ They were taken an hour ago.

불규칙 pp만 알면 어렵지 않죠?

마지막으로 하나만 더 해볼게요.

#A: 어떤 여자애가 오늘 학교에서 쫓겨났어요.

> '쫓겨나다' 누군가 throw out을 한 겁니다. throw의 pp도 마찬가지로 [은] 붙여서 thrown <

→ Some girl was thrown out of school today.

#B: 왜 쫓겨났는데?

→ Why was she thrown out?

#어떻게 해서 쫓겨났는데?

→ How come she was thrown out?

WH 열차로 만들어볼까요? 이미지를 그리면서 만드세요!

여자애(말하다가 한 번 더 설명합니다) **화재경보 울린 애가—쫓겨났어요—학교에서.**

> fire alarm / set / throw out / school <

→ The girl who set the fire alarm was thrown out of school.

스텝에서 배운 불규칙은 어렵지 않았죠? 연습장에서는 지금까지 배운 불규칙을 섞을 겁니다.

#저 창문은 왜 깨져 있는 거야?

break - broken

.... Why is that window broken?

#난 여성이 우울하고 연약한 때를 감지할 수 있어.

depress=우울하게 만들다 / vulnerable [*버너*러블]=연약한

I can sense when a woman is
.... depressed and vulnerable.

#이거 왜 봉인이 안 되어 있어?

seal=봉인하다

.... Why is this not sealed?

#첫 번째 컴퓨터는 언제 발명되었나요?

invent=발명하다

When was the first
.... computer invented?

#저는 왜 이렇게 쉽게 피곤해질까요?

tire

.... Why do I get tired so easily?

#저는 왜 해고를 당한 걸까요?

fire

.... Why did I get fired?

#면접관: 왜 이 자리에 관심이 있으십니까?

position / interest

Why are you interested
.... in this position?

#이 사진은 한국에서 촬영된 게 아니야. 어디서 찾았어?

photo / take

This photo isn't taken in Korea.
.... Where did you find it?

#많은 것이 알려지지 않았었지—흡연의 위험성에 대해서—그때는.

know=알다 / smoking / dangers=위험성

Not much was known about the dangers of smoking in those days.

#A: 이 집은 언제 지어졌어요?

build=짓다

When was this house built?

#B: 1489년에 지어졌어.

It was built in 1489.

#자기가 뭘 얘기하는지도 모르면서! 넌 아직 태어나지도 않았거든!

talk / bear - bore - born

You don't know what you are talking about! You weren't even born yet!

그럼 번역하고 정리하죠.

Guus Hiddink 한국 축구 역사에 한 획을 그은 감독 거스 히딩크. 그를 소개하는 글을 번역해볼까요? 이미지를 떠올리면서 앞에서부터 번역하세요!

He is considered to be one of the most experienced and prominent managers of his generation and was the best-paid coach in international football in 2009.

He is considered ed로 끝난 것 보이죠? BE + pp 구조입니다.
'그는 consider 되어진다.' 이러면 consider 뜻을 알아야겠죠? 찾아보니, consider는 "사려하다, 고려하다"라고 나옵니다. 그는 사람들에 의해 고려되어진다, 다시 말해 '여겨진다'라는 뜻이죠.
to be one of the most experienced 고려되는데, to be죠. 상태가 one of the most.
가장 무엇 중의 한 명으로 고려되는 겁니다.
가장 뭐예요? most experienced, 가장 경험을 많이 한 사람 중 한 명으로 여겨지는 겁니다.
BE + pp인 거죠.
#전 경험이 많습니다라고 할 때 I am experienced.
"I have a lot of experience"라고 해도 됩니다. I am이라고 하면 난 이렇다 하는 느낌이 강해집니다. come here와 be here 느낌의 차이 같은 거죠.
experienced는 자연스러운 우리말로는 '경험이 많다'도 되고, '경력 있는, 능숙한'이란 단어도 됩니다. 경험을 많이 쌓아서 생기는 실력일 때 저렇게 말하는 거죠. 번역 아직 다 안 끝났습니다.
and prominent managers 그리고 prominent [프로미넌트] 매니저 중 한 명으로 여겨진다는 겁니다. most experienced와 prominent이니 이 단어도 뭔가 좋은 뜻이겠죠? 궁금하면 찾아보면 됩니다. prominent는 '중요한, 저명한' 사람을 말할 때 씁니다.
of his generation 한 번 더 들어가서, 그의 세대에서 가장 경험 있고 중요한 매니저 중 한 명으로 여겨진다.
and was the best-paid coach in international football in 2009. 그리고 상태가 그랬었다. '베스트-paid' 코치. pay는 '돈을 지불하다'죠? 이건 지불받은 겁니다.
He was paid, BE + pp인 거죠. best-paid / 국제 축구 안에서 / 2009년도에.

이미지 다 잡혔나요? 큰 메시지 전달됐고요? 그럼 영어로 다시 쭉 읽어보세요.
히딩크 감독은 그의 세대에서 가장 경험이 많고 저명한 축구 감독 중 한 명으로 여겨지며 2009년 국제 축구계에서 가장 높은 연봉을 받은 코치였다.

어때요? 모르는 단어들은 찾으면 되지만, 기둥은 스스로 찾으세요! 이제 이번 스텝에서 나온 불규칙 pp 문장들로 단어들도 바꾸면서 더 연습해보세요!

복습해보죠. 다음 문장을 만들어보세요.

#예전에는 담배 피웠었는데, 지금은 안 피워요.

→ I used to smoke before, but now I don't.

used to, 스텝 08[23]에서 배웠죠?
use가 '사용하다'인데, 좀 더 넓게 재활용했었죠.

자! 이번 것은 used to와 비슷하게 생겨서 많이들 틀리는 것입니다.
기둥을 정확히 모르고 대충 외워버리면 나중에 헷갈리기 쉬워요!
자주 쓰이는 것이니 이번에 정확히 짚고 넘어가세요.

상황) 친한 친구가 거울을 꺼내놓고 또 자기 얼굴을 쳐다봅니다. 새로 온 친구가 나를 보더니 묻습니다.

#A: 저 행동을 어떻게 참아주고 있냐?

> 참아주다=stand로 잘 씁니다. 싫은데 도망가지 않고 서서 꿋꿋이 봐주고 있는 거죠. <

이 말 아주 간단합니다.

어떻게, How. 참아주냐? 반복적으로 하니 DO 기둥이 좋겠죠, How do you~

How do you stand~ 저 짓, 저 행동 that으로 간단하게!

→ How do you stand that?

덤덤히 대답합니다.

내 상태
I am...
행동은
재가

B: 적응 됐어.

이번에 배우는 스텝!

내 상태가 적응이 된 거죠. 왕자짓을 하는 것은 내 친구죠. 난 행동을 하는 것이 아니라, 받기만 하는 거잖아요.

내 상태가, I am .

적응이 됐다. 친구가 나한테 할 수 있는 짓은 다 해버린 겁니다. 다 써버려서 놀랄 것도 없는 거죠. 그래서 use를 여기서도 씁니다. 대신 내가 아닌 저 친구가 써버린 것이니 used, I am used.

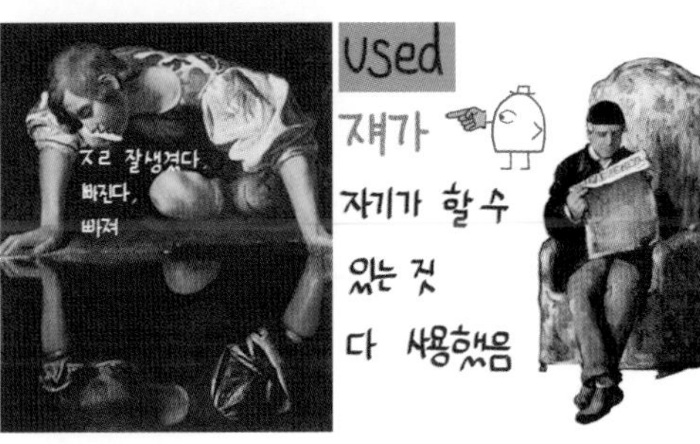

extra **어디에 적응된 거예요?**

저 행동에 적응된 거죠. 저 왕자짓. 그냥 that으로 간단히 말하면 되는데 저 애의 얼굴이나 가족 등에 적응된 것은 아니고 딱 저 행동만이니 방향 껌딱지 붙여서 to that.

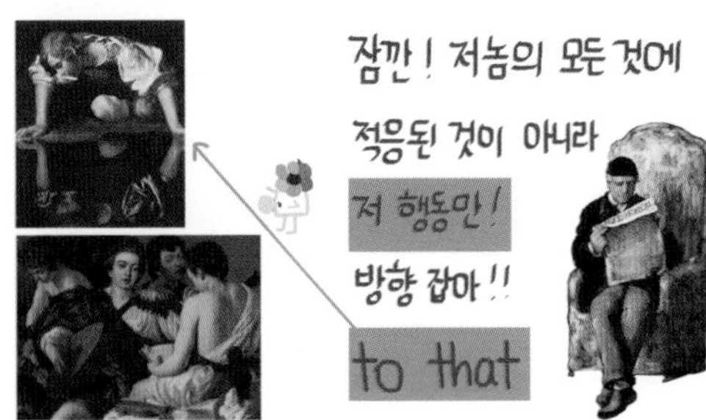

다시 한번 이미지 그리면서 말해보세요.

→ **I am used to that.**

발음은 [유즈드]보다 살짝 [유스드]로 됩니다. 통째로 다녀서 발음을 빠르게 하다 보니 그런 것 같아요.

보통 책에서는 be used to라고 따로 빼서 배우는데 단순히 외우는 것에서 끝이 아닌 왜 그렇게 만들어진 건지도 보이죠? 통째로 배우는 표현입니다!

처음에 배운 used to는 DID에서 온 거죠. (스텝 08[23]) 내가 이전에 했던 행동들을 말하는 것이었습니다. be used to는 내가 받는 상태를 말합니다. 자! 섞어볼까요?

#전 이전에 차 마시는 걸 정말 싫어했는데, 지금은 적응이 됐어요.

→ I used to hate drinking tea, but now I am used to it.

보면 처음 used to의 to는 TO 다리의 TO죠?

하지만 be used to의 to는 껌딱지 to인 것 보이세요? 껌딱지 뒤에는 명사만 들어올 수 있죠?

#차 마시는 것에 적응되었어요.

I am used to~ 여기서는 명사만 들어올 수 있으니 어떻게 바꿔야 하죠?

[잉] 붙여서 drinking tea.

→ I'm used to drinking tea.

부정형도 말해볼까요? 결국 통째로는 BE + pp 기둥이니 똑같이 not만 넣으면 되는 겁니다.

#제 남편은 아침 일찍 일어나는 것에 적응이 안 되었어요.

> wake up early <

→ My husband is not used to waking up early in the morning.

상황) 외국인이 무슨 말을 했는데, 못 알아들었습니다.

#미안한데 다시 말해줄 수 있나요, 천천히?

> repeat [*리'핏~]=반복하다 <

→ I am sorry, could you repeat that, slowly?

#아직 (상대방) 악센트에 적응이 안 된 거 같아요.

→ I don't think I am used to your accent yet.

"안 된 것 같네요"라고 생각을 말할 때는 앞에 "I don't think"를 더 잘 쓴답니다. 몰랐으면 간단하게 빼고 말해도 되겠죠?

#제가 아직 그쪽 발음에 적응이 안 됐네요.

→ I am not used to your accent yet.

항상 먼저 만들어본 후 가이드와 비교해보세요.

#전 처음 여기 왔을 때 쇼크 받았었어요.

→ When I first came here, I was shocked.

'쇼크 받다' BE + pp에서 be를 was로 바꿨나요?

#이 모든 네온 불빛들에 적응이 안 되어 있었거든요.

→ I wasn't used to all these neon lights.

그전에 그랬다는 것이니 I am 대신 I was로 간 겁니다.

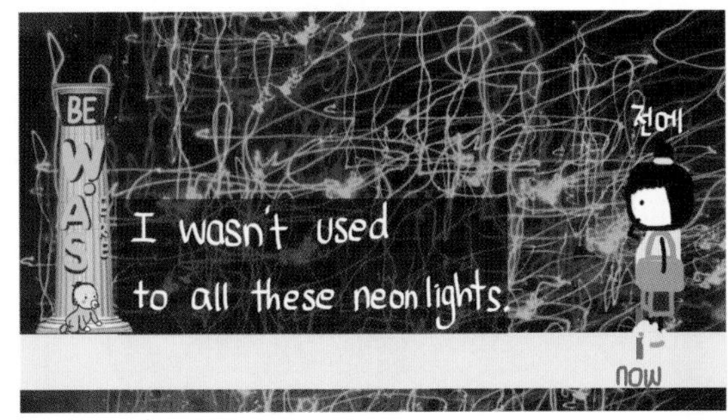

통째로 배우긴 하지만 BE + pp에서 나온 거죠? 그러니 타임라인 바뀌는 방법도 다 똑같습니다.

그럼 좀 더 해볼까요?

상황) 새 아르바이트를 하는데 정신이 없습니다. 그때 누군가 웃으며 말합니다.

#여기 처음이세요?

→ Are you new here?

#정신없죠?

> crazy는 혼란스러운 느낌이 들 때 잘 사용하는 단어입니다. <

→ It's crazy, isn't it?

#1주일 정도면 적응될 거예요.

You will be 말고 get으로 써보죠.

be와 get은 이렇게 자주 대체되어 사용될 수 있다는 것 계속 감 잡으세요. 없던 것이 얻어질 것이란 느낌이 get.

→ You will get used to it after about a week.

천천히 길게 쭉 말해보세요.

#저 여자애가 여기서 일하기 시작했을 때는 도움이 많이 필요했는데, 지금은 어떤 도움 없이 일을 전부 하는 것에 적응이 되었어요.

> start / help / need <

→ When that girl started working here, she needed a lot of help, but now she is used to doing all the work without any help.

어땠나요? 문장이 길어지죠? 말하는 방식도 다양해집니다. 그러니 가이드와 다르다고 틀린 것이 아닙니다! 언어는 확신이 필요해요! 그럼 연습장에서 더 연습해보세요.

#걘(여) 혼자 있는 것에 익숙해.

alone

She is used to being alone.

#네가 익숙해지지 않으면, 넌 실패할 수도 있어. (가능성이 좀 있어.)

fail

If you don't get used to it, you could fail.

#다시 보여줘! 그리고 천천히! 난 아직 이 모든 것이 익숙하지 않단 말이야!

show / slow / these

Show me again! And slowly! I am not used to all these yet!

#이거 정말 좋다! 난 이거에 익숙해질 수 있겠는데.

amazing [어'메이징]=놀랍다, 감탄스럽다.

This is amazing! I could get used to this.

#저는 그냥 그 냄새에 적응을 못 하겠어요.

smell

I just can't get used to that smell.

#난 저런 나쁜 말 하는 사람들한테 익숙해.

Hint: 열차로 연결. 사람들에게 익숙한데, 저런 말 하는 사람들이죠?

I'm used to the people who say bad things like that.

#당신 생각엔 저 아이가 우리랑 사는 것에 익숙해질 거 같아?

Do you think the kid will get used to living with us?

#그는 소음에 익숙해졌고 곧 자기 작업에 집중할 수 있었어요.

noise [노이즈] / work / focus

He got used to the noise, and soon he was able to focus on his work. (he could focus on his work.)

#Lisa는 자기가 원하는 것을 얻는 것에 익숙해요.

Hint: WH 1

Lisa is used to getting what she wants.

#A: 너는 문지기랑 고급 가구가 있는 장소에 사는 데 익숙하잖아.

doormen [도어멘] / fancy furniture [*판씨 *퍼니쳐]

You are used to living in places with doormen and fancy furniture.

#너는 절대 이곳에 적응 못 할 거야. (확신이 있음) 하루도 살아남지 못할걸!

survive

You will never get used to this place. You wouldn't survive a day!

#B: 저거 총소리였어? 여기서 이렇게 어떻게 살 수 있냐? 난 적응을 하려 해도 안 될 것 같아.

gunshot

Was that a gunshot? How can you live here like this? I don't think I can get used to it even if I tried.

연습장에서 지금까지 배운 것들이 많이 엮이죠? 언제든지 돌아가서 복습하세요. 훨씬 더 탄탄해집니다. 그럼 어휘력 하나 넓힐까요?

창피한 것. '창피하다'를 느끼게 하는 행동은 embarrass [임'바*러스].

#A: 너 때문에 창피해!

간단합니다. 상대방이 embarrass를 하고 있는 거예요.

→ You are embarrassing me!

#창피해.

→ I am embarrassed!

#B: 왜? 창피해? 난 안 그래. 적응됐어.

→ Why? Are you embarrassed? I am not. I am used to it.

자! 그럼 다음을 읽어보세요.

#This machine is used to build this thing.

be used to로 보이세요?

영어를 코드식으로만 외워버리면 저 안에서 be used to를 보고 연결하려고 하겠죠? 처음부터 이미지 그리면서 읽어볼까요?

This machine is used

이 기계의 상태는 사용된다,

to build this thing.

TO 다리죠? build로 연결되었잖아요.

짓기 위해 사용되었다는 말이죠.

이러면 자동으로 우리가 이번에 배운 be used to는 통째로 out 되는 거죠.

뭘 지어요? this thing, 이것.

이것을 짓기 위해 이 기계가 사용된다는 겁니다.

기둥 구조로 바라보지 않고 단어대로만 바라보면 be used to 같은 것을 보고도 '동사'가 나오는 부정사니, '명사'가 나오는 전치사니 하며 복잡하게 생각합니다.

이러면 쓸데없이 영어가 어렵게 변해요. 영어가 한국어 암호로 막히는 거죠. 영어는 영어로 읽으세요.

그럼 마지막 문장 만들고 여러분도 적응된 것과 아닌 것 등으로 이야기를 만들어 계속 연습해보세요.

#저 애(여) 남자 친구는 그 애 없는 삶에 적응을 못 했어요.

COULD 기둥이 어울리겠죠?

Her boyfriend ~ could not ~ get used ~

extra 뭐에 적응을 못 한 거죠? 삶이죠, ~ to the life.

extra 무슨 삶? 그녀가 없는 삶, ~ without her.

→ Her boyfriend could not get used to the life without her.

14 12

동명사 + 과거분사

[잉] - being tired

영어로 만들어보세요.

#A: 지금 뭐 하세요?

→ What are you doing?

#B: We are doing what we were told.

우리가 하고 있는데 뭘 해요?

extra what we were told.

WH 1인데 무슨 기둥으로 만들어진 WH 1이죠?

BE + pp죠?

What were we told? 이 질문이 WH 1이 된 겁니다.

우리의 상태가 told 되었다.

번역하지 말고 이미지로 그리세요!

우리는 가만히 있었고 누군가가 우리한테 told를 했다는 거죠? 다시 말해 우리한테 말했던 대로 우리가 하고 있는 겁니다. 이 말을 자연스럽게 바꾼다면?

"하란 대로 하고 있는 건데요"가 되는 겁니다.

'하란 대로', 이 말이 be told로 가는 것이 재미있죠?

하지만 꼭 BE + pp 기둥으로 말하지 않아도 되겠죠?

#저 사람들이 저희보고 이렇게 하라고 했는데요.

→ Those people told us to do it like this.

메시지의 전달 방법은 다양하고 굳이 하나만 맞으라는 법은 없습니다. 영어가 늘수록 중요한 것이 우리말에서는 낯설어도 영어에서 자주 쓰는 구조와 친해지는 겁니다.

그럼 이번 스텝은 pp를 좀 더 활용하는 [잉] Planet의 연장선이랍니다! 들어가보죠.

다음 문장을 만들어보세요.

#A: 키스해줘!

→ Kiss me!

#(나도 몰랐는데) 키스하는 것이 건강에 좋대.

'키스가 좋다'가 아니라 '키스하는 것이 좋다'며 키스하는 것 자체를 말할 때는 kiss 뒤에 [잉] 붙여서 kissing으로 명사를 만들 수 있죠? (스텝 07[02])

→ Apparently kissing is good for health.

#B: 키스 어땠어? 좋았어?

→ How was the kiss? Was it good?

이런 말이 지금도 쉽게 빨리 나오지 않는다면 초반 기둥들의 스텝을 복습하세요. 도레미파솔라시도를 아는 것과 피아노로 빨리 칠 수 있는 것은 다른 실력이라고 했죠? 괜히 피아니스트들이 열심히 연습하는 것이 아닙니다! 자꾸 연습하세요!

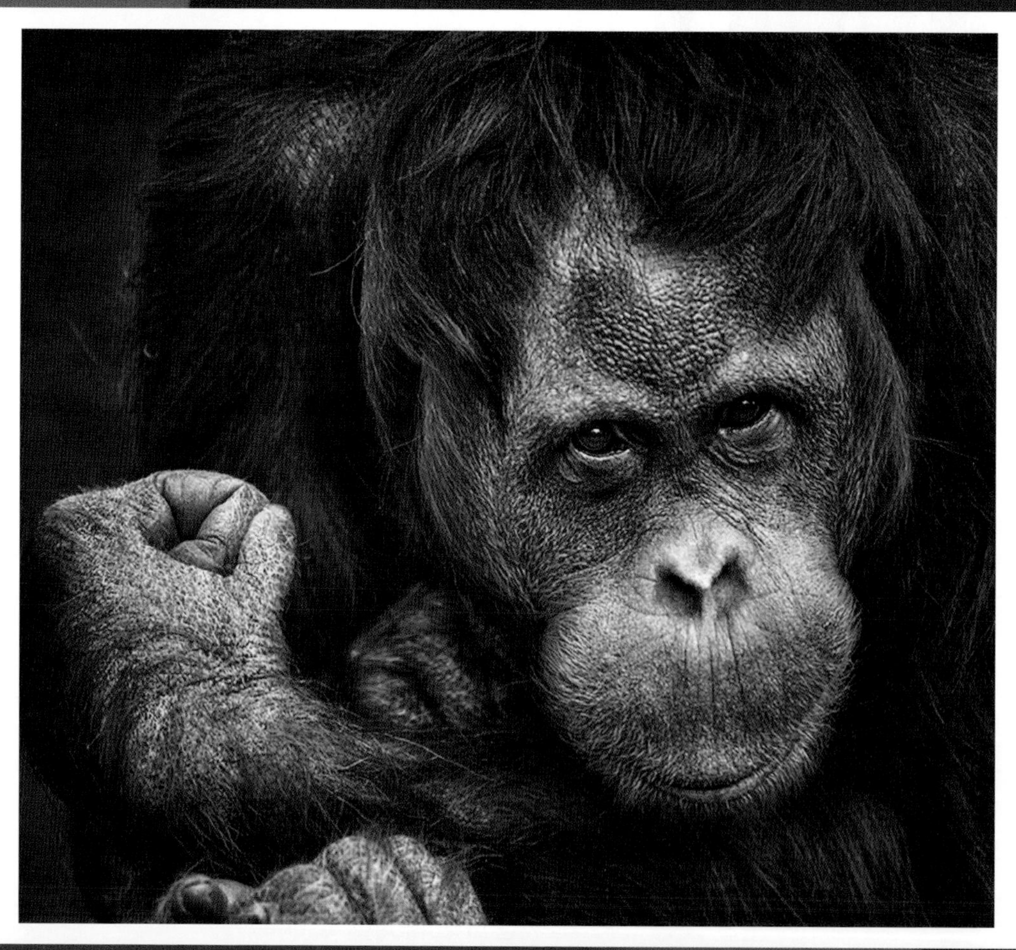

상대가 답합니다.

#A: (이상한 표정을 지으면서) 이랬어!

말할 때는?

→ It was like this.

like 껌딱지 쓰면 되는 거죠? (스텝 05[26])

좀 더 자세하게 말해볼까요?

#침팬지한테 키스하는 것 같았어.

It was like kissing a Chimpanzee
≒

It was ~ like ~

extra kissing a chimpanzee.

→ It was like kissing a chimpanzee.

이미지 그려졌죠? chimpanzee를 줄여 chimp 라고도 잘 말한답니다. 다음 것도 해보죠.

#침팬지한테 키스받는 것 같았어.

이번엔 같이 키스한다는 느낌보다는 난 가만히 있고, 침팬지한테 키스를 받는다는 느낌이라 할 때. 난 받는 상태라고 말할 때는,

It was like~ 하고 BE + pp를 여기서 엮으면 되겠죠.

being kissed. kissing이 아니라 being kissed, '내 상태가 키스를 받은 것'. 영어는 심플하죠?

extra 내가 키스를 받았는데, 침팬지에 의해서 된 것이죠? 그래서 재활용하는 껌딱지가 있답니다. 바로 by!

by를 여기서 재활용합니다, by a chimp.

이 by에 대해서는 다음 스텝에서 자세하게 설명해드리죠. 다시 만들어보세요.

#침팬지한테 키스받는 것 같았어.

→ It was like being kissed by a chimp.

It was like being kissed
≒
by a chimp

두비 각자에 [잉] 붙여 doing, being으로 만들 수 있듯, being kissed도 그렇게 만든 것뿐입니다. 대신 뒤에 pp까지 따라오면서 어휘가 넓어진 거예요.

그럼 더 만들어보죠.

'솔직하다'라는 것.

> honest <

→ Being honest. 이런 것처럼

해고당하는 것.

자신이 해고를 하는 것이 아니고 누군가에 의해 당하는 거니까

→ Being fired.

이미 [잉]을 많이 했으니 pp 붙여서 적응만 하면 될 것 같죠? 그럼 문장을 쌓아보죠.

비난하지 마!

> judge [저쥐] <

→ Don't judge!

그 어느 누구도 비난받는 것을 좋아하지 않아.

→ Nobody likes being judged.

단어만 바꿔볼까요?

하지만 어떤 사람들은 비난받는 것을 용인하지.

> tolerate [톨러*레잇] <

DO 기둥으로

→ But some people tolerate being judged.

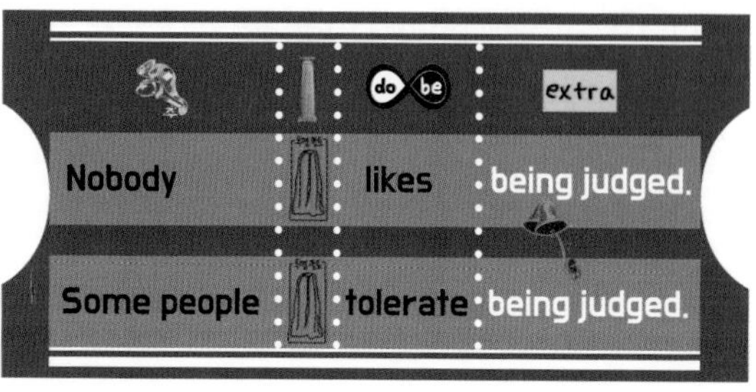

더 꼬아볼게요.

어떤 유의 인간이 항상 비난받는 것을 용인할 수 있죠?

> human beings <

누구인지 모르니 WH 주어로 만들면 되겠죠? 기둥은요? 할 수 있느냐고 하니 CAN 기둥이면 됩니다. 힌트 끝!

→ What sorts (kinds) ~ of people ~ can tolerate~

extra being judged

extra all the time?

자신은 다 잘하는 것처럼 누군가에게 잘한다, 못한다고 잣대를 들이대는 행동을 judge 한다고 합니다. 또 상대가 좋지 않은 것을 해서 지적하며 비판할 때는 영어로 criticise [크'*리티사이즈]라고 하죠. '평론하다'도 criticise 랍니다.

상황) 자신의 '잘한 일'에 칭찬을 원하는 양 불필요하게 계속 말합니다. criticise하게 대답해보죠.

너 지금 칭찬을 바라는 거냐?

> compliment [컴플리먼트]=칭찬 <

잘 쓰는 말이 있습니다. 번역해보세요.

Are you fishing for compliments?

칭찬을 낚시하느냐는 겁니다.

이미지를 그리면 웃기죠?

비판: criticism [크*리티씨즘]
평론: critique [크*리틱]
judge와 느낌이 달라요. 사용해보죠.

이번에는 카멜레온 자리에 넣어볼까요?

#지적받는 것은 즐거운 일이 아니야. (받는 것!)

→ Being criticized is not fun!

비판이란 단어는 우리말에서는 강하게 느껴지지만 영어에서 criticize는 우리말로 '뭐라 한다' 정도로 쉽게 사용된답니다.

#난 남들이 뭐라 하는 것이(지적받는 것이) 너무 싫어!

→ I hate being criticized.

우리말은 풀어쓰죠? 이번엔 명사로 쓰는 상황을 보죠.

#너 진짜 천천히 걷는다.

→ You walk really slowly.

#이건 지적이 아니라, 그냥 관찰이야.

> criticism / observation [오브절*베이션] <

→ This is not a criticism, it's just an observation.

말 시작을 "This is not a criticism~" 하면서 들어가면 다음 말에 완충효과가 생긴답니다.

문장을 쌓아볼게요.

#1. 날 만족시켜!

> satisfy [싸티스*파이]=만족시키다 <

→ Satisfy me!

#2. 만족해해라!

→ Be satisfied!

#3. 행복은 만족해하는 기술이다.

> happiness / art <

Happiness is ~

extra '기계적인 기술'은 technology [테크놀러지] / 직관과 경험이 바탕인 기술은 art.

→ Happiness is the art of being satisfied.

더 꼬아보죠. 암산이 안 되면 쓰면서!

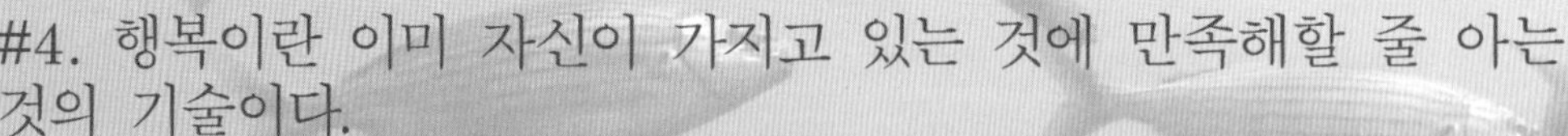

#4. 행복이란 이미 자신이 가지고 있는 것에 만족해할 줄 아는 것의 기술이다.

→ Happiness is the art of being satisfied with what you already have.

껌딱지로 계속 붙여준 것뿐입니다.

껌딱지 뒤는 명사가 나오니 [잉]도 붙고,

WH 1도 붙을 수 있는 거죠.

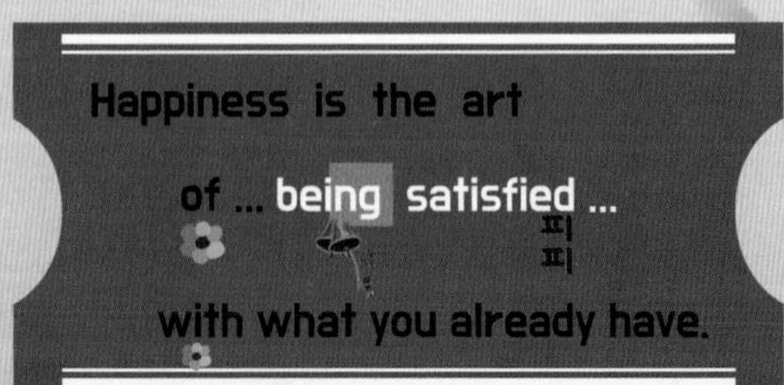
Happiness is the art
of ... being satisfied ...
피
피
with what you already have.

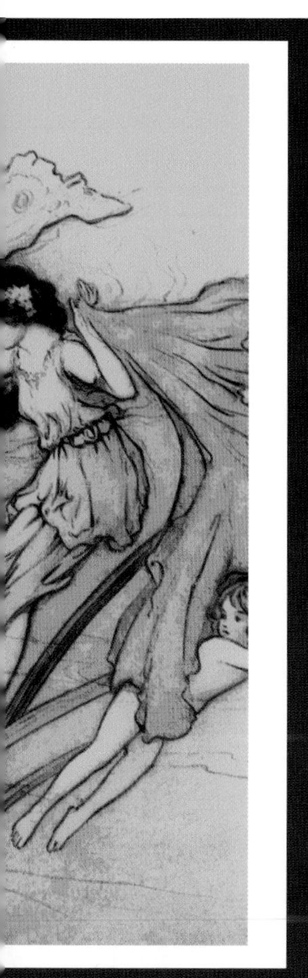

문장을 좀 더 쌓아보죠.

#1. 나 우울하게 하지 마!

> depress [디'프*레스] <

→ Don't depress me!

#2. 우울하게 지내는 것.

→ Being depressed.

#3. 먼저 당신은 우울하다는 것을 인정해야 합니다.

> first / admit [어드'밋] <

First, you have to admit~ 뭘 인정? 껌딱지 to로 갈 수 있답니다.

인정하는데, 방향을 잡아 그것을 인정하는 것이죠, to being depressed.

몰랐다면 간단하게 that 써서 기둥 문장 이어줘도 되겠죠?

→ First, you have to admit to being depressed.

→ First, you have to admit that you are depressed.

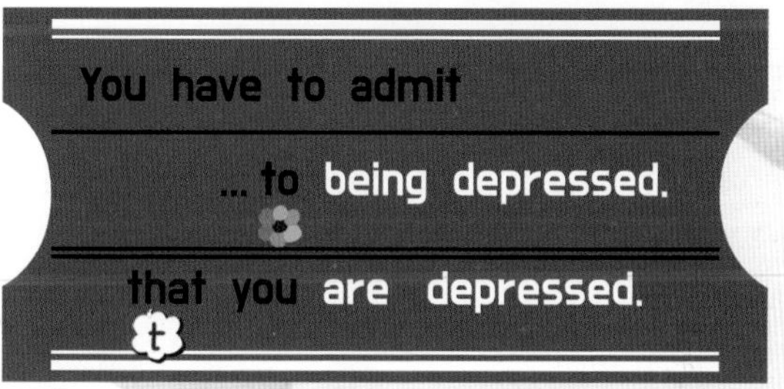
You have to admit
... to being depressed.
that you are depressed.
t

#1. 저를 피곤하게 하지 마세요!

→ Please don't tire me!

#2. 저를 피곤하게 만들지 마세요!

→ Please don't make me tired!

이번엔 sarcastic 하게 굴어볼까요?

#3. 축하합니다! 당신 성공하셨네요! 저 이제 피곤해요!

→ Congratulations! You succeeded! I am tired now!

#4. 피곤해하는 것도 피곤하다!

→ **I am tired of being tired!**

어떤가요? 이렇게 문장을 쌓으면서 만드니 문장이 꼬여도 덜 어렵죠?

빨리 나오지 않더라도 그 틀을 기억한 후 속도를 올려보세요.

나한테 뭐 하라 마라 말하지 마!

자연스러운 우리말은 **"나한테 이래라저래라 하지 마!"**

명령 기둥이죠?

Don't tell me ~

extra 이래라저래라, 뭐 하라 마라, 간단합니다.

~ what to do! (스텝 10[21])

→ Don't tell me what to do!

#누가 나한테 뭐 하라고 지시하는 것은 내 스타일이 아니야.

이미지를 그려서 메시지로 말해보세요. "Don't tell me what to do!"를 응용해보세요. 간단하게 갈 수 있습니다.

Don't tell me what to do.

Being told what to do ... is not my thing.

뭐가 내 스타일이 아니에요?

Being told ~ what to do ~

이게 다 카멜레온, 주어인 거죠?

그리고 나머지: is not my thing.

→ Being told what to do is not my thing.

be told를 우리말로 번역하면 어색하죠? 하지만 영어에서는 왜 저렇게 만들어졌는지 명령 기둥에서 움직이면 금방 이해할 수 있습니다. 이래서 영어는 명령 기둥이 뿌리 기둥인 겁니다. 다 거기서 파생됩니다.

아! 내 스타일? 영어에서 my style이란 단어는 살짝 느끼한 감이 있어서 my thing을 잘 씁니다. thing이란 단어로 아예 특정 명칭을 붙이지 않는 거죠.

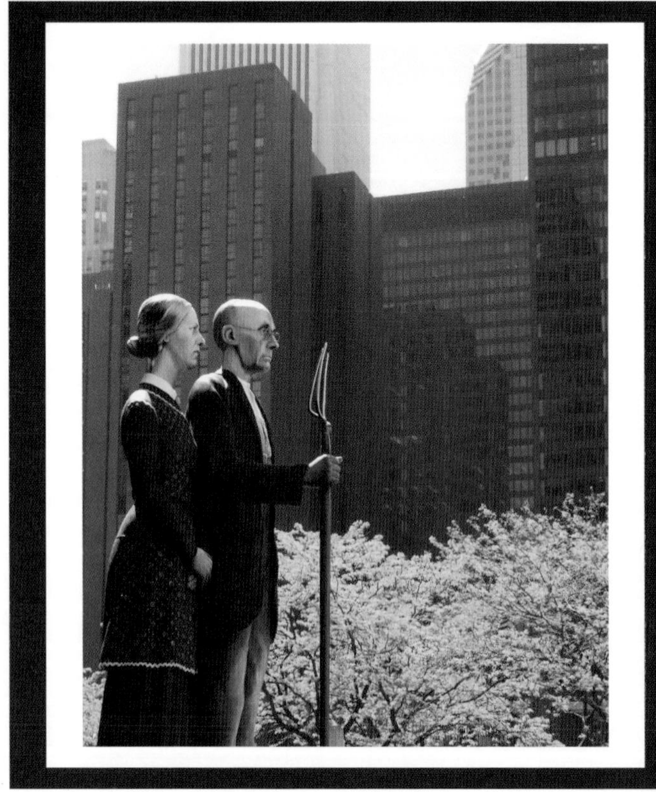

이미 배웠던 [잉]이어서 처음부터 같이 만들어봤습니다. 속도 어땠나요?
뭐가 뭔지 하나도 모르겠으면 이전 Planets 스텝들도 복습해보세요. 복습은 할수록 탄탄해집니다. 도움이 될 복습 스텝은 07[02]와 11[06], 참조하세요.

이번 연습장에서는 어휘력을 같이 넓힐 겁니다. 쉽지 않아요!
그러니 문장을 쌓을 때 글로 먼저 쓴 후 말해보세요!

연습

#1. 나 창피하게 하지 마!
embarrass

Don't embarrass me!

#2. 창피해지는 것.

Being embarrassed.

#3. 너 나로 인해 창피해? 난 아닌데!

Are you embarrassed of me? I am not!

#4. 창피해지는 것에 대한 두려움.
fear

The fear of being embarrassed.

#1. 잊어라!

Forget it!

#2. 잊혀지는 것은 참을 수 없는 일이다.
forget - forgot - forgotten / intolerable [인'톨러*러블] = 참을 수 없는

Being forgotten is intolerable.

#1. 저 여성분은 굉장하세요! 정말 영향력이 있으신데도 군림하지 않으세요.
amazing / influential [인*플루'엔셜] / dominate [도미네잇]=군림하다

She is amazing! She is so influential but she doesn't dominate.

#2. 남성이 군림하는 산업.

male / industry [인더스트*리]

.... Male-dominated industry.

#3. 이건 하기 어려운 일이랍니다.

tough [터*프]

....This is a tough thing to do.

#4. 이거 알아보실 수 있으세요?

recognise [*레커그나이즈]=알아보다

.... Can you recognise this?

#5. 남성이 지배하는 산업 안에서 진가를 인정받는다는 것은 여전히 하기 어려운 일이랍니다.

recognise

Being recognised in a male-dominated
.... industry is still a tough thing to do.

#1. 이거 매력적이다!

attractive [어'트*락티브]

.... This is attractive!

#2. 무엇이 당신의 마음을 끕니까?

attract [어'트*락트]=마음을 끌다

.... What attracts you?

#3. 전 저것에 끌려요.

.... I am attracted to that.

#1. 이거 쇼킹한데!

shocking

....This is shocking!

#2. 쇼크 받으셨어요? 저라도 쇼크 먹었을 거예요.

shock

.... Are you shocked? I would be shocked too!

연습

#1. 이거 그쪽이 준비하셨어요?

prepare [프*리'페어]

Did you prepare this?

#2. 다 준비되셨나요?

Are you prepared?

#3. 준비가 되어 있는 것이 안 되어 있는 것보다 낫죠.

Being prepared is better than not being prepared.

#1. 재네한테 그렇게 질문하지 마!

question=질문하다, 심문하다

Don't question them like that!

#2. 재네들 짜증 나 있어, 그렇게 질문받은 것에 대해.

annoy

They are annoyed at being questioned like that.

#1. 너 그거 가지고 안 놀아줄 수 있어? (예의)

Could you not play with that?

#2. 제 친구(남)는 자신이 놀아났다는 것에 화가 나 있어요. 제 생각에는 이용당했다는 느낌이 드나 봐요.

Hint: I was played with = 놀아났었다

My friend was angry at being played with. I think he feels used.

#저희는 저 남성분을 포함시키고 싶지 않았어요.

involve [인*볼~*브]

We didn't want to involve that man.

#그분(여)은 선택받지 못한 것에 대해 우울함을 느끼세요.

depress=우울하게 만들다 / choose - chose - chosen

She feels depressed about not being chosen.

14

13 전치사

By 연장

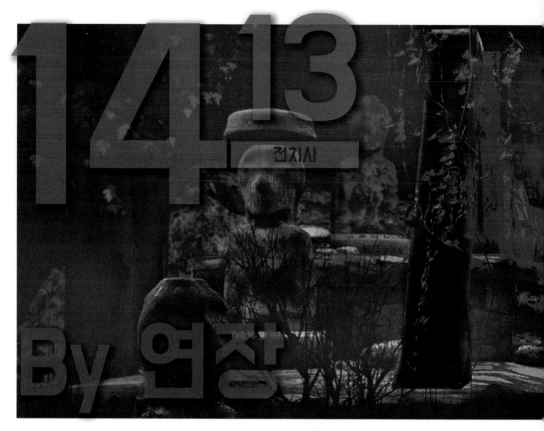

기둥에 감이 잡히고 있나요?
BE + pp 기둥을 한국 문법 용어로는
'수동태'라고 합니다.
이런 용어들을 싫어하는 분들은 순간
BE + pp가 다르게 보이기도 하죠?

자동은 뭔가 스스로 하는 건데,
수동은 반대로 스스로 하는 게 없는 거죠.
BE + pp와 어울리죠?

한국에서 쓰는 영어 문법 용어들은 오래전에
만들어진 것이어서 한문 투가 많습니다.

형용사가 '형용할 수 없을 정도로' 같은 쓰임에서 만들어진 단어이듯이 21세기의 우리에게는 좀 어색한 단어들이죠. 어쩔 수 없이 문법 용어를 봐야 한다면 국어 문법과 옥편을 찾아보세요. 귀찮더라도 이해가 되고 나면 문법 용어를 대하는 데 많은 도움이 된답니다. 영어에도 당연히 문법 용어가 있습니다.

'수동태'를 영어로는 passive [파씨*브/페씨*브]라고 합니다.
passive는 일상에서 사람의 성격을 말할 때 잘 쓰는 단어예요.
순종적인 사람을 'passive 하다'라고 해요. passive의 반대는 active입니다. 활동적인 거죠.
여기서 심해지면 **공격적인** 사람. 영어로 aggressive [어'그*레씨*브]라고 합니다.

순종적	능동적	공격적
passive	active	aggressive

passive와 aggressive가 합쳐진 단어, **passive aggressive**. 이 단어도 일상에서 잘 듣는 단어예요. 순종적이고 공격적? 무슨 뜻일까요?

칭찬을 하는데 칭찬이 아닌 것 같은 말을 하는 분들이 있죠?
예를 들어, "돈을 얼마나 들여서 그렇게 젊으세요?"
"얼마나 성공했길래 그렇게 배우자가 멋있으세요?" 등 칭찬 같지만 공격적인 것을 passive-aggressive라고 합니다. 이런 말을 자주 하는 사람에게도 passive-aggressive하다고 말합니다. 성격이 되는 거죠. She is passive-aggressive.

자, passive 기둥을 소개할 때 국내 책에서 자주 억지스러운 예문들을 보는 경우가 있습니다. 예를 들어,

#제가 사과를 먹었어요.

→ I ate an apple. 문장을 제공한 후

다시 BE + pp를 설명하기 위해

사과가 먹혀졌다?

→ The apple is eaten.

이렇게 억지스러운 말들을 만들어냅니다.

사과가 먹혀졌다? 우리도 이런 말 안 하죠?

지금까지 BE + pp 스텝 접하면서 이런 말은 없었잖아요.

이 BE + pp 기둥은 "벽 다 끝났어", "이거 한국에서 만들어졌어"처럼 누가 한 것인지는 관심 없을 때 사용하는 기둥이지, 저렇게 억지로 '사과가 먹혀졌다, 주스가 마셔졌다' 식의 말은 영어에서도 안 씁니다.

그런데 여기서 끝이 아니라 억지스러운 설명이 한 단계 더 올라갑니다.

사과가 먹혀졌는데, 누구에 의해서 먹혀졌냐? 나!

그래서 '도구, 방법을 말할 때 사용하는 껌딱지 by'까지 붙여서 "나로 인해 사과가 먹혀졌다: The apple is eaten by me"라고 이 기둥을 소개합니다. 그러면서 카멜레온이 뒤로 간 형태를 비교해서 보여주죠.

이것이 한국에서 말하는 4형식, 5형식 수동태 만드는 방식을 배우는 건데 불필요한 문법 형식입니다. 곶감을 호랑이의 곶감으로 둔갑시키는 데 큰 역할을 하는 것이 바로 이런 문법 설명입니다.

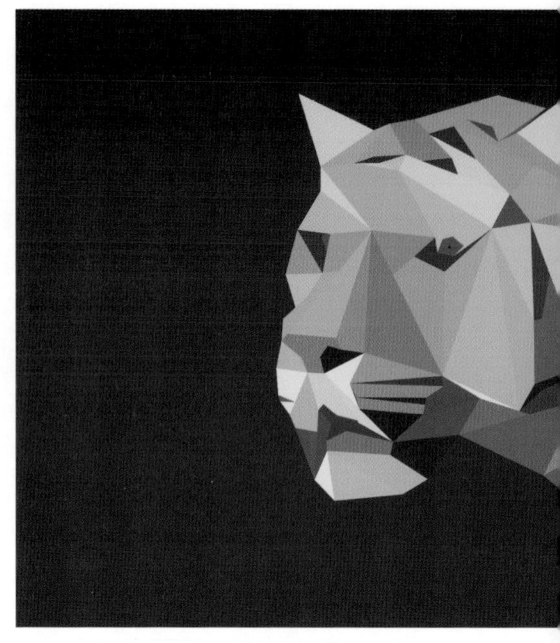

"꽃병이 나에 의해 깨졌어."

이런 말을 보면 BE + pp가 참 쓸데없는 기둥 같거든요. 그래서 이 기둥은 배웠다고 해도 학생들이 잘 사용을 안 해요.

하지만 여러분은 지금까지의 연습으로 이 기둥이 왜 쓰이는지 알죠?

그럼 이제 언제 어떤 느낌으로 by가 붙는지를 보여드리죠. 뉴스에서 잘 사용되는 기둥이 이 BE + pp라고 했죠?

'누가 했는지'를 잘 모를 때, '무슨 일이 일어났는지'에 먼저 포커스를 맞추는 거죠.

만들어볼까요?

백화점이 폭발했습니다.

건물은 있는데 누군가에 의해 폭발된 거죠.

A department store was~

'폭발하다' blow의 pp는 곧바로 [은] 붙여서 blown up.

→ A department store was blown up.

이 말을 듣는다면 폭발한 백화점에 집중하겠죠.
그다음 누가 그랬는지, 누구에 의해서 일어났는지 밝혀야겠죠?
테러리스트들에 의해서 폭발됐다.

이럴 때 by를 붙여주는 겁니다. by terrorists.
이미 배운 by 껌딱지인데 어울리죠? 누가 '도구' 껌딱지 아니랄까 봐 넓게 사용되는 것이 보이시나요?

BE + pp에서 껌딱지 by가 빛을 발할 때는 "꽃병이 나에 의해 깨졌어"가 아니라 이럴 때입니다.
→ A department store was blown up by terrorists.

또 by 하나로만 암기해야지 생각하나요? 보세요. 뭐로 폭발한 거예요? 폭탄이죠. 터질 때 다이너마이트가 같이 있었다고 생각하면 이런 말에서는 with 껌딱지도 가능한 겁니다.
꼭 1개의 룰이 아닙니다.

#건물은 다이너마이트로 폭발했습니다.
→ The building was blown up with dynamite.

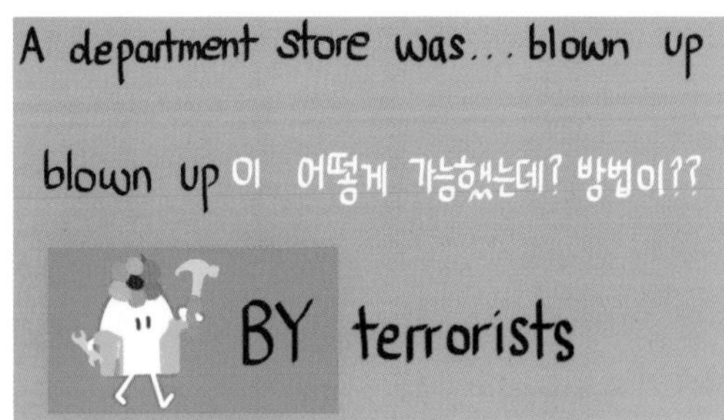

A department store was... blown up
blown up이 어떻게 가능했는데? 방법이??
BY terrorists

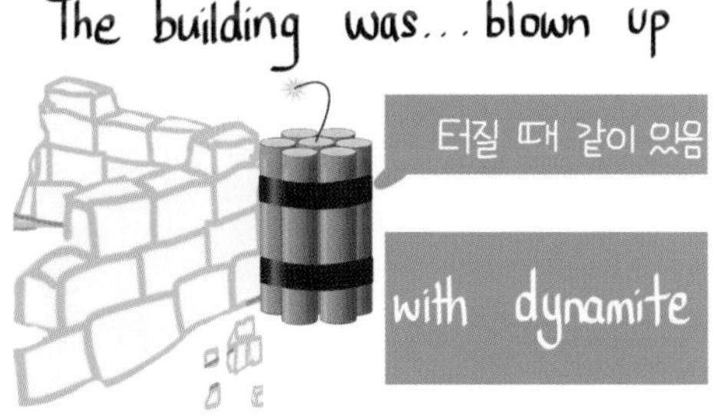

The building was... blown up
터질 때 같이 있음
with dynamite

자, 뉴스는 이렇게 누가 한 것이 아닌, 현재 벌어진 상황 자체에 스포트라이트를 비추는 경우가 많아 BE + pp 기둥이 많다고 했습니다. 더 만들어보죠.

#그들 동네가 (물에) 잠겼습니다.

> flood [*플러드]는 '홍수'인데, do 동사로 쓰면 '물에 잠기게 하다, 범람시키다'란 뜻입니다. 그래서 flooded 하면 '잠긴' 거죠. <

→ Their town was flooded.

왜죠? 하수구 때문에? 사고로? 무엇이 저렇게 만든 걸까요?

#폭우로 인해.

> heavy [헤*뷔] rain <

껌딱지 붙여서,

→ By heavy rain.

#그들 동네가 폭우로 인해 (물에) 잠겼어요.

→ Their town was flooded by heavy rain.

#My friend was shaken up by the news.

내 친구가 / 셰이큰 되었다 / 뉴스에 의해서

shaken은 기본형이 어떻게 생겼을 것 같아요? [은]을 빼보세요. shake죠. 흔들다!

이처럼 pp는 그렇게 터무니없게 변하지 않으니 자꾸 보다 보면 알아볼 수 있습니다. 밀크셰이크에 왜 shake가 들어갔는지 보이죠?

My friend was shaken up. 이미지로 상상해보세요.

'사람이 흔들렸다'는 것은, 충격받을 때 정신이 흔들 하죠. 큰 충격을 받았다는 뜻입니다.

'무너질 것같이 흔들렸다'고 할 때 씁니다.

#그 다큐멘터리를 본 후로 내 신념이 흔들렸어.

> belief / shake <

→ My belief was shaken after watching that documentary.

shocked와는 느낌이 살짝 다르죠? 전기로 인해 받는 쇼크도 electric shock라고 하거든요.

그건 '깜짝'이 강한 것이고, shaken up은 원래 흔들리지 않는 것인데 흔들리는 겁니다.

뿌리, 베이스가 불안정해지는 거죠.

My friend was shaken up by the news.

by the news 뉴스에 의해 흔들리다, 동요되다.

by 뒤에 꼭 사람만 들어가는 건 아니죠?

그럼 다음 문장을 만들어보세요.

#안나 프랑크의 《안나 프랑크의 일기》는 15번 거절되었답니다, 출판되기 전에.

> 《The Diary of Young Girl》 / reject [*리'젝트]=거절하다 / publish [퍼블리쉬]=출판하다 <

→ Anne Frank's The Diary of a Young Girl was rejected 15 times before it was published.

by를 넣어서 다른 말로 만들어보죠.

#A: 작가분(남)의 책이 거절되셨대요, 출판사에서.

> writer / publish는 '출판하다', 꼬리에 [er] 붙이면 출판사 <

→ The writer's book got rejected by the publisher.

#B: 그분은 그걸로 인해 동요되셨대요?

→ Was he shaken up by that?

#A: 당연히 아니지.

→ Of course not.

by를 넓게 보면 복잡하지 않죠?

#Look at him. He's driven by revenge.

보라는데, 그가 운전을 하는 것이 아니라, 운전이 되고 있는 거죠?

뭐에 의해서? by revenge [*리'*벤쥐], 리벤쥐에 의해서. 이러면 찾아보면 되겠죠? revenge는 복수입니다. 이미지로 그려보세요. 복수로 가득 차서 움직여지고 있는 겁니다. 이건 보복운전이 아닙니다! 또 위치 생각 안 하고 단어 뜻만 보고 한국말로 알아서 짜깁기 마세요!

'보복운전'은 road rage [*레이쥐]! 뜻은 직접 찾아보세요!

자, by는 스텝 08[13]에서 배운, '학교를 가는데 그 방법, 도구가 by bus'였던 것처럼 BE + pp에서는 상태가 이렇게 됐는데, '누구에 의해서'라고 by를 넓게 보고 사용한 것뿐입니다. 새로운 껍딱지를 만드는 것보다 넓은 시각으로 보고 재활용한 거죠.

그럼 이제 연습장에서 익숙해지세요. 가이드만이 정답은 아닙니다! 쓰면서 만들어보세요!

#인슐린은 1921년에 발견되었습니다, 토론토대 연구원들에 의해서요.

insulin / discover [디스커*버] / University of Toronto / researcher [*리써쳐]=연구원

.... Insulin was discovered in 1921 by researchers at the University of Toronto.

#오늘 낮에 나 차에 치였었다!

afternoon / hit - hit - hit

.... I was (got) hit by a car this afternoon.

#피라미드들은 노예들에 의해 지어졌다고 들었는데요, 사실인가요?

Pyramids / slave [슬레이*브] / build=짓다 / hear / fact

.... I heard that Pyramids were built by slaves. Is it a fact?

#요나(남)는 고래한테 먹혔잖아! 어떻게 살아남은 거야?

Jonah [요나] / whale [웨일] / survive

.... Jonah was eaten by a whale! How did he survive?

#Julie가 예일대에서 불합격을 받았대요.

Yale / reject=거부하다

.... Julie (was) got rejected by Yale.

상황) 생방송으로 태풍 피해를 보도하고 있습니다.

#기자: 제가 여기서 보고 있는 것들이 믿기지 않으실 겁니다! 이 태풍으로 모든 승강장이 물에 잠겼습니다.

see / WH 1 / believe / storm [스톰] / platform / flood=범람하다

.... You won't believe what I am seeing here! All the platforms are flooded by this storm.

#이 책은 내년에 출판될 거예요.

publish=출판하다

.... This book is gonna be published next year.

#전 제 야심으로 움직여집니다.

ambition [암'비션] / drive - drove - driven

I am driven by my ambition.

#반 고흐는 영감을 받았어요, 인상파와 후기인상파의 작품들로—그가 파리에 있을 때.

Van Gogh [고*프] / inspire [인'스파이어]=영감을 주다 / Impressionist [임프*레셔니스트]=인상파 / Post-impressionist

Van Gogh was inspired by the works of the Impressionists and Post-impressionists when he was in Paris.

TED에 가정폭력에 관한 Jackson Katz의 영상이 있습니다. 그 내용 중 영어 문장 구조를 다룬 부분이 있는데 여기에 적용되니까 한번 봅시다. 읽으면서 이미지를 떠올려보세요.

한 여성이 남성에게 폭행을 당했다.

BE + pp 기둥입니다.

카멜레온에 a woman이 들어가잖아요. 이 말을 보면 폭행을 당한 여성이 먼저 떠오르죠?

한 남성이 여성을 폭행했다.

이건 DID 기둥이죠. 카멜레온에 a man이 들어갑니다. 이 말에서는 그 행위를 하는 남성이 먼저 보이죠?

하지만 뉴스가 그렇듯 피해자가 있는 범죄에 대해 말할 때 보통 BE + pp 기둥을 많이 씁니다. 이건 우리말도 마찬가지인데 이렇다 보니 원치 않게 듣는 이들의 의식이 피해자 위주로 집중됩니다. 범행을 저지른 사람은 오히려 논쟁에서 사라지는 상황이 생기는 거죠. BE + pp 기둥은 행동을 취한 사람이 누구인지가 중요하지 않은 기둥이잖아요.

언어 구조 하나 때문에 실제 우리는 문제의 근원을 해결하기보다는 피해 대상만 신경 쓰게 된다는 것이죠. 단순한 기둥 차이인데 말입니다. 아무리 뒤에 by를 붙여줘도 BE + pp 기둥에서 by는 엑스트라에 붙어 있으니 힘이 약한 겁니다.

그럼 이 스텝의 초반에 나온 문장을 다시 말하면서 이미지로 그려볼까요?

#백화점이 폭발했어.

> blow up <

→ The department store was blown up.

#백화점이 테러리스트들에 의해 폭발됐어.

→ The department store was blown up by terrorists.

이미지의 초점은 여전히 폭발된 백화점입니다.

그럼 반대로 BE + pp 기둥이 아닌, 행동한 사람을 앞에 둬볼까요?

#테러리스트들이 백화점을 폭발시켰어.

→ Terrorists blew up the department store.

그들이 머릿속에 떠올랐나요? 그들이 일을 벌이는 행위가 보이죠? 이렇게 우리 의식이 그들이 한 행동에 집중하게 됩니다.

"몇 명 다쳤어?" 같은 반응보다 "왜 저런대?" 하는 반응이 나올 수 있는 거죠.

"10세 아이가 부모에게 학대당한다"는 말이 반복되면 "10세 아이가 학대당한다"로 줄여지지만,
"부모가 열 살짜리 아이를 학대한다"는 말을 반복하다 보면, "부모가 학대를 한다"로 말의 초점이 바뀌면서 부모에게 집중되는 거죠.
A 10-year-old child is abused by the parents.
Parents abuse their 10-year-old child.

Jackson Katz는 이렇게 가정폭력은 폭행당한 이들의 이슈가 아니라 그 행위를 한 사람들의 이슈이며, 다친 이를 조명할 것이 아니라 때린 이가 도대체 왜 그러는지를 파고들어야 문제가 해결된다고 말했습니다. 흥미롭죠?

자, 이렇게 BE + pp에 붙는 by는 힘이 약합니다. 그런데도 시중 영어책은 BE + pp 기둥이 꼭 by와 다니는 것처럼 설명합니다.
하지만 실제 by가 안 붙는 경우가 더 많아요.
예문을 좀 더 볼까요?

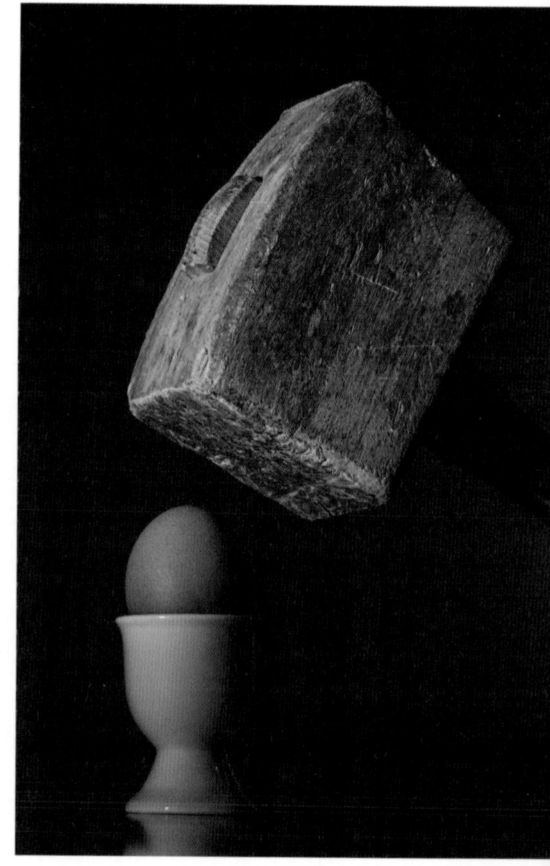

#You are being watched.

너의 상태가 / being watched.

가만히 있는데, 누군가가 지켜보고 있는 겁니다.

누가 보는지는 중요치 않고, 여기서 중요한 것은 '우리의 상태가 노출되어 있다'가 강하게 전달되는 거죠.

#우리 감시당하고 있어.

→ We are being watched.

간단하죠?

그러면 **'being watched'** 말고 **'being seen'**이면 어떤 느낌일까요?

seen이 어떤 단어의 pp일지 [은] 빼보면 답이 나오겠죠?

see!

#The new laws are seen as an attempt to gag the press.

The new laws 새 법안들은
are seen 보이고 있다
as an attempt [어'템트] 시도로
to gag the press. 뭘 하기 위한?
gag를 할 / 언론을 gag 할
누군가를 gag 하는 것은 천으로 입을 물리는 겁니다.

다시 읽으면서 이미지를 확실히 그려보세요.
'새 법안들이 언론에 재갈을 물리기 위한 시도로 보이고 있다.'
사람들에 의해 그렇게 보이고 있는 겁니다.

#그것들은 이렇게 보이고 있습니다.

→ They are seen as this.

#누가 새로운 법안을 제안했는데?

> suggest [써'제스트] <
→ Who suggested the new laws?

이러면 숨겨져 있는 by가 다시 카멜레온으로 등장하는 거죠. 서두르지 말고 천천히 소화하세요!

그럼 좀 더 섞이게 기둥 2개를 엮어보죠.

#이 물건은 태양열에 의해서 가열될 수 있어요.

> solar power [쏠러 파워] / heat <
무슨 기둥이 좋죠? CAN 기둥. 물건이 가열을 하는 것이 아니라, 되는 것이니 BE + pp.
→ This thing can be heated by solar power.

다음 문장을 만들어보세요.

#A: 이거 요리됐어요.

→ This is cooked.

난 누가 요리를 했는지가 궁금해요.

#B: 누가 요리했어요?

→ Who cooked it?

이렇게 물어도 되고 더 간단하게 상대가 말한 This is cooked 뒤로 연결해줘도 가능합니다. 요리됐는데, 누구에 의해서? 물건이 아닌 사람이니, **By who?**

이렇게 상대 말에 붙여서 물을 수 있겠죠?

자! 그런데요, 이거 틀린 문법입니다. 틀렸지만 많은 원어민이 실제 대부분 이렇게 말해요. 그럼 맞는 것은 뭘까요?

Hint: he는 him. they는 them으로 가듯 who가 기둥 뒤에 가면 **by whom**인 겁니다.

이 who와 whom은 영어권에서도 계속되는 문법 싸움이라고 했습니다. 아예 whom을 일부러 사용 안 하는 사람들도 많답니다.

언어는 쓰는 사람들과 편리성에 의해 대부분 변화된다고 했죠. 그래서 아무리 틀렸다고 해봐야 사람들이 지속적으로 무시하면 결국 폐어가 된다고 했습니다.
외국어로 영어를 배우는 우리는 메시지 전달이 가장 중요하며, 격식적 글쓰기는 팁만 조금 익히면 금방 됩니다. 이런 것은 기본이 탄탄해지면 아주 쉬워져요. 지금은 감을 익히면서 말하기에 집중하세요! 그럼 이번 스텝의 예문들을 쉬운 단어로 바꿔 스스로 연습해보세요.

14 14
의문사
WH 주어

WH 주어 들어갑니다. 쉬우니 불규칙들 계속 이어집니다.
여전히 기본에서 [은] 붙이면 됩니다.

문장 쌓을 테니 직접 만들어본 후 가이드와 비교하세요.

#1. 나한테 그거 보여주지 마!

→ Don't show me that!

#2. 결과는 그래프에 나와 있어요.

> result [*리졸트] / graph / show <

지도나 기호의 기능은 뭔가를 보여주는 거죠? 영어도 show 라고 합니다. 여기서는 그래프가 보여주고 있는 거죠?
The graph is showing the result. 이렇게 해도 되고, 결과에 더 중점을 두고 그것을 먼저 말한다면,

→ The result is shown in(on) the graph.

이렇게 양쪽으로 말해도 어색하지 않을 때도 당연히 있습니다.

#3. 그래프에 뭐가 나와 있다고?

→ What is shown in the graph? 묶으면?

→ What's shown in the graph?

The result	is shown in the graph.
↓	
What	나머지는 그대로 ?

이번에는 어휘도 같이 늘려봅시다.
'그리다'라는 뜻의 단어는 2가지가 있죠?
똑같이 '그리다'지만 paint는 붓으로 그리는 것이고 '연필로 그리다'는 draw입니다.
draw는 또 다른 뜻이 있는데, '칼, 총을 뽑다'라는 뜻으로도 쓰인 답니다. 총을 빨리 꺼내 서로에게 겨누는 게임에서 소리치는 말이 "Draw!"입니다. "뽑아!"

연필로 그릴 때도 연필을 쭉 끌어당겨 라인을 그려서일까요?
또 draw가 '뽑아서 당긴다'는 느낌이 있어서인지 '끌어당기다'라는 뜻으로도 쓰입니다.
그래서 **"커튼 쳐!"**도 "Draw the curtain!"
당연히 "Shut the curtain"이라고 말해도 아무 상관 없어요. 커튼을 닫으라는 거죠. 한 단어가 여기저기 많이 쓰이죠?
draw의 pp는? [은] 붙여서 drawn. 문장 만들어보죠.
항상 주어가 행동하는 것이 아닐 때는 바로 상태 기둥인 BE 기둥을 붙이고 시작하면 그다음 엑스트라들을 붙이는 것이 더 쉬워집니다! BE 기둥이 과거인지 현재인지 등은 여러분이 알아서 찾으셔야 합니다!

#블라인드가 쳐져 있어서 안을 볼 수가 없었어.
> blinds <

→ The blinds were drawn, so I couldn't see the inside.

사람과의 사이에서도 draw를 씁니다.

#나 저 여자애한테 끌려.

→ I am drawn to that girl.

그냥 잡아당기듯 끌리는 겁니다.

#누가 나한테 끌려 있는데?

→ Who is drawn to me?

#무엇이 불길에 끌리지?
> flame [*플레임] <

→ What is drawn to flames?

#나방들이 불길에 끌리지.
> moths [모*스] <

→ Moths are drawn to flames.

#난 저 여자한테 나방이 불길에 끌리듯 끌려가고 있어.

→ I am drawn to her like a moth to a flame.

쉽지 않았죠? 문장 쌓기로 직접 만들어보세요.

#1. 당신은 체포입니다.

> 체포하다=arrest [어'*레스트] <

→ You are arrested.

#2. 당신은 체포되는 중입니다.

BE + 잉 기둥으로

→ You are being arrested.

#3. 누가 체포되는 중이야?

→ Who is being arrested?

You are arrested.	You	are	being arrested.
Who is arrested?	Who	is	being arrested?

이번엔 좀 더 꼬아볼까요? 주어를 찾고 주어가 행동한 것이 아니면 바로 BE 기둥으로 시작하고 그다음을 고민해보세요!

#1. 그 분석이 틀렸네요.

> analysis [아'날리씨스] / wrong [우*롱] <

→ That analysis is wrong.

#2. 그 분석이 실수가 났네요.

> mistake - mistook - mistaken / take - took - taken: mistake도 같은 식 <

→ That analysis is mistaken.

#3. 저는 그 분석이 실수가 났다는 결론에 도달했습니다.

> analysis / mistake / conclusion [컨클루션] / come <

뭐가 도달해요? 제가 도달한 거죠. → I

결론에 도달하다. 목적지에 도달할 때 come 잘 쓰죠? 마찬가지,

→ came to the conclusion

extra 무슨 결론이죠? '그 분석이 실수가 났다'는 결론.
기둥 문장 그대로 붙으면 되니 접착제 THAT! 기둥 문장 그대로 붙이세요, that analysis is mistaken.

→ I came to the conclusion that that analysis is mistaken.

액세서리를 좀 더 달아볼까요?

#4. 어제 이후, 저희 모두 그 분석이 실수가 났다는 같은 결론에 도달했습니다.

> analysis / mistake / same [쎄임] / conclusion [컨클루션] / come <

After yesterday,

뭐가 도달해요? 이번에는 저희 모두가 → We all came to the same conclusion.

→ After yesterday, we all came to the same conclusion that that analysis is mistaken.

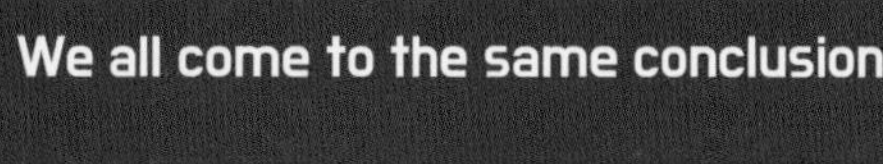
We all come to the same conclusion

that that analysis is mistaken.

  어려워도 자주 만들어보기 

that이 2개 나란히 있어도 신경 쓰지 마시라고 했죠? 영어는 무조건 구조대로 움직입니다. 처음 that은 접착제 THAT이고 두 번째 that은 그 분석을 손가락으로 포인트 한 거죠. 마지막으로 해볼게요.

#1. 당신이 이거 고쳤어?

> fix [*픽스]=고치다 <

→ Did you fix this?

#2. 이거 고쳐졌나?

→ Is this fixed?

#3. 어떤 파트가 고쳐졌지?

> part <

→ Which part is fixed?

#4. 어떤 파트가 고쳐져야 하지?

> part / need <

→ Which part needs to be fixed?

#5. 어떤 파트가 교체되었지?

> replace [*리'플레이스], place='자리, 장소', do 동사 자리에 넣으면 '어느 자리에 놓다'입니다. replace는 다시 놓다, 있는 것을 빼고 다른 것을 그 자리에 놓다 식으로 우리말로는 '교체하다, 갈다'가 어울리겠죠? <

→ Which part is replaced?

같은 단어라도 위치에 따라 뜻이 변하지만 전달되는 메시지는 그리 다르지 않습니다. 직접 봐도 어느 정도 알아맞힐 수는 있겠죠? 이제 연습장에서 직접 WH 주어로 질문을 만들어보세요.

연습

#시위대 20명이 경찰에게 구타를 당하고 구금됐습니다.

protester [프*로'테스터]=시위자 / police / beat=폭행하다 - beaten / take into custody[커스더디]=구금시키다, 수감하다

20 protesters were beaten by police and taken into custody.

#누가 그거에 관심 있겠어!

Hint: 기둥 확인! / interest

Who would be interested in that!

#누구 지루한 사람 있어? (지루한 사람 누구야?)

bore

Who's bored?

#너무 걱정 마세요. 따님은 최고의 의사한테 치료받고 있는 중입니다.

worry / daughter / treat=대하다, 치료하다

Don't worry too much. Your daughter is being treated by the best doctor.

#내년에 누가 승진하게 될까요?

promote [프*로'모트]=승진시키다

Who's gonna get promoted next year?

#누가 결혼했다고요?

marry / get - got

Who got married?

#그는 유괴죄로 경찰에 체포될 것입니다.

kidnapping [키드납핑] / police / arrest=체포하다

He is going to be arrested by the police for kidnapping.

#A: 그 사람(남) 트위터에 언급한 걸로 잘렸잖아.
Twitter / comment=언급 / fire=해고하다

He got fired for his comment on Twitter. / He got fired because he left a comment on Twitter.

#B: 뭐? 누가 뭐로 해고됐다고요?

What? Who got fired for what?

#우린 운명에 의해 인도받고 있습니다.
fate [*페이트] / guide [가이드]=인도하다

We are being guided by fate. / We are guided by fate.

#뭐가 됐고 뭐가 안 됐는지 알고는 있냐?
do - done

Do you even know what's done and what's not (done)?

#페이스북은 당신의 뉴스 피드에 뭐가 보일지를 고르죠.
news feed [뉴스 *피~드] / show=보여주다 / pick

Facebook picks what is shown on your news feed.

#무슨 직업이 가장 돈을 많이 받나요?
job / pay

What job gets paid the most?

상황) 수수께끼입니다.
#Serve[써브]는 되지만 한 번도 먹히지 않는 것은 뭘까요?
serve=서브를 넣다 / eat - eaten

What gets served but never eaten?

《**그리스 로마 신화**》 영어로 기억하나요?
Greek and Roman mythology [미'*쏠로지]

평화를 지키는 전쟁의 신 Mars와 미의 신 Venus는 이미 접했죠? 실제 행성인 화성과 금성의 이름을 이들의 이름을 따서 지었다고 했습니다. 그럼 다음 질문을 영어로!

#신화에서 Mars와 Venus 사이에 누가 태어났을까요?

→ Who was born between Mars and Venus in the mythology?

#큐피드가 그들의 아들로 자주 여겨집니다.

> regard [*리'가드]=여기다, 평가하다 <

→ Cupid is often regarded as their son.

regard는 이렇게 pp로도 잘 쓰입니다. 그렇게 간주되다, 여겨지다 할 때 사용되죠. 큐피드는 사랑의 화살을 들고 다니며 사랑을 전파하는 신이죠? 전쟁의 신과 미의 신 사이에 태어난 존재가 사랑 전령사라는 설정이 예쁘지 않나요?

이번에는 쉽지 않은 단어들이 있는 문장을 번역해볼게요.

#The study of Roman religion and myth is complicated by the early influence of Greek religion on the Italian peninsula, and by the later artistic imitation of Greek literary models by Roman authors.

출처: Wikipedia on Roman Mythology

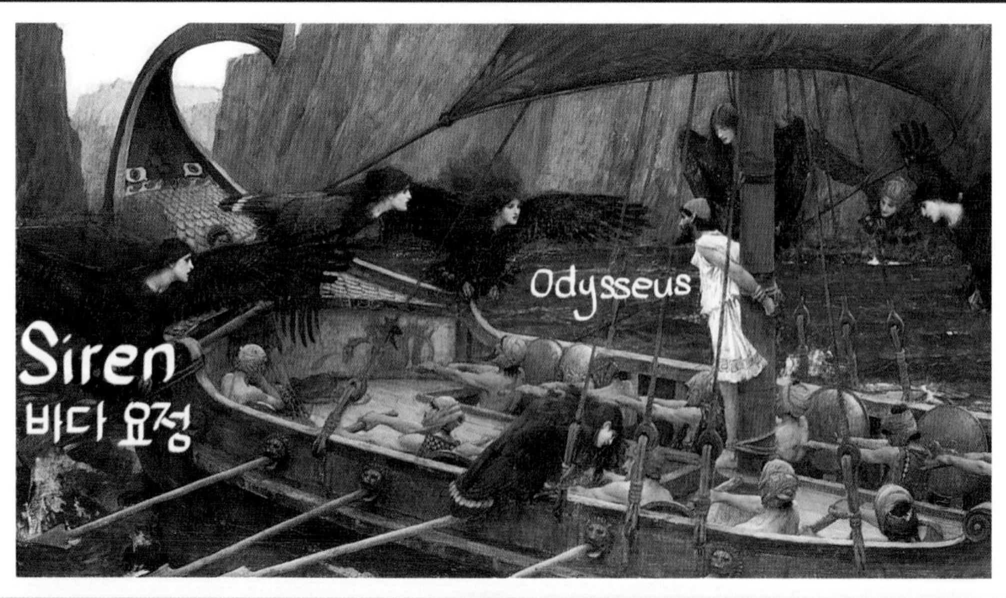

The study 공부 / 연구
of Roman religion 연구는 연구인데 한 번 더 들어가서 로마 종교
and myth 그리고 신화
is complicated = 복잡하다. BE + pp입니다. 복잡해진 거죠.
by the early influence 무엇에 의해 복잡하냐면, 이른 영향, 초창기 영향에 의해 복잡해졌다.
of Greek religion 영향은 영향인데, 한 번 더 들어가서 그리스 종교의 영향.
on the Italian peninsula. 그리스 종교가 어디에 닿아 있어요? 이탈리아반도.
자~ 이미지 정리해보세요.
이탈리아반도에서 초창기 그리스 종교의 영향으로 인해 로마 종교와 신화에 대한 연구가 복잡해졌다. 항상 이미지로 그리면서 메시지 요점을 정리하세요.

and by 그리고 또 by가 나오니 또 무엇에 의해서?
the later artistic imitation 그 후에 있던 예술적 모방에 의해서
of Greek literary models 한 번 더 들어가서 무슨 예술적 모방? 그리스의 문학적 모델들에 대한 예술 모방이죠.
by Roman authors. 모방은 모방인데 누가 모방했어요? 로마 작가들이.
로마 작가들이 그리스 문학 모델들을 예술적으로 모방한 것까지 영향을 미쳤기 때문에 로마 종교와 신화 연구가 복잡해졌다는 거죠. Venus가 로마의 미의 여신이면 같은 신을 그리스는 아프로디테라 부르거든요. 자, 단어들만 알면 번역할 수 있을 것 같죠?

#그리스 신화에서 가장 똑똑한 사람은 누구였다고 생각하세요?

> intelligent / human <

→ Who do you think is the most intelligent human in Greek mythology?

Odysseus [오디세우스]를 꼽는 사람이 많습니다.
영화 거장 중 한 명으로 꼽히는 미국 감독 Stanley Kubrick [큐브릭]의 영화
〈2001 Space Odyssey〉의 제목도 저 인물의 이름에서 따온 거랍니다. (영화 장면: 스텝 10[19])

오디세우스는 10년 동안 파란만장한 유랑을 합니다. 그래서 유랑자, 변장의 화신으로 지금까지도 잘 상징되죠. 그 10년의 유랑을 주제로 쓴 책이 유명한 그리스 서사시 《오디세이Odyssey》(영어로는 오디세이, 그리스어로는 오디세이아)입니다. 그래서 '장기간의 다양한 경험이 가득 찬 여행, 여정'을 담은 책이나 영화 제목에 Odyssey를 붙이는 거랍니다. 서로 연결된 부분이 많죠? 알면 알수록 연결되어 보물 찾듯 찾아내는 묘미가 서양 문화에는 다반사입니다.

영어도 재미있으려면 읽는 내용이 재미있어야 합니다. 그러면 좋아하는 게 무엇인지 알아야겠죠? 여러분이 무엇을 읽고 접하는 것을 즐거워하는지 한번 생각해보세요.

14 15 ly 부사

especially

#특별한이란 단어 알죠? special!
다음 문장을 영어로 바꿔보세요.

#넌 특별해. 네가 가지고 있는 것을 낭비하지 마.
> waste <

→ You are special. Don't waste what you have.

이제 special에 ly를 붙여볼까요?
상황) 선생님이 앞에 계십니다.

#이건 선생님을 위해 만들어진 겁니다.

→ This is made for you.

#이건 특별하게 선생님을 위해 만들어진 겁니다.

→ This is made for you specially.

ly면 날치이니 기둥 뒤에 붙여서 '특별히'란 말을 좀 더 내세울 수도 있습니다.

→ This is specially made for you.

slow에서 slowly와 같죠?

This is made for you **specially.**
다 됐음 특별히

This is **specially made** for you.
특별히

굳이 BE + pp 기둥으로 말 안 해도 됩니다. 다음 문장을 말해보세요.

#제가 이거 선생님 위해서 만들었어요. 마음에 드셨으면 하네요.

→ I made this for you. I hope you like it.

자, "This is specially made for you."

- Specially made.

특별하게 만들어진 거죠? 그래서 뭔가가 특별한 목적으로 '만들어졌다'고 할 때 이렇게 specially와 pp가 잘 붙습니다.

한번 영어로 쌓아보세요.

#1. 디자인된 침실

→ Designed bedroom

#2. 특별히 디자인된 침실

→ Specially designed bedroom

#1. 특별하게 쓰인 노래

> write - written <

→ Specially written song

#2. 내 친구를 위해 특별히 쓰인 노래

→ Specially written song for my friend

이번에는 문장으로 만들어 쌓아보죠.

#1. 이 방은 특별히 디자인됐어요.

→ This room is specially designed.

#2. 이 방은 연습실로 사용됩니다.

→ This room is used as a practice room.

어렵지 않죠? 그럼 이번에는 문장을 꼬아보죠.

#3. 이 방은 특별히 디자인됐어요, 연습실로 사용할 수 있게.

→ This room is specially designed to be used as a practice room.

TO 다리로 연결해서 사용되게~라는 말까지 엑스트라로 계속 붙였죠?

그냥 for a practice room이라고 해도 전달된답니다!

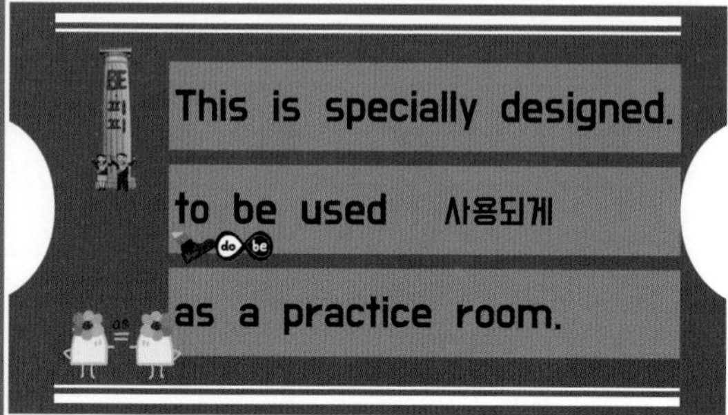

하나만 더 쌓아보죠.

#1. 저를 특별하게 대우하지 마세요.

> 우리말은 취급과 대우가 나뉘지만 영어에서는 한 단어로 통합니다, treat [트*릿트]. 기계든 사람이든 다 똑같이 사용합니다. <

→ Don't treat me specially.

#2. 저는 특별하게 대우받고 있습니다.

저는 가만히 있는데 다른 사람이 저를 treat 하는 거죠, be treated.

→ I am treated specially.

→ I am specially treated.

이제 더 엮어봅시다.

#3. 전 특별대우(취급) 받고 싶지 않습니다.

→ I don't want to be treated specially.

→ I don't want to be specially treated.

I don't want to로 나왔나요? 엮이는 연습은 많이 할수록 좋겠죠?

이제 연습장에서 직접 만들어보세요. 바로 만들기가 어려우면 글을 분해해서 쉬운 문장부터 쓰면서 문장을 쌓아가며 도달해보세요!

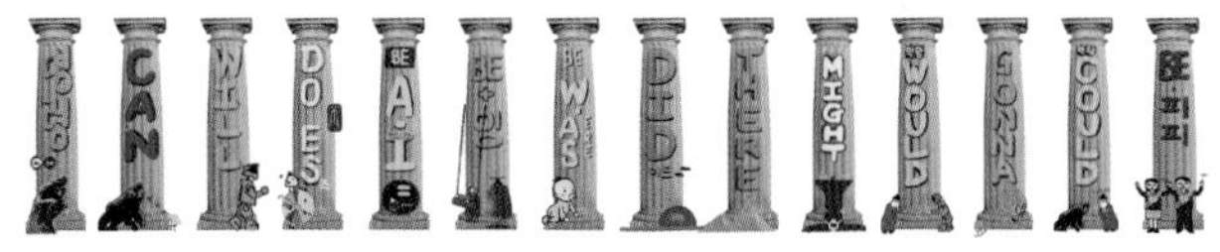

#이 상자는 사물함에 맞게 특별히 디자인된 겁니다.

locker=사물함 / fit / design=디자인하다

This box is a specially designed to fit in a locker.

#많은 서적이 있습니다 — 어린 학습자들한테 특별히 추천되는.

Hint: WH 열차로 연결해보세요.

book / young learner / recommend [*레코멘드]=추천하다

There are many books which are specially recommended for young learners.

#저희는 스파이웨어를 잡기 위해 특별히 프로그램 된 소프트웨어를 사용합니다.

spyware / catch / program=프로그램을 짜다 / software / use

We use specially programed software to catch spyware.

#이 연극은 특별히 라디오를 위해 쓰인 거네요.

play / write - written

This play is(was) written specially for radio.

#코만도는 속공을 위해 특별히 훈련된 군인들입니다.

Commando / quick attack=속공 / train=훈련하다 / solider

Commando is specially trained soldiers for quick attacks.

#이것은 큰 사회적 이슈라서, 판사들이 특별하게 선정될 것입니다.

social issue [쏘셜 이슈] / judge / select=선정하다

As this is a big social issue, the judges will be specially selected.

#서비스견은 장애가 있는 사람을 돕기 위해 특별히 훈련된다.

Service dog / disability[디써'빌리티]=장애 / assist=돕다 / train=훈련하다

Service dogs are specially trained to assist a person with disabilities.

다른 교재에서는 special과 같은 뜻으로 소개되는 especial이란 단어도 볼 수 있을 텐데요. special이 '특별한'이라면, especial은 '다른 것과 비교해서 특별한'이란 정도로, 언어학자들은 이 차이가 머리카락 두께 만큼이라고 말합니다. 영국은 양쪽 다 똑같이 쓸 정도로 차이가 없는데 대신 뒤에 ly가 붙을 때는 다른 느낌이긴 합니다. 우리말에서 그 차이를 살펴볼게요.

뭔가 다른 것과 비교하면서 '특별히'라 할 때 우리말로 '특히'라는 단어도 되죠?

especially는 우리말로 '특히'라고 말하는 곳에 붙이면 됩니다. 적용해보죠.

#전 커피 많이 마셔요, 특히 일할 때요.

→ I ( ) drink lots of coffee, especially when I work.

간단하죠?

I drink lots of coffee

especially when I work.

#어깨가 뭉쳤어, 특히 여기.

> shoulder / tense [텐스] <

어깨가 근육을 긴장시키는 것이 아니라, 다른 뭔가가 근육을 긴장시켜서 근육이 긴장을 받은 겁니다. 그래서 뭉친 거죠, BE + pp 기둥.

→ My shoulder is tensed, especially here.

처음 보는 단어인데 pp 제공이 안 될 때는 그냥 ed 붙는 규칙인 겁니다!

#전 모든 야채를 좋아해요.

→ I like all vegetables.

#특히 작은 양배추를요.

서양에서 자주 먹는 골프공만 한 크기의 녹색 양배추: Brussels sprouts [브*러셀 스프*라우츠]. 한국에서도 많이 보입니다.

→ Especially Brussels sprouts.

이러면 작은 양배추를 다른 것들에 비해 특별히 더 좋아하는 거죠.

그런데 왜 작은 양배추의 이름이 대문자일까요? Brussels. 벨기에의 수도죠. **sprouts**는 '싹'이라는 단어. 그곳에서 오랫동안 인기 있던 야채여서 동네 이름이 붙었다네요. 그래서 대문자로 씁니다.

또 만들어보세요.

#너 살이 붙네, 특히 얼굴 부분에.

> put on / weight [웨이트] / face <

영어는 '네가 무게를 붙이고 있다'고 한답니다. 이미지 그리면 웃기죠?

You are putting on some weight, especially~

얼굴을 둥그렇게 하면서 붙는 거죠. 껌딱지, around your face.

→ You are putting on some weight, especially around your face.

specially와 especially 차이 느끼셨나요?

그럼 스스로 비교하면서 쉬운 기둥으로 더 연습해보세요!

14 16

접속사

ALTHOUGH

영어로 만들어보세요.

#제가 사과를 드렸지만 고객님이 들으려고 하지 않으시더라고요.

> apologise / customer [커스터머] / listen <

→ I apologised, but the customer wouldn't listen.

WOULD 기둥은 과거의 미래도 되었죠? 사과했는데, 그다음에 안 들으려고 한 거죠.

아래 우리말 두 문장을 비교해보세요.

1) 제가 사과를 드렸지만 고객님이 들으려고 하지 않으시더라고요.

2) 제가 사과를 드렸는데도 불구하고, 고객님이 들으려고 하지 않으시더라고요.

우리말로 보면 비슷하죠. 요점은 '난 사과했고, 고객님은 듣지 않았다'잖아요.
하지만 외국인이 들었을 때는 '불구하고'라는 단어를 고민하게 될 겁니다.
'불구하고'를 몰라도 '하지만-but' 연결끈 알면 말이 전달되는데 말이죠.
우리가 우리말을 이렇게 보는 것처럼 영어도 똑같이 바라보면 됩니다.

그럼 어휘도 늘릴 겸 편하게 배워보죠.
'불구하고'는 영어로 **even though** [이븐 *도].
리본 when이나 before처럼 붙이고 기둥 문장 말하면 됩니다. 그럼 먼저 배경처럼 깔아볼까요?

#제가 사과를 드렸는데도 불구하고,

→ Even though I apologised,

#고객님이 들으려고 하지 않으시더라고요.

→ the customer wouldn't listen.

간단하죠? 합쳐서 말해보세요.

→ Even though I apologised, the customer wouldn't listen.

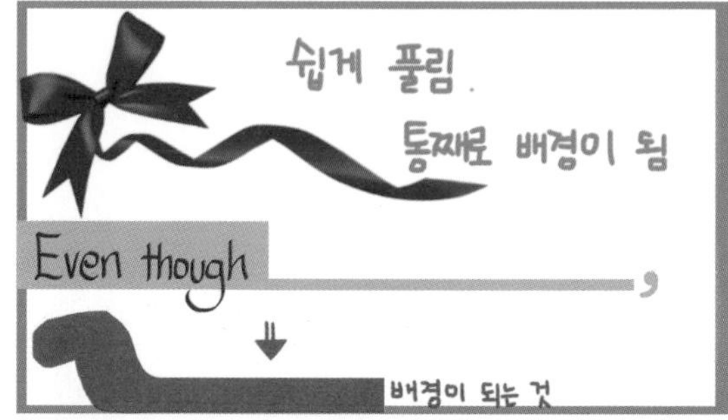

우리말은 한 문장으로 만들려면 무조건 배경을 깔고 들어가지만, 영어는 우리말처럼 조사들이 없기 때문에 좀 더 자유롭게 움직일 수 있다고 했습니다.

리본을 풀어서 앞뒤로 기둥 문장이 통째로 움직일 수 있는 거죠. 바꿔서 말해보세요.

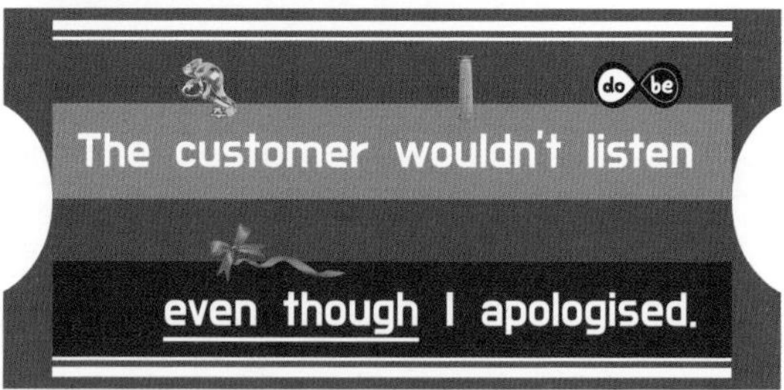

The customer wouldn't listen even though I apologised.

뒤에 있을 때 콤마가 안 붙는 이유는 원래 저 리본이 엑스트라처럼 붙어서 그런 거죠? 이게 다입니다. 어렵지 않죠? 그냥 이런 것도 있군, 하면서 익숙해지기만 하면 됩니다.

자! 그런데 우리말은 다양하게 표현되죠?
'불구하고'는 일상에서 그리 자주 쓰는 말이 아니잖아요.
even though는 쉽게 쓰니 느낌을 기억하세요.
'전혀 예상 못 했겠지만' 식의 느낌일 때 쓰는 겁니다.
비교해볼게요.

#우박이 쏟아졌지만 우리는 나갔어.

> hail [헤일] <

우박이 쏟아지는 중이었는데, It was hailing.
이러면 실내에 머무를 거라 생각하지만 우리는 나간 겁니다.

→ It was hailing but we went out.

#우박이 쏟아졌는데도, 우리는 나갔어.

전혀 안 나갈 거라 생각했겠지만, 우리는 나갔어.

→ We went out even though it was hailing.

연결끈과 다른 점은 리본은 쉽게 풀려서 앞으로 나올 수 있죠?

→ Even though it was hailing, we went out.

우박이 쏟아졌음에도, 우리는 나갔어.
쏟아졌는데도, 쏟아졌는데도 불구하고 등등, 변형이 많을 뿐 결국 이게 다입니다. 이번엔 다른 리본과 한번 비교해보죠.

#우리 우박 내릴 때 나갔어.

→ We went out when it was hailing.

'내릴 때'와 '내리는데도'.
정말 작은 차이처럼 느껴지지만, 영어는 전혀 다른 단어 when과 even though를 써주죠?
영어를 공부하다 어이없을 때가 이런 경우입니다. 엄청 대단한 것처럼 공부했는데, 나중에 우리말로만 보니 별로 큰 차이가 없을 때죠.

그러니 편한 마음으로 even though의 느낌을 기억하면서 연습해보세요.

#다들 댁이 틀렸다고 생각해도, 전 댁의 말이 맞는다는 걸 알아요.

wrong / correct (right)

Even though everyone thinks you're wrong, I know you are correct(right).

#직원: 제가 할게요.

I will do it!

#상사: 뭘 해?

Do what? / You will do what?

#직원: 그 업무요, 어제 말씀하신. 제 업무 영역에 안 들어 있긴 한데 제가 할게요.

Hint: 업무 영역은 직역하면 직무 설명서.

job / job description [디스크*립션]=업무 영역

That job (that) you talked about yesterday. Even though it's not in my job description, I will do the job.

#네가 얼마나 상처받았는지 알긴 하지만, 그건 너랑 네 남편 둘 사이의 문제지.

hurt - hurt / husband

Even though I know how much you are hurt, that's between you and your husband.

#나는 읽는 것을 엄청 싫어해.

I hate reading.

#나는 읽는 것을 엄청 싫어하지만, 이 주제에 대한 모든 책을 다 읽겠어!

Even though I hate reading, I'll read every book on this subject!

#걔(남)는 짜증 났음에도 드러내지 않았어.

annoy / show

Even though he was annoyed, he didn't show it.

#우리 딸은 멀쩡한데도 자신이 스트레스 받았다며 사람들한테 다 말하고 다녀요.

fine / stress

My daughter is telling everyone that she is stressed even though she's fine.

#나에게는 대가족이 있었는데도 불구하고 얘기할 사람은 아무도 없었어.

big family / talk to / have

Even though I had a big family, I had nobody to talk to.

#꽃은 떨어진다, 우리가 사랑하는데도 불구하고.

flower / fall / love

A flower falls even though we love it.

#잡초는 자란다, 우리가 사랑하지 않는데도 불구하고.

weed / grow

A weed grows, even though we do not love it.

---

even though는 2개의 단어가 합쳐진 것이죠? 더 간단하게 한 단어로 앞에 al을 살짝 붙여서 although [얼*도]로 잘 쓴답니다. 그냥 though라고도 하지만 이 말은 구어에서 더 쓰이죠. 의미는 다 비슷하니 낯설지 않게 살짝 적응만 하면 됩니다.
그럼 이번에는 although로 적응해보죠.
방법은 같습니다.

#넌 우리 선생님(남)에 대해서 어떻게 생각해?

→ What do you think about our teacher?

#우리 선생님이 정말 마음에 들지만, 선생님의 성급함은 견딜 수가 없어.

> impatience [임페이션스] / stand <

→ Although I really like him, I cannot stand his impatience.

even though와 다른 것이 없으니 금방 익힐 수 있겠죠? 그럼 살짝 다르게 해볼까요? 뭔가 말을 하고 난 다음 다른 생각이 날 때도 붙일 수 있습니다. 만들어보죠.

#사진 안에 두 남자분, 그분들이 Andrew와 Nelson이야.

> photo <

→ Two men in the photo, they are Andrew and Nelson.

그러더니 더 할 말이 생각났어요.

#누가 Andrew고 누가 Nelson인지는 모르겠지만.

Although I don't know~

뭘 몰라요? 간단하게 갈 수 있어요.

Which is which.

어떤 이가 어떤 이인지 모르는 거죠. WH 1으로 붙입니다.

→ Althought I don't know which is which.

질문일 때도 **"어떤 사람이 어떤 사람이야?"**

"Which is which?"가 됩니다.

풀어서 물어보면:

#어떤 쪽이 Andrew야?

→ Which one is Andrew?

one 빼고 그냥 "Which is Andrew?"도 되죠?

#누가 누구야?

→ Who is who? 도 되겠죠?

although를 쓸 필요 없이 but으로 가도 이상하지 않아요.

but:

하지만 누가 누구인지는 몰라.

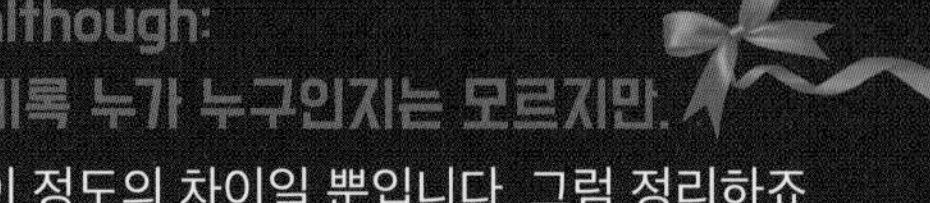

although:

비록 누가 누구인지는 모르지만.

이 정도의 차이일 뿐입니다. 그럼 정리하죠.

Helen Keller 헬렌 켈러

미국의 작가이자 교육자로서 시각, 청각 중복 장애인입니다. 상상이 가나요? 보이지도 않는데, 들리지도 않는다니. 세상을 인지할 수 있는 가장 중요한 통로가 다 막혀 있던 거죠. 그녀는 대학에서 인문계 학사 학위를 받은 최초의 장애인이라고 합니다. Helen Keller가 한 말을 읽어보죠.

#Although the world is full of suffering, it is also full of the overcoming of it.

Although the world is full of suffering. Although / 세상은 / 가득 차 있지만 / suffering으로,

suffer는 '고통', do 동사에 넣으면 '시달리다, 더 악화되다'라는 뜻입니다. 뒤에 [잉]을 붙여서 '고통'이라는 명사가 된 거죠.

it is also full of the overcoming of it. it is 세상을 말하는 거죠. 세상은 / 또한 / 가득하다 / overcoming 하는 것으로 / it은 방금 전에 말한 고통

세상은 또한 고통들을 overcoming 하는 것으로도 가득 차 있다고 하는 거죠.

over 배웠죠? come 배웠고.

overcome은 '극복하다'입니다. 이미지 그려지나요? 넘어서 원하는 지점에 도착하는 거죠.

"세상은 고통으로 가득하지만, 고통을 극복하는 것들로도 가득 차 있다."

여기서 뒤의 it은 '그것'이라고 말해줘야 우리말에서는 좀 더 밸런스가 맞겠죠? that이 아닌 it으로 한 것은 방금 말한 것이어서 반복하지 않는 겁니다.

"세상은 고난으로 가득하지만, 또한 그것을 극복하는 것들로도 가득 차 있다."

그럼 카멜레온을 바꿔가면서 although를 연습해보세요!

14 17 부가의문문

Tag Q

알고 보니 pp도 별것 아니죠? DID에서 [이드]만 붙던 규칙들은 pp도 그대로고, 나머지는 [은]을 붙이면 됩니다. 연습하면서 익히면 금방입니다. 그럼 복습도 할 겸 쉬운 Tag Question 들어갑니다! 방법은 이제 다 알죠? 만들어보세요.

#A: 실례합니다. 이 거리가 '세종로'라고 불리는 거 맞죠?

Excuse me,

this street~ 거리가 부르는 것이 아니라, **사람들에게 불리는 거죠.**

is called Se-jong-ro?

→ Excuse me, this street is called Se-jong-ro, right?

#B: (확신이 없어) 잘 모르겠는데. 확인해드릴게요.

→ I am not sure. Let me check it for you. (스텝 10[15])

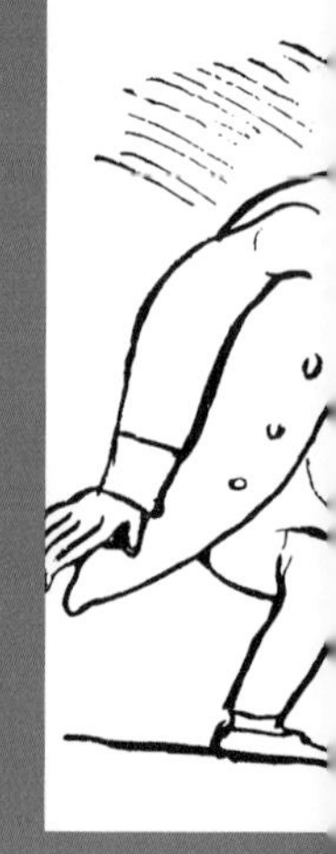

다음 문장! 날치들은 고민하지 마세요. 그냥 맨 뒤에 넣어도 됩니다.

#A: 이거 (확실히) 망가졌네.

> definitely [데*피니틀리] / break - broken <

→ It is (definitely) broken.

It is still broken.

확실한
definite

확실하게 망가졌음
definitely broken

#보여? 안 되잖아.

기계 작동이 안 되는 것은 work가 안 된다고 하죠.

→ See? It's not working.

#B: 여기 전화번호 있다. 전화해봐.

There is a phone number here. 다음에,

Call~ 회사는 여러 명이 일하는 곳이니 they라고 묶습니다,

call them.

→ There is a phone number here. Call them.

#눈 깜짝할 사이에 끝날 거죠, 그렇죠?

> 눈 깜짝할 사이=in no time <

extra in no time, 잘 쓰는 말 중 하나입니다.

no time은 시간 자체가 존재도 안 하는 거죠.

in 3 hours면 3시간 안이지만 in no time이면 아예 없는 시간.

→ It will be finished in no time, won't it?

굳이 in no time 모르면

#빠르게 끝나겠죠?

→ It will be quickly finished, won't it?

→ It will be finished quickly, won't it?

계속 만들어보죠. 문장 쌓아보세요.

상황) 집중하려는데 방해하는 사람들이 있어요.

#1. (나 집중하려 하는데) 방해하지 마!

> 뭔가 집중해서 열심히 하려는데 그 집중을 '방해하다'는 distract [디'스트*락트] <

→ Do not distract me!

상황) 딸이 중요한 시험을 앞두고 새 애인 때문에 집중하지 않을까 걱정입니다.

#2. 너 산만해져 있는 거 아니지?

→ You are not distracted, are you?

다음 문장도 만들어보세요.

#뭐? 그게 우리 교수님들에 의해 된 거라고?

→ What? That was done by our professors?

#그분들이 또 그랬다는 것이 믿기지가 않는다!

→ I cannot believe they did it again!

#다 부패했네, 그렇지?

> '부패시키다'는 corrupt [커'*럽트] <

'부패'는 스스로 하는 것이 아니라, 환경이나 주위 사람들에게 영향을 받은 거죠. 유혹에 스스로를 못 지켜낸 것. 네 상태가 corrupt 된 겁니다.

→ They are all corrupted, aren't they?

이제 잘 틀리는 꼬리표 답을 해보고 연습장 들어가죠.

#A: 티켓 예약했어?

> tickets / book <

→ Did you book the tickets?

#예약 안 되어 있지? (그렇지?)

→ They are not booked, are they?

#B: 응. 안 되어 있어. 완전히 잊어먹었어.

> forget <

→ No, they are not. I totally forgot.

대답 잘했나요? 질문이 뭐든, 내가 그러면 Yes! 내가 아니면 No!

그럼 연습장에서 만들어보세요.

연습

#A: 너 프린터 사용하고 있었어?

use

.... Were you using the printer?

#B: 응. 그런데 이제 너 사용해도 돼. 내 건(여러 개) 다 프린트 됐어.

Yes, I was, but you can use it now.

.... Mine are all printed.

#A: 복사기는 고쳐졌어? 고치려고 사람 오지 않았어?

photocopy machine [*포토커피 머쉰] / fix

Is the photocopy machine fixed?

.... Didn't someone come in to fix it?

#B: 내 생각엔 그거 (아직도) 망가진 것 같은데.

break - broken

.... I think it is (still) broken.

#미안해. 너 실망했지, 그렇지?

disappoint

.... I am sorry. You are disappointed, aren't you?

#사장님(여) 짜증 나셨죠, 그렇죠?

boss / annoy

.... Boss is annoyed, isn't she?

#다음 책 아직 출판 안 되었죠? (그렇죠?)

publish [퍼블리쉬]

.... The next book isn't published yet, is it?

#손님: 티켓 또 매진된 거 아니죠?

ticket / sell out - sold out

.... Tickets are not sold out again, are they?

#직원: 아쉽게도 매진이에요.

I am afraid [어*'프*레이드]=유감이지만, 아쉽지만

.... I'm afraid they are (sold out).

#넌 창피하구나, 그렇지?!

embarrass [임'바*러스]

.... You are embarrassed, aren't you?!

#Jake 씨 요즘 피곤해 보이죠, 그렇지 않아요?

tire / seem

.... Jake seems tired these days, doesn't he?

#미팅 취소된 거 아니죠? (그렇죠?)

cancel

.... The meeting isn't cancelled, is it?

#아직 밀봉하지 마! 뭐? 그거 이미 밀봉됐구나, 그렇지?

seal

Don't seal it yet. What? That
.... is already sealed, isn't it?

기둥만 조금 더 엮어보죠.

옆길로 샐 때 sidetrack이라고 했죠?

side가 옆, track은 운동할 때 트랙. 이 말을 do 동사에 넣으면 '옆길로 새다'입니다.

#제가 말하다 옆길로 샜네요.

→ I got sidetracked. 간단하죠?

DID 기둥에 pp 붙인 것으로 "I got shocked"와 구조 같습니다.

꼬리표 질문에서는 당연히 룰대로 가면 됩니다. 만들어보죠.

#어? 제가 옆길로 샜네요, 그렇죠?

→ Huh? I got sidetracked, didn't I?

#우리 무슨 말을 하고 있었죠?

→ What were we talking about?

옆길로 샜네요.

I got sidetracked, didn't I?

상황) 선생님이 학생을 혼냈습니다.

#너 혼났지, 그렇지?

> '혼내다'는 tell off <

한 사람은 듣고 다른 사람은 계속 말하니 tell, off면 소리가 떨어져 밖으로 나가는 것 같죠? '혼남'을 당한 거니까 You got~ tell의 pp는 안 가르쳐드렸으니 과거와 똑같은 겁니다, told off.

→ You got told off, didn't you?

상황) 면접장에서 방을 찾다가 묻습니다.

#저보고 3번 방에 가라고 했는데요.

누군가 말을 한 거죠. 이럴 때

→ Someone told me to go to the room 3.

해도 되고

'저는 말 그대로 따르는 상태입니다' 느낌으로

→ I was told to go to the room 3.

이렇게 해도 됩니다. 자주 쓰는 말로 "I was told" 하면 '다른 사람이 나한테 말했다'는 거죠. 그럼 기둥 더 엮어볼까요?

#넌 항상 하란 대로만 할 거지, 그렇지?

GONNA 기둥으로 말해보세요.

→ You are always gonna do what you are told (to do), aren't you?

맨 뒤에 "aren't you?"는 무슨 기둥을 뒤집은 거죠?

BE + pp인가요, GONNA 기둥인가요?

GONNA죠. 문장을 기둥으로 분해하는 실력도 계속 키우세요. 기둥으로 분해하면 해석할 때 실수가 훨씬 줄어듭니다.

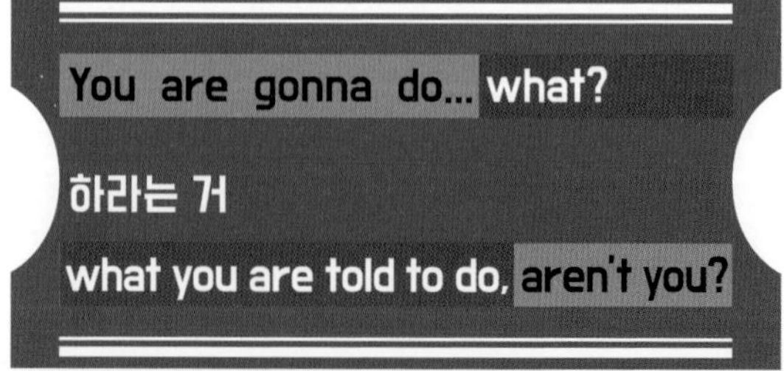

You are gonna do... what?
하라는 거
what you are told to do, aren't you?

그럼 이제 [은]이 붙은 불규칙 pp 리스트를 드릴 테니
보면서 다양하게 문장으로 만들어보세요.

done		thrown		drawn	
frozen		eaten		mistaken	
broken		blown		hidden	
born		shaken		bitten	
known		driven		forgotten	
given		seen		spoken	
written		shown			
taken		beaten			

14 18

혼동되는 동사

allow

상황) 청소년기. 친구들과 hang out 하는 시간들이 재미있어져서 시간 가는 줄 모를 때 있죠? 그래서 부모님이 걱정하세요.

#늦지 말아라!

→ Don't be late!

#밖에서 늦게까지 있지 마!

→ Don't stay out late!

오늘은 친구가 더 놀고 가라고 합니다.

[illegible]

> allow [얼'라우]=허락하다 <

→ My parents won't allow me.

간단하죠? allow는 그냥 do 동사이니 do 자리에 넣기만 하면 됩니다.

이제 한 단계 더 올려보죠.

#나 [illegible]까지 밖에 있으면 안

CAN 기둥 말고 난 허락되지 않았다고 하면 allow가 안 된 거죠.

I am not allowed.

이렇게 말하면 '누군가 나를 allow 해주지 않았다'가 전달됩니다. 간단하죠?

extra 엑스트라 계속 연결해보죠.
뭐가 허락이 안 됐어요? 밖에 늦게까지 있는 것.
그냥 stay 붙이면 두비가 바로 또 붙는 것이니 TO 다리로,
to stay out late.

→ I am not allowed to stay out late.

간단하죠?

My parents won't allow me.
I am not allowed. do be
피피

뭐 하는 것이 허락 안 되었나?
to stay out late.

당연히 CAN 기둥으로 말해도 되고, "My parents will not let me"도 문제없습니다. 대신 allow 하면 허락이란 말이 강하게 들리죠? 특히 BE + pp 기둥은 '내 상태가 다른 것에 의해 조정된다'니까 allow와 잘 어울립니다. 그래서 익숙해지면 좋습니다.

그럼 더 만들어볼까요?

#제 비자 때문에 이 나라에 계속 못 있어요.

I am not allowed to stay in this country ~

extra ~ because ~ 간단하게 기둥 문장 필요 없이 visa 하나만 말하려면, of 껌딱지 붙이고 들어가죠, of my visa.

→ Because of my visa, I'm not allowed to stay in this country.

허락이라고 해서 꼭 아이들만 쓰는 건 아니죠?

#네 형이 격리실에 있다고?

> quarantine [쿼*런틴] <

→ Your brother is in quarantine?

#방문자 허락된대?

> visitor <

→ Is he allowed visitors?

"Is he allowed to have visitors?"도 되고 "Can I visit him? Can he have visitors? Is it possible to visit him?" 등 소통 방법은 많습니다. 대신 'Is he allowed'는 허락받은 상황이냐고 메시지가 같이 전달되는 것뿐입니다.

#나 못 가.

→ I can't go.

(허락 못 받아서) 못 가.

누군가 allow를 안 했죠.

→ I am not allowed to go.

좀 더 만들어보죠.

#이 총은 나한테 등록되어 있어서 내가 가지고 다녀도 돼!

> gun / 등록하다=register [*레지스터] <

총이 등록하는 것이 아니라 등록된 것이니, is registered.

extra 나한테 되어 있는 거죠. 방향 껌딱지 붙여, to me!

This gun is registered to me, so~ 다음에

"I can carry it!"도 되고, 허락을 받았다고 해서, "I am allowed to carry it!" 이렇게 말해도 됩니다.

→ This gun is registered to me, so I am allowed to carry it!

대화로 들어가보죠.

읽어보세요.
다 이해할 수 있습니다.
단어는 모르면
찾아보면 되고.

#A: 아빠, 저 오늘 조금만 늦게까지 있으면 안 돼요?

→ Dad, may I stay out little late today?

예의를 차려서 MAY 기둥으로 질문하죠?

#B: 너 통금시간이 몇 시인지 알잖아.

> curfew [컬*퓨] <

→ You know what time the curfew is.

#네 통금시간은 이미 다른 애들보다 더 늦잖아.

→ Your curfew is already later than others.

#제시간에 집에 들어와라!

→ Be home on time!

상대의 허락을 받으려 할 때 'Could you allow me~'까지는 비굴할 정도로 상대를 높이 치켜세우기 때문에 잘 사용하지 않습니다. 보통 'May I? 내가 할 수 있나요?' 식으로 말합니다. allow는 누구에게 권위가 더 있는지를 보여준답니다. 레스토랑에서 지켜야 하는 룰은 레스토랑 말을 따라야겠죠? 손님이 아무리 왕이라 해도 쫓겨날 수 있잖아요.

상황) 레스토랑에서 통화를 하는데, 웨이터가 오더니 말합니다.

#실례합니다. 저희 레스토랑에서는 핸드폰 사용을 허용하지 않습니다.

→ Excuse me. We do not allow mobile phones.

외국에서 조용한 레스토랑은 핸드폰 사용을 허용하지 않는 곳들이 종종 있답니다.
이때 '내가 allow가 안 되었다'는 느낌은 기분이 이상하니 **"여기는 전화 안 된다네~"**
"They don't allow phones here"라고 반응하게 되죠.
저들이 allow를 안 하는 거예요.

그만큼 BE + pp는 나는 가만히 있는 상태로 받는 느낌이 강합니다. 그냥 아무렇게나 쓰는 것이 아니라 기둥마다 다 느낌이 있는 것, 아시겠죠?
그럼 연습장에서 CAN 기둥 말고 허락받는다는 느낌으로 allow를 사용해서 스스로 만들어보세요.

연습

#손님: 여기에서 흡연되나요?

.... Is smoking allowed here?

#직원: 죄송합니다만 흡연은 바 구역에서만 가능합니다.

afraid / bar area

.... I am afraid smoking is only allowed in the bar area.

#당신은 제 동의 없이 이 수술을 행할 수 없습니다!
(허락 안 됨)

consent [컨'센트]=동의 / operation [오퍼'*레이션]=수술 / perform

You are not allowed to perform this operation without my consent!

#거기 통과하시면 안 됩니다.

You're not allowed through there. / You aren't allowed to go through there.

#사장님이 나 너무 아파서 일하면 안 된대!

say

My boss said I'm not allowed to work because I'm too sick!

#저희 집에서 일해도 되는 건가요?

Are we allowed to work from home?

#저희는 점심시간이 얼마나 허용돼요?

How long are we allowed for lunch?

#금요일에 캐주얼 옷 입어도 되나요?

casual clothes

Are we allowed to wear casual clothes on Friday?

상황) 밖에서 딸아이를 만났는데 미니스커트를 입고 있습니다.

#엄마: 너 다시는 그 짧은 치마 입는 건 허락 안 될 거야!

You will not be allowed to wear that short skirt again!

#나 이 나라 떠나면 안 돼! 아직 취업 허가증이 없거든.

green card

I'm not allowed to leave this country because I don't have my green card yet.

대화로 만들어보고 정리하죠.

상황) 청소년 딸. 조마조마하죠.
'인간의 탈을 쓴 괴물'들이 많은데, 세상 무서운 것 모르고 늦게 다닙니다.

#A: 지금 너 이걸 몇 시라고 하는 거야?
영어는 '부르는 거야?'라고 합니다.
→ What time do you call this?

#더 이상 안 되겠다!
지금 네가 한 행동. That~
그것이 내가 더 이상 참을 수 없는 나의 한계야, it.
→ That is it!

#너 1주 동안 외출금지야!
> 외출금지를 시키다=do 동사로 ground [그*라운드] 한다고 합니다. ground가 명사일 때는 '땅'이죠. 동사에 넣으면 말뚝처럼 땅에서 못 움직이게 하는 겁니다. <
자녀들의 입장에서는 가만히 있는 상태에서 ground를 당하는 거죠.
→ You are grounded for a week!

그러자 반항기 딸이 난리칩니다. 통역해볼까요?

#B: 네? 저를 외출금지 시키면 안 되죠! 부당해요!
> fair=타당한 <
→ What? You can't ground me! That is not fair!

#전 더 이상 애가 아니라고요!
→ I am not a child anymore!

#엄마는 제가 아무것도 못 하게 하잖아요!
→ You don't let me do anything!

#난 밖에 늦게 있는 것도 안 되고!
→ I am not allowed to stay out late!

#친구 집에서 자고 오는 것도 안 되고!
> sleep over <
→ I am not allowed to sleep over at a friend's house!

#난 이것도 저것도 하면 안 되고!
→ I am not allowed to do this, or do that!

#정말 부당해요!
> unfair <
→ It's so unfair!

joke 읽어볼까요?

#Teenagers!

청소년들이여!

#(Are you) Tired of being harassed by your parents?

피곤합니까? / 괴롭힘 당하는 것이 / 당신의 부모님으로부터?

→ 당신의 부모님으로부터 괴롭힘 당하는 것이 피곤합니까?

TEENAGERS
TIRED OF BEING
HARASSED BY YOUR
PARENTS?

#지금 행동하세요!

→ Act Now!

#Move out, get a job, pay your own way,

독립을 하세요! 직장을 구하고! 자신이 가고 싶은 길에 돈을 내세요!

자신의 삶을 your way라고 잘 말한다고 했죠? 자신의 방법대로 하고 싶으면 직접 지불하라는 거죠.

아직 다 안 끝났어요.

#While you still know everything!

While, 언제 동안? / 여러분이 여전히 모든 것을 알고 있는 동안!

→ 여러분이 모든 것을 알고 있는 동안, 독립해서, 직장 구하고, 스스로 알아서 돈 내며 살라는 겁니다.

#Joke입니다.

→ It's a joke!

그래서 이런 말도 자주 한답니다.

#내 지붕 밑에 살고 있는 동안은, 내 룰에 따라 살게 될 거야!

As long as you love me, '네가 날 사랑하는 동안'(스텝 12[08])과 같은 구조로 갑니다.

As long as you live under my roof, you will live~ 사는데, 그 방법이? 내 룰에 따라 사는 겁니다.

도구 껌딱지, by my rules!

→ As long as you live under my roof, you will live by my rules!

재미있죠? 실제 부모 자식 간에 매우 자주 듣게 되는 말로 우리랑 상당히 다른 시각으로 바라보죠?

그럼 이제 allow를 삶에 적용해 문장으로 만들면서 pp를 연습해보세요.

Be (supposed) to

드디어 14번 기둥의 마지막 스텝입니다!
이 코스에서 가장 어려운 것은 다 끝난 것이나 다름없답니다!
불규칙 pp는 그리 많지 않았죠? 그래도 구조를 확실히 익히기 위해 스텝을 다양하게 밟았습니다.
항상 혼동되는 부분이 있으면 그 스텝으로 돌아가서 반복하세요.
언어라서 이미 한 것이라도 다시 보면 새롭게 느껴지는 부분이 많을 겁니다. 코스를 진행하고 연습을 지속할수록 점점 더 실력이 쌓일 거예요. 만들어낼 수 있는 말도 훨씬 더 많아질 테고요.
그럼 마지막 스텝 들어가보죠!

다음 상황을 상상해봅시다.

상황) 별로 마음에 들지 않지만 그룹으로 어울리면서 인사하고 지내는 친구가 있어요. 그런데 그 녀석이 갑자기 큰 부탁을 해서 고민 중입니다. 그러자 어울리는 모습을 보셨던 아버지가 묻습니다.

너희 둘이 친구인 줄 알았었는데.

우리는 '알았었는데'라고 하지만, 'know'는 정말 '알다'이고, 여기선 'think'를 뜻하는 거죠. 이 둘은 다른 것이라서 영어는 구별해줍니다.

→ I thought you two were friends.

이제 내 대답을 여러 방식으로 해보죠.

#네. 친구예요. 하면

→ Yes, we are.

#네, 친구인 것 같아요. (친구라고 생각해요.)

→ Yes, I think we are friends.

#친구라고 할 수 있겠죠.

만약 그렇게 생각은 안 하지만 명칭을 붙이자면 친구라고 할 수 있다는 식이면, 대충 guess로 말할 수 있답니다. guess는 '추측하다, 짐작하다'로 확신 없이 말하는 거죠.

→ I guess we are friends.

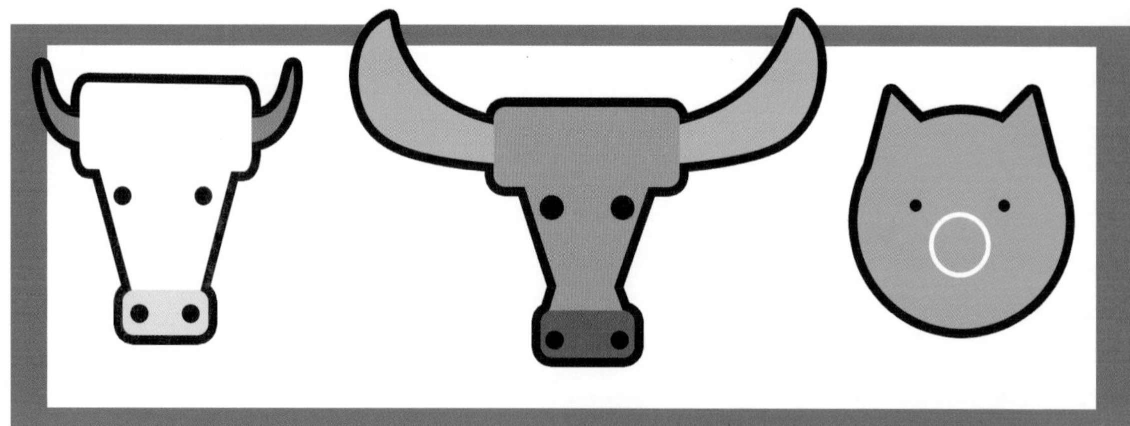

자! 이 guess 자리에 suppose [써'포즈]를 넣어 대답해보죠.

I suppose we are friends.

이건 생각하는 think도 아니고
대충 짐작하는 guess도 아닙니다.
suppose는 사전에 **'그럴 거라 추정하다. 알고 있는 지식에 의거하여 그렇다고 생각하다. 추정하다. 가정하다'**라고 나옵니다.
적용해보면: 저 친구와 내가 함께 있었으니, 상황만으로 보면 친구라고 안 부르기에는 '친구'인 것처럼 보이는 상황이 너무 많은 겁니다.

그렇게 부르는 것이 남들 눈에 당연하게 여겨지니, 어쩔 수 없이 억지로 동의할 때 'I suppose'라고 말한답니다. 우리말로는

#친구라고 하는 게 맞긴 하겠죠.
(친구라고 해야겠죠. 뭐, 친구죠.)

꼭 그건 아니지만, 전체적으로 보면 그것이 맞는다고 생각할 때 suppose.

→ I suppose we are friends.

더 사용해보죠.

#A: 나 똑똑해?

→ Am I smart?

B: 굳이 대답해야 한다면 그렇다고도 할 수 있겠지.

영어로 간단하게,

I suppose.

같은 반응으로 suppose 안 쓰고, "I guess"로도 충분합니다.

하지만 이번 스텝에서 배울 것은 따로 있답니다. 바로 다음 문장!

너 원래 내 친구여야 하잖아!

어떤 상황인지 보세요.

내 친구인데, 내 친구처럼 안 구는 겁니다. 그래서

#넌 내 친구잖아!

"You are my friend!"가 아닌,

넌 내 친구여야 하잖아!

"You are supposed to be my friend!"라고 한답니다.

왜 저 문장에 suppose가 들어갔는지 볼까요?

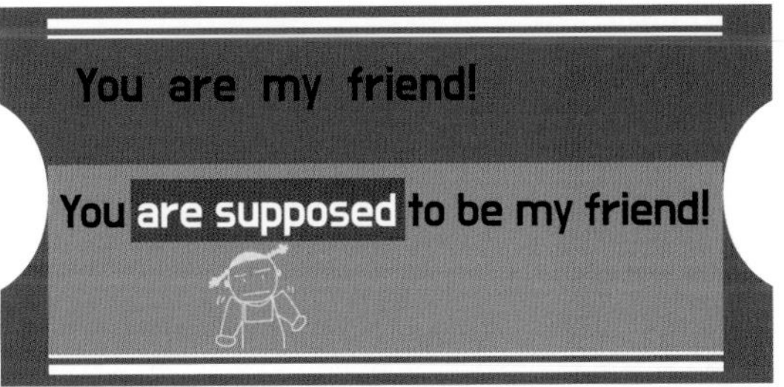
You are my friend!
You are supposed to be my friend!

You are supposed 하면 다른 누군가가 suppose 하고 있는 겁니다. 맞는다고 생각하는 거죠.

너의 상태는 그래야 한다고 다른 이들이 생각하는 거예요.

to be my friend, 내 친구여야 한다고.

넌 내 친구여야 하잖아! 그것이 맞는 거잖아! 이렇게 말하고 있는 겁니다.

이 suppose는 보통 통째로 배웁니다.

BE supposed to, BE + pp에 TO 다리 붙은 것뿐입니다.

I suppose~에서 이 suppose 자체가 우리말로 딱 떨어지기 힘든 만큼

be supposed to 역시 다양한 번역이 나올 수 있답니다.

그러니 모호해도 하나의 통일된 감을 잡으려고 해보세요. 더 볼게요.

BE
피피

#내가 이거 이달 안에 끝내기로 되어 있는데, 잘 모르겠어. (확신이 없는 거죠.)

그렇게 되어 있다. 다들 내가 이것을 끝낼 거라고, 그렇게 될 거라고 추측하며 예상하고 있는 겁니다.

→ I am supposed to finish this in this month, but I am not sure.

상황) 중요한 미팅이 있는데 동료가 오지 않아 전화해서 물어봅니다.

#어디세요?

→ Where are you?

#20분 전에 여기 와 있었어야 하잖아요!

20분 전에 여기 와 있었다. 하면

You were here 20 minutes ago.

이렇게 되었어야 했던 거죠. be supposed to를 넣으면 됩니다.

대신 그 전에 그랬어야 했으니, "You were supposed to"로 말하면 된답니다.

→ You were supposed to be here 20 minutes ago!

20분 전에 여기 있었어야 하는 것이 맞는데, 뭐 하느냐는 거죠.

BE + pp 기둥인 것뿐이에요. 그러니 you are 대신 you were도 될 수 있습니다.

기둥 더 엮어볼까요?

문장 쌓기로 만들어보세요.

#1. 내 남편은 지금 일하는 중이에요.

→ My husband is working right now.

#2. 내 남편 지금 일하고 있어야 하는 중인데. 어디 있지?

→ My husband is supposed to be working right now. Where is he?

지금 현재 해야 하는 중이니 TO 다리 다음에 BE + 잉으로 연결한 거죠. 정말 다양한 기둥들이 퍼즐처럼 엮이는 것 보이시나요? 좀 더 만들어볼게요.

상황) 사장님이 일을 맡겼는데 정확히 어떤 걸 해야 하는 건지 모르겠어요. 그냥 아무거나 하나 골라서 시작합니다. 그러자 옆에 있던 동료가 물어봅니다.

#우리 이거 해야 하는 거 맞아?

이거 하는 것이 맞느냐는 거죠? 질문이니까 기둥 앞에만 뒤집으면 됩니다.

→ Are we supposed to do this?

똑같은 상황.

#우리 이거 하고 있어야 하는 거 맞아?

지금 이것을 하고 있는 중이어야 하느냐고 물을 때는 마찬가지로

→ Are we supposed to be doing this?

BE + 잉으로 연결합니다. TO 다리 뒤는 두비가 오니 be doing도 올 수 있는 거죠.

TO 다리 뒤에는 항상
do
be
To do this?
이거 하는 중
To be doing this?
그려지는 이미지가 살짝 다름

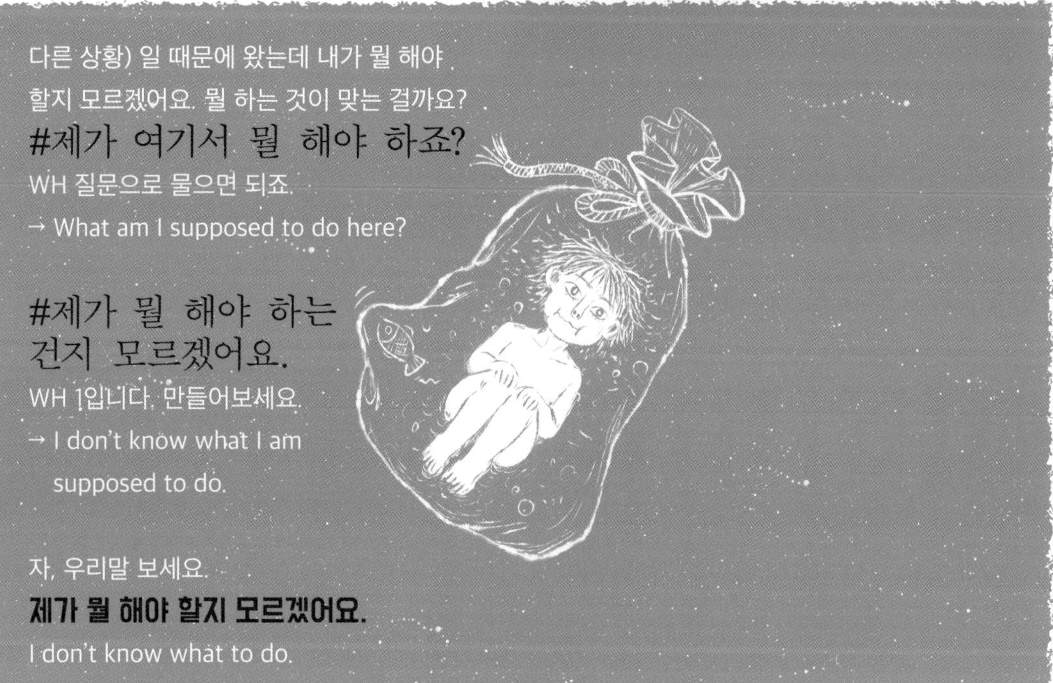

다른 상황) 일 때문에 왔는데 내가 뭘 해야 할지 모르겠어요. 뭘 하는 것이 맞는 걸까요?

#제가 여기서 뭘 해야 하죠?

WH 질문으로 물으면 되죠.

→ What am I supposed to do here?

#제가 뭘 해야 하는 건지 모르겠어요.

WH 1입니다. 만들어보세요.

→ I don't know what I am supposed to do.

자, 우리말 보세요.

제가 뭘 해야 할지 모르겠어요.

I don't know what to do.

영어 표현의 차이를 보면 what to do는 지금 이후에 뭘 해야 할지 모르겠다는 거고, what I am supposed to do는 옳은 것을 해야 하는데 그것이 무엇인지 모르겠다는 겁니다. suppose가 나오면서 다른 사람들의 기대가 들어가는 거죠. 그런데 우리말에서는 둘의 차이가 크게 느껴지지 않죠? '해야 하는 건지', 거의 이 정도 수준이죠. 그래서 느낌으로 익히는 것이 중요합니다.

상황을 좀 더 상상해보죠.

상황) 나한테 설명도 해주지 않고서, 당연히 내가 알아야 했던 것처럼 상대가 화를 냅니다.

#A: 네가 날 도와줬었어야지! (그래야 되는 거였지.)

→ You were supposed to help me!

#B: 네가 안 물어봤잖아.

→ You did not ask me!

상황) 엄청난 양의 일거리가 있는데 다들 제가 해낼 수 있을 거라며 모든 일을 맡겼습니다.

#나보고 이거 할 시간을 어떻게 찾으라는 거야?

사람들은 내가 시간을 찾을 거라 추측하지만, 난 그 방법을 모르는 거죠. How~

→ How am I supposed to find the time to do this?

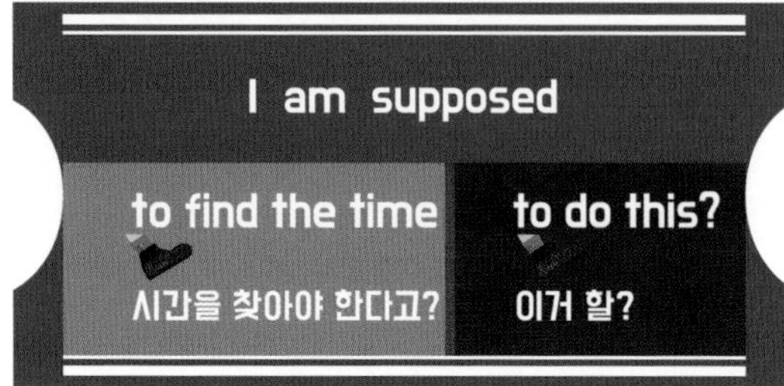
I am supposed
to find the time
시간을 찾아야 한다고?
to do this?
이거 할?

기본적인 느낌을 알면 복잡하지 않습니다. 이제 연습장에서 지금과 비슷한 상황만을 두고 반복해 보세요. 당연히 초반에는 말이 잘 나오지 않지만 연습하다 보면 어느 순간 툭 나온답니다. 외국어를 학습할 때는 접하면서 직접 만들어보는 연습을 우습게 생각하면 안 됩니다. 계속 시도하세요!

연습

do
be
extra

상황) 영화 〈캐리비안의 해적〉 중 한 장면입니다.

#Pintel: 넌 죽었어야 하잖아!

dead

.... You're supposed to be dead!

#Jack Sparrow: 나 안 죽었어?

.... Am I not (dead)?

#스턴트맨: 이걸 나보고 어떻게 하라는 거지?

How am I supposed to do this?

#이해가 안 돼! 그럼 새 학생은 규칙을 마술 부리듯이
알아야 되는 거야?

get / rules / magical / know

I don't get it! So a new student is supposed to know the rules magically?

상황) 믿었던 친구가 상대방 편을 들었습니다.

#넌 내 편이었어야지! (그래야 되는 거지!)

side

You were supposed to be on my side!

#너 그거 혼자 하고 있어야 되는 거 맞아? (다들 그렇게
생각해?) 그거 매우 위험해 보이는데!

dangerous

Are you supposed to be doing that alone? It looks very dangerous!

#제 친구가 우울해합니다. 제가 뭘 해야 하나요,
친구로서?

depress

My friend is depressed. What am I supposed to do as a friend?

#내가 리더로서 뭘 해야 되는지 알지만, 확신이 없어,
내가 할 수 있을지.

leader / sure

I know what I am supposed to do as a leader, but I'm not sure if I can.

아이디어가 떠올라 뭔가를 열심히 만들었는데 생각했던 대로 작동되거나 진행되질 않아요. go가 제대로 안 되는 겁니다.

#A: 이렇게 돼야 되는 게 아닌데. (진행되는 게 아닌데.)

→ It's not supposed to go like this.

그때 옆에서 누가 묻습니다.

#B: 어떻게 됐어야 했는데?

→ How was it supposed to go?

같은 말을 다르게 물어볼까요?

#무슨 일이 일어났어야 했는데?

→ What was supposed to happen?

WH 주어로 질문한 거죠.

자! 다음을 이미지로 그리면서 잘 만들어보세요.

#A: 어, 먼저 이건 이리로 가야 하고, 저건 저렇게 되면 안 되는 거였고.

→ Well, first, this is supposed to go here, and that was not supposed to be like that.

상황) 디자인을 하는데, 색이 잘못 들어갔어요.

#이거 수정될 거예요.

> edit <

→ This will be edited.

그런데 시간이 지나고 봐도 똑같습니다.

#이거 원래 수정되었어야 했는데.

과거에 이미 edited 되어 있었어야 한다는 거죠?

→ This was supposed to be edited.

suppose to는 우리말에서 확실히 숨어 있는 느낌이 들죠? 그러니 이제 여기 나온 예문으로만 반복 연습해서 먼저 친근해지세요.

그럼 BE + pp 기둥의 마지막 문장을 읽어보죠.
살짝 cheesy 하긴 한데, 영어 초반에 쉽게 접하는 귀여운 글귀입니다.
직접 만들어보세요.

#어제는 역사이고, 내일은 미스터리다.

> history / mystery <

→ Yesterday is history, tomorrow is a mystery.

#하지만 오늘은 선물이다.

> gift <

→ But today is a gift.

#That is why it is called the 'present'.

그것이 = 불리는 이유다 'present'라고.

'현재'를 영어로 present라고 하죠. present의 또 다른 뜻은 '선물'.
gift와 연결해서 만든 글귀랍니다.
'오늘'은 당신에게 주어진 선물이니,
오늘을 마음껏 자신이 원하는 대로 만들라는 뜻이죠.

자! 드디어 14번 기둥을 끝내셨습니다. 큰 고비 넘긴 겁니다! 수고하셨어요!
이제 아주 수월한 내리막길이 연달아 나올 겁니다.
편하게 룰루랄라 가면서 앞에 공부한 것들까지 같이 탄탄하게 자기 것으로 만들 수 있게 될 겁니다.

이제 14마리의 말을 손에 잡으신 겁니다.
되돌아보면 얼마 전에 한 마리 한 마리 손에 넣기 시작한 것 같은데 벌써 거의 다 잡으셨네요.

다음 기둥부터는 쉬운 기둥들이 내리 나오니 이것저것 구경하면서 비평도 하고 박수도 치고 "절대 안 돼!"라는 낙인도 찍으면서 갈 겁니다. 재미있을 거예요.
그럼 다음 트랙은 심사위원이 된 기분으로 들어오세요.

SHOULD 기둥

15

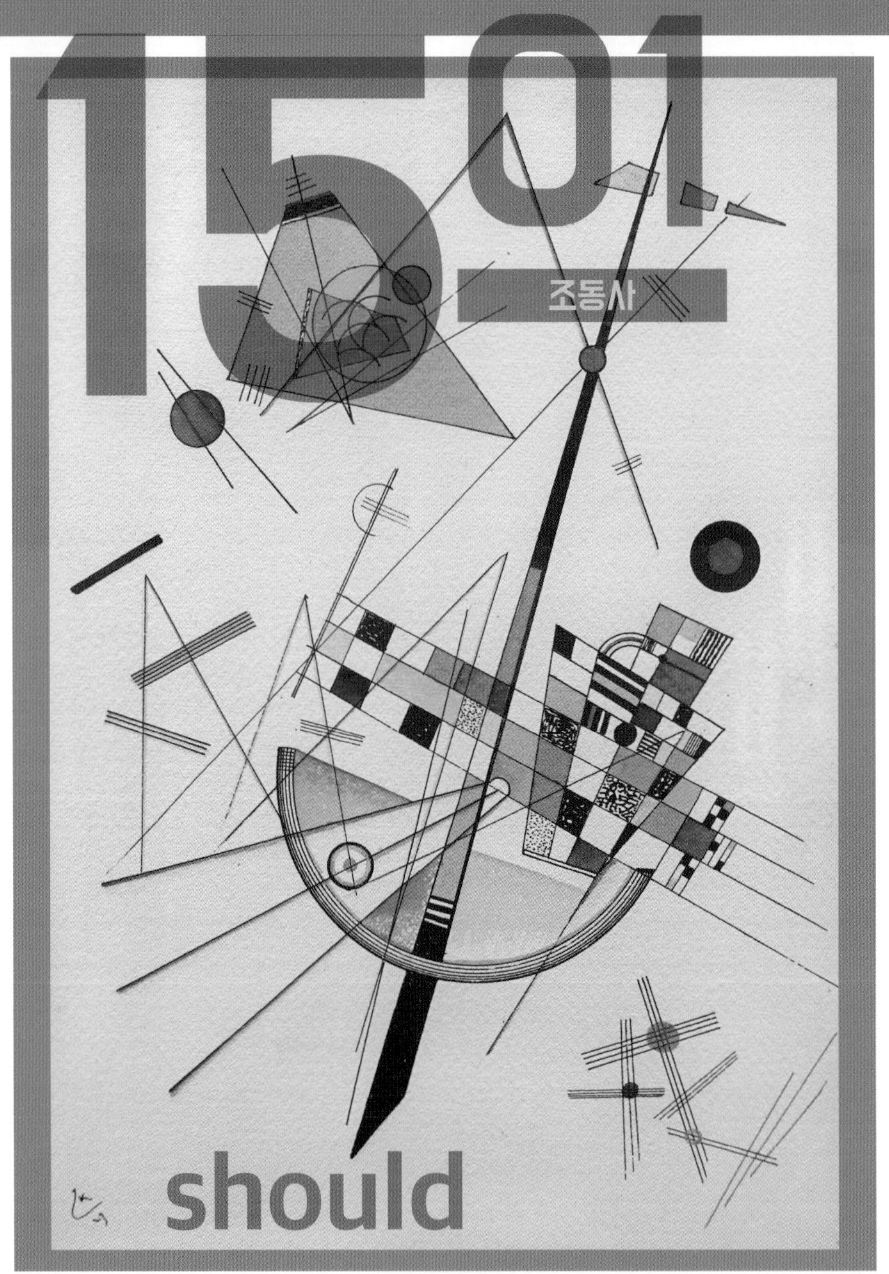

15번 기둥 트랙에 들어오셨습니다. 배우는 데 그치지 않고 익히는 연습까지 진행하니 시간이 걸리죠? 배운 기둥들을 다양하게 엮는 것을 연습해야 고급 영어 구조까지 구사하게 됩니다.

급한 분은 short cut, 지름길로 가셔도 돼요. 하지만 시간이 나면 꼭 되돌아가서 모든 스텝을 밟아보세요. 여러분은 이 코스 안에 있는 가장 어려운 기둥 2개를 이미 넘기셨습니다. 이제부터는 수월한 기둥들이 시리즈로 나옵니다. 그럼 들어가보죠. 15번 기둥은 아주 쉬운 기둥이에요!

영어는 존댓말이 없지만 그렇다고 예의가 없는 것은 아니라고 했습니다. 가족 사이에서도 'please'나 'thank you'를 자주 표현하며 부탁할 때는 아이에게도 CAN 기둥이 아닌 COULD 기둥으로 강도를 더 낮춰 쓰는 경우도 태반입니다. 영어는 이렇게 기둥을 강도로 나누면서 강약을 정할 수 있는 언어입니다.

상대에게 조심해야 할 말일수록 강약은 중요합니다. 그렇죠?
부탁 말고 사람 관계에서 조심해야 할 말의 종류는 뭐가 있을까요?
바로 상대방에게 하는 충고!
묻지 않은 사람에게 '감 놔라 대추 놔라' 하는 것은 오만하게 보일 수 있기 때문에 충고할 때는 그만큼 조심히 접근합니다.

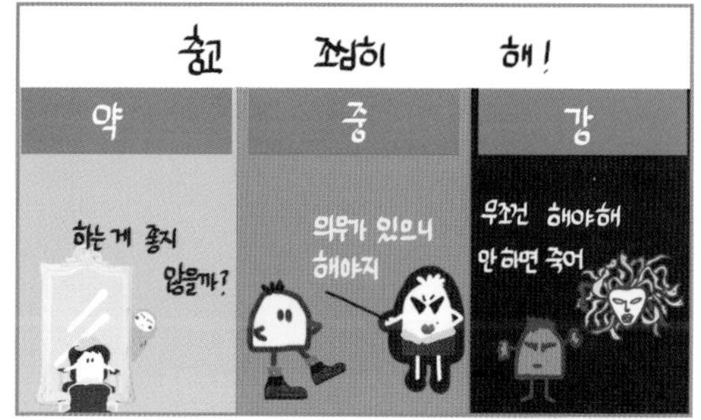

영어도 그것에 동의합니다. 충고하는 부분에서는 기둥을 3개 강도로 나눠서 분류했답니다.
약: 이거 해. 그게 좋지 않을까? 안 해도 되지만.
중: 이거 너 해야 해. 그럴 의무가 있잖아.
강: 이거 무조건 꼭 해야 해. 안 하면 우리 다 죽어.
이런 식으로 3가지 강도로 나뉩니다.

15, 16, 17번 트랙은 이것을 차례대로 직접 만들어보면서 자기 것으로 익힐 겁니다. 가장 부드럽게 접근하는 충고가 제일 많이 쓰이겠죠?

'이거 해야지. 이거 하는 것이 좋지 않을까? 그렇게 하는 편이 여러모로 제일 나을 것 같은데' 식의 부드럽게 제안을 말하는 기둥.
충고 중 가장 약한 느낌의 15번 기둥,
바로 **SHOULD** [슈드] 기둥입니다!
이 기둥은 가장 기본 구조여서 쉽습니다. 기둥 자리에 SHOULD만 넣어서 말하면 된답니다.

만들어볼까요?

#집에 가!

→ Go home!

집에 가야지! (그게 좋을 것 같은데.)

→ You should go home.

완전히 기본 기둥 구조죠? 기둥에 should만 바꿔치기하고 나머지는 그대로!

명령으로 말하면 그냥 내가 말한 대로 하라는 거죠. SHOULD는 그렇게 하는 것이 좋지 않겠느냐는 충고나 조언 느낌이 있습니다.

"너 자신에게 투자를 해." (그게 좋을 것 같은데.)

"게을러지지 말아야지." (게을러지지 않는 것이 좋을 듯한데.)

우리말의 다양한 변형!

그러는 게 좋겠다, 정도로 기억하면서 익숙해지세요.

당연히 나 자신에게도 말할 수 있습니다.

#네 말이 맞아, 나 집에 가야겠다. (그게 좋겠다.) 내 강아지가 기다리고 있을거야.

→ You are right. I should go home.
My puppy will be waiting for me.

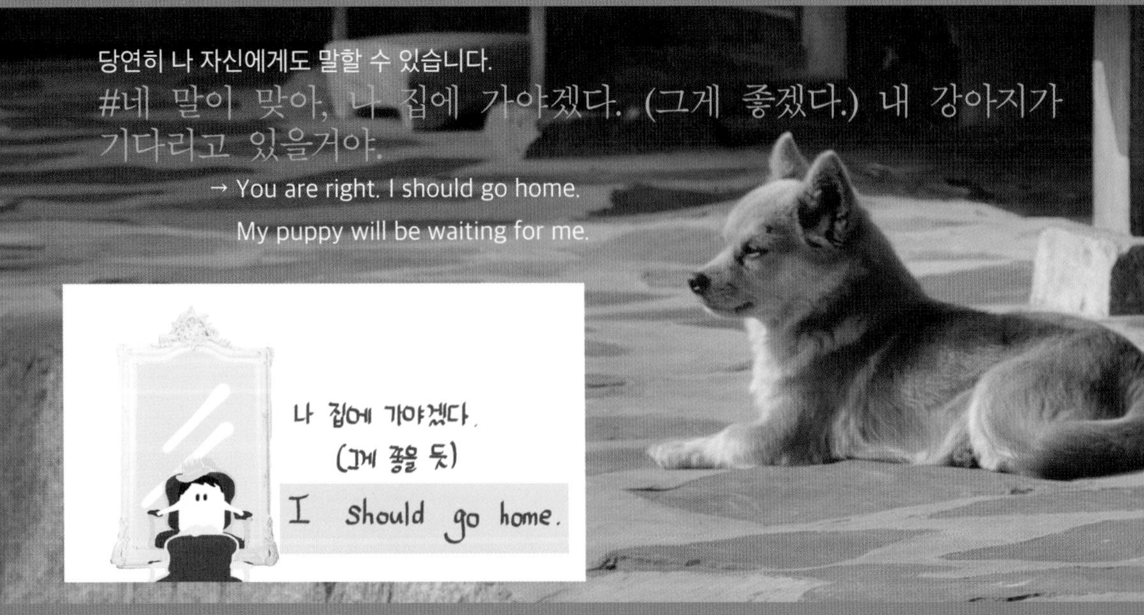
나 집에 가야겠다.
(그게 좋을 듯)
I should go home.

기둥 섞어서 대화해보죠.

상황) 아프다던 친구가 밖에 나왔습니다.

#A: 너 정말 그리 좋아 보이지 않네. 배 아픈 거야?

> good / stomachache=복통 <

→ You really don't look so good. Is it a stomachache?

#배탈 났어?

> upset stomach=배탈 <

"감기 걸렸어?" 할 때처럼 "Do you have~"로 물어보세요.

→ Do you have an upset stomach?

#B: 몰라, 그냥 메스꺼워.

> nauseous [노셔스]=메스꺼운 <

→ I don't know. I just feel nauseous.

#A: 그럼 집에 있으면서 쉬어. (그게 좋을 것 같아.)

→ Then you should stay home and rest.

#B: 아니, 조금 심각한 것 같아.

> serious [씨*리어스] <

→ No, I think it's little serious.

#A: 그래? 그럼 병원에 가야지! 내가 데려다줄게.

→ Yes? Then you should go to a hospital! I will take you.

"병원에 가는 것이 **좋을 것 같은데~~**" 이 말을 영어로 그대로 풀면
"It would be better for you go to a hospital"이 됩니다.
잘 쓰는 말이긴 하지만 좀 더 충고적인 느낌은 SHOULD 기둥! 더 간단하죠?

이번엔 괄호 없이 충고의 느낌을 기억하면서 만들어보세요.

#C: 걔(남) 아직도 병원에 있어.

→ He is still at the hospital.

#D: 우리 병문안 가봐야겠네.

> '병문안 가다' 간단하게, visit him <

→ We should visit him.

다음 대화는 일부러 ly를 넣었으니까 잘 생각하면서 만들어보세요.

#저분은 운전을 무모하게 하시네.

> reckless [*렉클러스] <

→ He drives recklessly.

#누구 다치게 할 수도 있겠어.

> hurt <

→ He might hurt somebody. / He could hurt somebody.

#더 조심히 운전하셔야지.

> careful <

→ He should drive more carefully.

SHOULD 기둥이 아무리 약해도 여전히 상대가 하기 싫어할 행동을 하라고 할 때는 조심해야 해요. 그래서 상대방이 예민한 표정을 짓기 시작하면, 간단하게.

그냥 내 생각이야.

우리도 이런 말 쓰죠. 영어로?
It's just~ thought라 말한 분 계시죠?

영어는 **'생각'**에 대해서도 자세하게 분류해서 나눴다고 했습니다.
"난 생각이 많아"가 thought이고 위에서의 내 생각은 의견이죠. 영어에서는 이 차이가 확실히 정해져 있습니다. '의견'은 영어로 opinion [오'피니언]입니다.

우리말은 들어보면 머리에서 이루어지는 것을 대부분 '생각' 한 단어로 표현합니다.
하지만 영어는 평상시 대화에서도 의견과 생각을 카테고리대로 나눠 말합니다. 다르게 말해도 이해는 되니 걱정은 마세요. 그래도 배우는 과정이니까 적용해서 직접 말해보세요.

#그냥 내 생각이야. (의견)

→ It's just my opinion.

이번엔 좀 더 꼬아보죠. 누군가의 대화를 몰래 들으며 통역해볼게요. 천천히 만들면서 가이드와 비교해보세요.

#A: 내 아내가 바람을 피웠는데, 우리 부모님은 내가 용서하는 것이 좋을 것 같다고 말씀하셔.

> wife / cheat / forgive / tell <

→ My wife cheated on me, and my parents are telling me that I should forgive her.

그러자 와이프를 잘 아는 친구가 말합니다.

#B: 용서해주는 게 좋을 것 같아.

→ You should forgive her.

#그냥 내 의견이야.

→ It's just my opinion.

#A: 넌 그러겠냐?

→ Would you?

"Will you?"는 실제 미래죠? "너라면 그러겠냐?"라고 가상으로 간 것이니 WILL 기둥을 낮춰준 거죠.

#너라면 그럴 수 있겠냐? 할 수 있겠냐? 이렇게 되물으려면

→ Could you?

친구가 말합니다.

#B: You should hear her out.

듣는 게 좋지 않겠느냐는 충고를 하는데, out이 왜 나올까요?
이건 말을 끝까지 들어봐주라는 겁니다.
다 out 될 때까지 들어주는 거죠.

#먼저 네 아내 말을 다 들어봐.

→ You should hear her out first.

그러자 남자가 대답합니다.

A: 말이야 쉽지!

→ It's easy to say! 이렇게 풀어서 말해도 되고, 실제 자주 쓰는 말이 있답니다.

→ It's easier said than done.

It's done → 했다! BE + pp죠? 누군가 한 거죠.
It's said → 말했다! 누군가 말을 한 거고요.
It's easier said → 말을 하는 것이 더 쉽다, **than done** 하는 것보다!

행동이 어렵지 누구나 말하기는 쉽잖아요.
"그거 다 됐어?"가 "Is that done?"이었죠?
실천하기 어려운 것을 누군가 쉬운 것처럼 다른 이에게 충고할 땐 이렇게 잘 반응합니다.
It's easier said than done! 그럼 계속 기둥 섞어서 만들어보세요.

#A: 같은 방에 있지도 못하겠어.

→ I can't even be in the same room with her.

#B: 그래도 내 생각에는 여전히 노력은 해봐야 할 것 같아.

→ But I think you should still try.

자! SHOULD 기둥 정리: '그러는 게 좋을 거다'라는 조언 기둥.
기둥이 쉬워 다른 기둥들도 대화에 넣어 복습했습니다.
조언을 할 때는 계속 SHOULD 기둥 느낌을 생각하면서 연습장에서 만들어보세요.

연습

#A: 속도를 줄이지, 스쿨존에서 운전할 때는.

slow down / school zone

.... You should slow down when you are driving in a school zone.

#애들이 그냥 튀어나올 수도 있잖아. (낮지만 그럴 가능성 있음)

jump out

.... Kids could just jump out.

#댁 애견을 훈련시키셔야겠네요.

train=훈련시키다

.... You should train your dog.

#넌 정말 담배 좀 끊어야 돼. (좋을 거 같아.) 그냥 내 의견이야.

.... You really should stop(quit) smoking. It's just my opinion.

#선물을 받았다는 것에 행복해해야지. 난 아무것도 안 받았는데.

gift

You should be happy that you got a gift. I didn't get anything.

#너희들 뭐 하니? 너희 야구경기에서 와인 마시는 거야? 맥주를 마시고 있어야지!

ball game=야구경기 / wine / beer

What are you guys doing? Are you drinking wine at a ball game? You should be drinking beer.

#너 이맘때는 가족이랑 있어야지.

이맘때=at this time of year

You should be with your family at this time of year.

#저분들이 말하고 있는 걸 믿는 게 좋을 거야.

Hint: WH 1 있죠? / say / trust

You should trust what they are saying.

#저분들 자신들이 뭘 하고 있는지 정확히 알고 있어.

Hint: 저분들 뭐 하고 있어? / exact / know

They know exactly what they are doing.

#내 생각에 인종차별은 불법이어야 돼.

racism [*레이씨즘]=인종차별 / illegal [일리걸]=불법

I think (that) racism should be illegal.

상황) 놀러 나가면서 집에 있는 동생에게 말합니다.

#따라오지. 재미있을 텐데. (약함)

come along / fun

You should come along. It would be fun.

#친구들을 다 저녁에 초대해야 할 것 같아. (그게 좋을 듯)

We should invite all our friends to dinner.

'생각'

이 생각 저 생각 들 때 사용하는 → thought
뭔가에 대한 의견, 생각은 → opinion
전에 없던 새로운 것을 생각해낸 그 '생각'은? 영어로 → idea라고 하죠.

상황) 누군가 회사 문제를 해결할 좋은 생각을 냈습니다.

#그 생각 좋군!

여기서 '생각'은 idea!
→ That idea is good!

그 생각으로 밀고 나가야겠어!

누가 밀고 나가요? 회사니까, We ~
그렇게 하는 게 좋겠다는 것이니 should.

do be **밀고 나가다.** 진행하겠다는 거죠, continue [컨티뉴].

extra 우리만 갑니까? 이 아이디어와 같이 가는 겁니다. 껌딱지 연결한 후 말해줘야죠.

→ We should continue with that idea!

그러자 옆에서 누군가 반대 의견을 냅니다.

#B: 제 생각에는, 그 길은 안전하지 않은 것 같은데요.

→ I think that way doesn't sound safe. 이렇게 말해도 되고,
→ **In my opinion,** that way doesn't sound safe.
내 의견이라고 하면서 생각과 구별한 겁니다.

이제 SHOULD 기둥으로 원맨쇼를 하듯
조언하는 것을 연습해보세요!

15 02

접속사

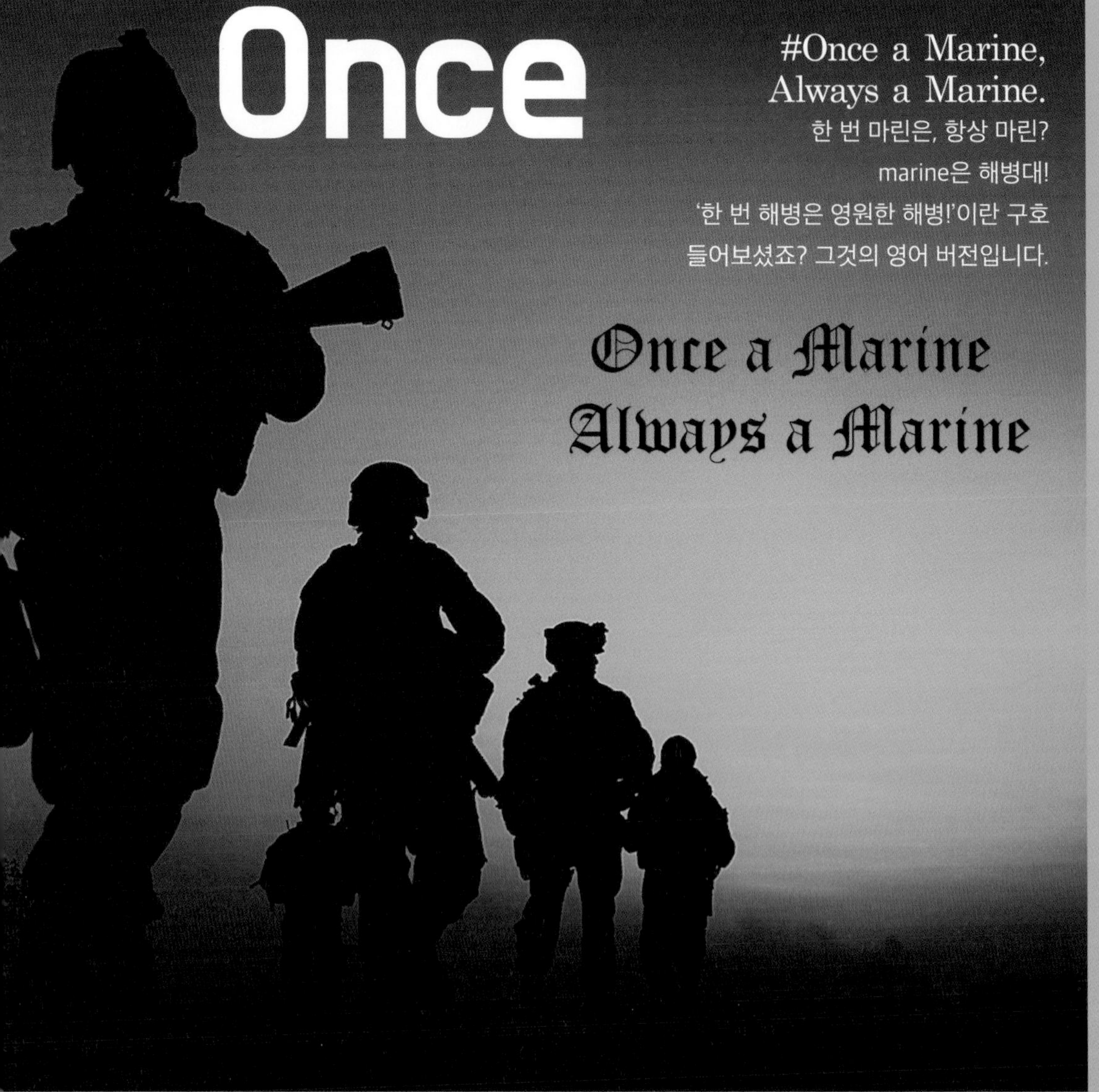
Once
#Once a Marine,
Always a Marine.
한 번 마린은, 항상 마린?
marine은 해병대!
'한 번 해병은 영원한 해병!'이란 구호
들어보셨죠? 그것의 영어 버전입니다.
Once a Marine
Always a Marine

MailOnline News

Daily Mail

'Once a Marine, always a Marine', says UK's top commando as he backs killer sergeant and survey shows public also support him

By IAN DRURY FOR THE DAILY MAIL

PUBLISHED: 19:09 GMT, 17 November 2013 | **UPDATED:** 19:14 GMT, 17 November 2013

'Our mantra of "once a marine, always a marine" is not conditional.'

영국 타블로이드 신문 《Daily Mail》의 기사를 읽어보죠.

해병대 top commando(코만도 = 특공대)가 자신의 부하를 지지하면서 한 말입니다.

'Our mantra of "once a marine, always a marine" is not conditional.'

만트라. 우리도 접할 수 있는 말로 명상이나 기도할 때 반복해서 읊는 기도문들을 mantra라고 합니다.

우리의 만트라 "한 번 해병, 영원한 해병"은 **is not conditional** 조건부가 아니다.

conditional에서 꼬리 빼면 condition 보이세요?

컨디션에 따라 달라지는 것이 아니라는 겁니다.

우리는 '컨디션'이라고 하면 몸 상태만을 말하지만, 영어는 전체적인 상태를 말할 때 잘 사용합니다.

그럼 다시 해병대의 mantra를 봐보죠.

once, 한 번 되면 계속 해병이라는 거죠.

이제 이 느낌 그대로 재활용 들어갑니다.

다음 문장을 말해보세요.

#이 차 갖고 싶어?

→ Do you want this car?

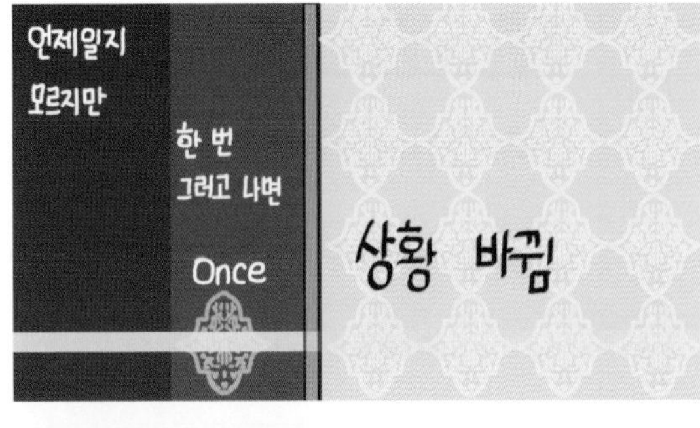

너 운전면허 시험만 패스하면, 이 차 네가 운전하고 다닐 수 있어.

보세요. 언제 패스할지는 모르는 거죠.
하지만 그 한 번의 순간이 딱 오고 나면 '그다음부터는 네가 이 차를 운전하고 다닐 수 있어'라고 바뀌는 상황을 말하고 있어요.
이럴 때 앞에 once를 리본처럼 재활용합니다.

→ Once you pass the driving test, you can drive this car.

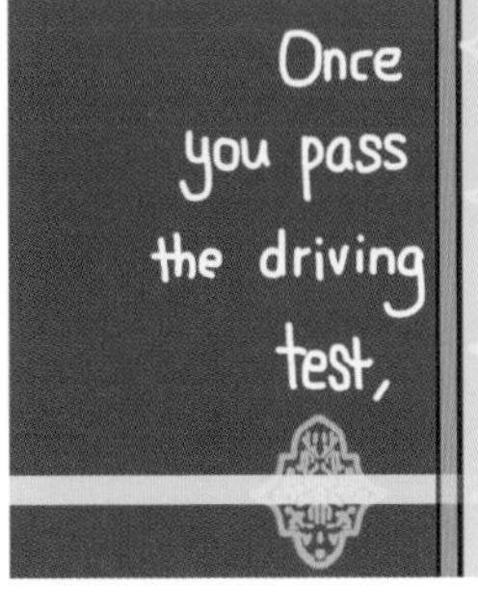

타임라인을 펼쳐서 포인트를 한 곳에 잡고.
자! 여기서 한 번 딱 되는 순간부터, 그다음에 오는 것은 다 바뀌는 거야.

지금 이건 배경부터 깔아준 거죠. 우리말은 배경을 항상 먼저 깔아주니까요. 하지만 영어는 엑스트라로 붙여서 말할 수도 있죠?

#이 차 운전해도 돼, 운전면허 시험에만 패스하고 나면.

→ You can drive this car once you pass the driving test.

간단하죠?

once 하고 DO 기둥으로 갈 때는 다른 리본처럼 언제일지 모르니 타임라인 제일 큰 기둥으로 사용한 것뿐입니다. once 대신 after나 when, if로 써도 메시지 다 전달되겠죠? 대신 once라고 하면 딱 그 한 포인트가 강조되면서 그 이후가 바뀔 거다, 느낌이 같이 전달되는 겁니다.

이렇게 다양한 리본들을 배운다는 것은 여러분 레벨이 그만큼 올라간 겁니다. 리본 방식은 다 같으니까 once 감만 키우는 데 집중하면 됩니다. 다음 문장을 만들어보세요.

#지금 여러분이 저를 지지하지 않는다는 것을 압니다.
> support <
→ I know that you do not support me right now.

#하지만 제가 한 번 설명을 드리고 나면, 저의 결정을 지지해주게 되실 겁니다.
> explain [익'스플레인] / decision [디'씨젼] <
But once~ 한 후 기둥 문장 다 붙여주면 되는 거죠.
I explain, 한 번 그러고 나면 그다음부터는 뭐죠?
You would support my decision.
확실치 않으니 WILL보다 내려서 WOULD 기둥으로.
→ But once I explain, you would support my decision.

강하게, #제 결정을 지지하게 될 겁니다.
말하려면
→ Once I explain, you will support my decision.
→ Once I explain, you are gonna support my decision.

#지지하고 싶게 될 겁니다. 이렇게도 말해볼까요?
→ Once I explain, you will want to support my decision.
어떤 기둥으로 갈 것이냐는 여러분의 선택입니다.

우리말과 비슷하게 리본을 배경 위치로 계속 빼고 있죠? 당연히 말할 때는 뒤로 가도 됩니다.
#제 결정을 지지하게 되실 겁니다.
→ You will support my decision.
#제 설명을 끝까지 한 번만 들어보시면요.
→ Once you hear me out.
hear me out, 앞에서 봤죠? (스텝 15[01])

계속 만들어보죠.

상황) 클럽에 아는 사람이 멤버로 들어왔습니다.

#클럽에 들어왔네! 환영한다!

'들어왔네'에서 came은 몸으로 왔다는 느낌이 강하고, 지금 이것은 이미 상태가 안에 있는 거죠.

→ You are in the club! Welcome!

#Once you are in, there is no way out.

한 번 네가 안에 있으면 / 길은 없다 / 나가는 길은.
한 번 들어오면, 못 나간다. 이런 말입니다.

#한 번 들어오면 나가는 길은 없어.

→ Once you are in, there's no way out.

'한 번'이란 말과 연결하면 좀 더 쉽죠? 또 만들어볼게요.

#너의 목숨을 소중히 여겨!

> cherish는 '아주 소중히 아끼다'에 사용합니다. <

→ Cherish your life!

#한 번 죽으면, 죽은 거야!

> dead <

→ Once you are dead, you are dead!

또 '한 번'으로 예문을 드렸다고 그렇게만 외우려 하면 안 된다는 것 알죠? 느낌을 기억해야지, 단어로만 연결해서 외우면 응용력이 약해집니다. 이제 말 안 해도 우리말의 특징 알잖아요.
사전에 나오는 것부터 볼까요?

once만 봐도 변형이
-한 번 그러면
-일단 하고 나면
-할 때
-하면
-하자마자

이것 말고도 더 있을 수 있습니다.

하지만 영어는 once가 다예요. 영어를 할 줄 아는 많은 사람이 저 말을 다 기억해서 말하는 게 아닙니다. 다 똑같은 하나의 감으로 사용하는 것이라고 했죠?

다음 두 문장은 영어의 once로는 같은 느낌이지만 우리말로는 다르게 보입니다.

#한 번 그녀를 보고 나면, 잊기가 힘들어.

> forget / difficult <

→ Once you see her, it's difficult to forget her.

#물 차갑냐고? 아니, 일단 들어오면, 괜찮아!

→ Is the water cold? No, once you are in, it's fine!

어이가 없죠? 그래서 once의 느낌을 기억하셔야 합니다. 지금까지 배운 방식대로 하면 됩니다! 하지만 once 리본을 모른다고 해도 여러분이 이 메시지를 전달하는 데는 이제 큰 문제가 없을 겁니다. 다음 문장들로 계속 만들어보세요.

#물 차갑냐고? 먼저 들어와봐! 괜찮아져!

→ Is the water cold? Just come in first. It gets fine!

#물 차갑냐고? 처음만.

→ Is the water cold? Only at first.

#물 차갑냐고? 아니. 몇 초 후면, 괜찮아.

→ Is the water cold? No. After few seconds, it's fine.

#물 차갑냐고? 아기처럼 굴지 말고, 그냥 들어와.

→ Is the water cold? Stop being a baby. Just come in!

결론: 물 차갑냐? 아니다. 들어와라.

외국어에서는 메시지 전달이 가장 중요하잖아요. 익숙해지면 문장을 꼬아보면서 말을 꾸미게 됩니다. once도 많이 사용하니 이제 연습장에서 직접 만들어보세요.

연습

#이 협상은 중요해. 저들이 (한 번) 망설이기만 하면, 이 딜은 우리 것이 될 거야.

negotiation [네고씨'에이션]=협상 / hesitate [헤씨테이트]=망설이다

This negotiation is important. Once they hesitate, this deal will be ours.

#난 한 번 시작하면, 못 멈춰.

Once I start, I can't stop.

#고객님들은 저희의 가치를 알게 되면(깨달으면) 전부 돌아온답니다.

customer [커스터머]=고객 / value [*발류]=가치 / realise [*리얼라이즈]

Once customers realise our value, they all come back.

#A: 모든 것이 바뀔 겁니다, 한 번 당선만 되시면요.

change / elect

Everything will change once you get elected.

#B: 그래. 한 번 당선되기만 하면, 날 멈추려 하는 자는 아무도 없을 거야.

Hint: WH 열차입니다.

Yes. Once I'm elected, there will be nobody who will stop me.

#영재들이 성장해버리고 나면 그들에게 무슨 일이 일어나죠?

child genius [지니어스]=영재 / grow up

Once (When) child geniuses grow up, what happens to them?

#우리가 일단 첫 골을 넣으면, 나머지는 쉬울 겁니다. (확신이 낮음)

goal / score=득점을 올리다 / rest / easy

Once we score the first goal, the rest would be easy.

#우리가 한 번 잃으면, 게임은 끝이야. 그러니 집중해!

lose / over / focus

Once we lose, the game is over. So focus!

복잡하지 않았죠? 마지막으로 리본 말고 그냥 once 단어를 사용해 문장 만들고 정리하죠.
새로운 것 배웠다고 원래 알던 것을 잊어버리면 안 되겠죠?
애니메이션 〈드래곤 길들이기〉 속 대사입니다. 아들이 아버지에게 외칩니다.

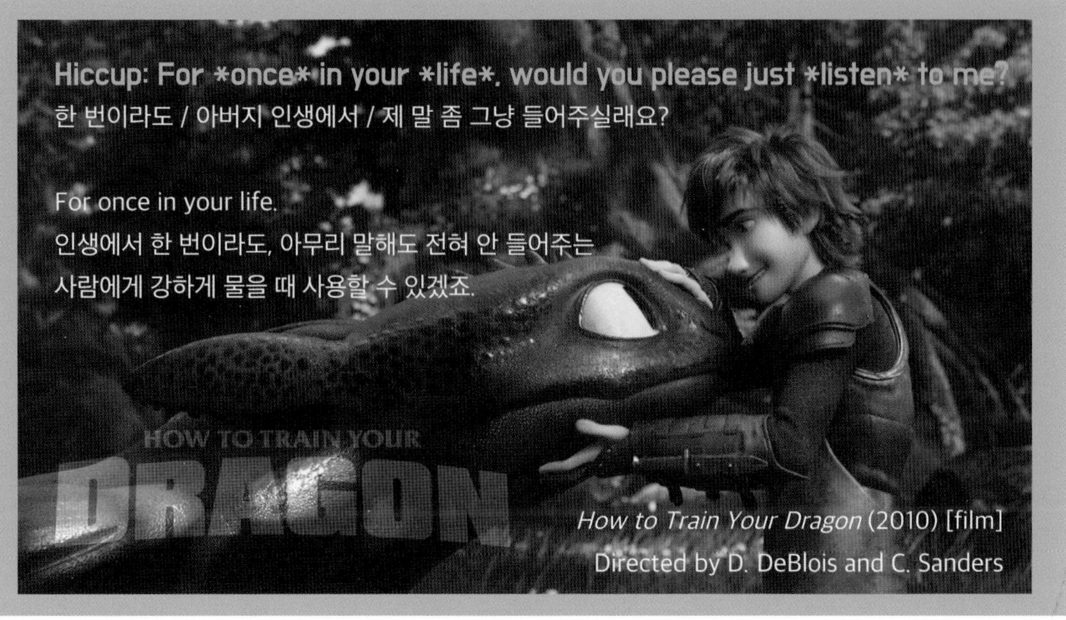

Hiccup: For *once* in your *life*, would you please just *listen* to me?
한 번이라도 / 아버지 인생에서 / 제 말 좀 그냥 들어주실래요?
For once in your life.
인생에서 한 번이라도, 아무리 말해도 전혀 안 들어주는
사람에게 강하게 물을 때 사용할 수 있겠죠.
HOW TO TRAIN YOUR
DRAGON

How to Train Your Dragon (2010) [film]
Directed by D. DeBlois and C. Sanders

#살면서 한 번이라도 양말 좀 주워서 빨래통에 넣어줄래?

> socks / pick up / laundry basket [론드*리 바스켓] <

→ For once in your life, would you pick up your socks and put them in the laundry basket?

애니메이션/영화/드라마 등을 보면서 영어 대화를 자주 접하는 것은 매우 중요하며 작품의 영어 난이도를 알고 접하면 훨씬 더 수월합니다. TV에서 방영되는 번역들도 아쉬운 것이 많답니다.
직접 자신이 영어 대본을 읽어보면 훨씬 재미있게 접할 수 있어요. 어떤 영상이든 구글에 영어 제목과 script(대본)나 transcript를 타이핑 해보면 끝없는 자료들이 무료로 올라와 있습니다.
이것과 관련해서는 좀 더 진행하면서 소개해드리죠.

#항상 구글 해보세요. (그렇게 하세요.)

→ You should always google.

#한 번 익숙해지고 나면, 쉬워질 겁니다.

통째로: get used to (스텝 14[11])

→ Once you get used to it, it will get easier.

그럼 한 번 하면 바뀔 것들을 생각하면서 once를 넣어 다양한 문장을 만들어보세요!

fewer less

#더! 더!

More! More! (스텝 06[22] 참조)

'더'라는 단어는 다양하게 재활용되어 여러 스텝을 통해 접할 수 있었습니다.

more / most (스텝 07[14])

more than (스텝 06[22])

any more (스텝 11[05])

그럼 이번엔 반대로

덜! 덜!

이번 스텝에서 배울 것입니다. 영어로

less [레스]!

more는 많이 쓰지만 이 less는 상대적으로 덜 쓰여서 늦게 나왔습니다.

디자인 분야에 이런 말이 있습니다.

#Less is more!

덜 한 것이 더 한 것이다? 적을수록 더 많다,
무슨 뜻일까요?
디자인에서는 덜 복잡할수록 더 좋다는 뜻으로
쓰인다고 합니다.

#심플함이 이긴다. 같은 식이죠.
영어로?

> simplicity [심플리씨티] / win <

→ Simplicity wins.

DOES 기둥입니다.

more를 했으니까 less는 식은 죽 먹기일 겁니다. 만들어보죠.

#A: 이거 왜 이렇게 비싸죠?

→ Why is this so expensive?

#B: 이거 보세요. 이쪽 건 덜 비싸네요.

→ Look at this! This one is less expensive.

more에서 벽돌 바꿔치기하면 되는 거죠?
더 만들어보세요.

This one is so expensive!

This one is less expensive!

#내 친구(여)는 돈은 예전보다 덜 있는데, 지금이 더 행복해 보여.

→ My friend has less money than before, but she looks happier now.

지금까지 배운 것이 잘 쌓였으면 어렵지 않을 겁니다.

#이거 우리 왜 사? 이게 비용이 더 들어!

> cost <

→ Why are we getting this? This costs more!

#어, 잠깐! 아니다!

→ No, wait! 혹은 No, it's not!

자기가 한 말을 취소할 때 잘 쓰는 말 하나 더 알려드릴게요.

#I take it back!

왜 take it back인지 보이죠?

#이게 (정정하며) 비용이 덜 든다!

→ This actually costs less!

#우리 이거 사는 게 좋겠다!

→ We should get this!

어렵지 않죠? 그럼 연습장에서 만들어보세요.

연습

상황) 산에 고립된 두 사람이 있습니다.

#내가 덜 먹을게. 네가 더 먹어야지. (그래야 돼.)

.... I will eat less. You should eat more.

#내가 너보다 에너지가 덜 필요하잖아.

energy

.... I need less energy than you do.

#이것은 내가 예상했던 것보다 더 심각하네.

expect=예상하다 / serious [씨*리어스]

.... This is more serious than I expected.

#치과치료가 내가 예상했던 것보다 덜 아팠어.

dental treatment / painful=아픈, 고통스러운

Dental treatment was less
.... painful than I expected.

#방 치웠어? 깨끗하진 않지만 그래도 덜 지저분하게는 보이네.

tidy up / clean / messy=지저분한

Did you tidy up the room? It's not clean,
.... but it does look less messy.

#이거 한 번밖에 안 했는데 벌써 덜 피곤해.

tire

I did this only once, but
.... I am already less tired.

#이거 하는 것이 춤추는 것보단 덜 수치스러울 수 있잖아.

humiliate [휴'밀리에이트]=굴욕감을 주다

Doing this could be less
.... humiliating than dancing.

#기억해! 술은 덜 마시고 담배는 끊는다.

remember / quit

.... Remember! Drink less and quit smoking.

#컴퓨터에 시간을 덜 보내고 자녀와 시간을 더 보내셔야죠.

time / spend / children

.... You should spend less time on your computer and more time with your children.

#네가 죄책감을 덜 느끼려고 지금 그렇게 말하는 거잖아!

Hint: TO 다리 / guilty [길티]=죄책감이 드는 / feel / say

.... You are only saying that to make yourself feel less guilty.

#네가 옳았어. 난 좀 덜 옳았고.

.... You were right and I was less right.

영어는 수를 좋아해서 언어에 드러나죠?
more는 much와 many에서 온 것이고, less는 little에서 온 겁니다.

그런데 less 말고 few도 있었죠? (스텝 05[14])
양이 아니라 수가 적을 때는 few를 사용한다고 했죠.
tall에서 taller로 가는 것처럼 few에서 더 적으면 뒤에 [얼] 소리 붙여서 **fewer**로 가면 됩니다.

영어가 셀 수 있고, 셀 수 없는 것을 분류하는 데 참 애쓰죠?
그런데 실제 많은 원어민이 대부분 fewer가 아닌 less로 써버리는 경우가 많답니다. 양쪽이 다 될 때도 있거든요. 그러니 이 부분은 지금부터 고민하지 말고 fewer를 접하면 less처럼 바라보면 됩니다.
그럼 길게 모놀로그 하고 정리하죠.

#전 직장이 없어요. 지금은 가정남편이에요.
전 그게 자랑스럽죠.

job / house husband / proud=자랑스러운

I don't have a job, and now I am a house husband. I am proud of it.

#왜냐하면 저랑 제 아버지 사이에는 항상 그 특정한 거리감이 있었거든요. 전 항상 그것이 슬펐었어요.

certain distance [썰튼 디스턴스] / sad=슬픈

Because, there was always that certain distance between me and my dad. I always was sad about it.

#그래서 저는 우리 애들과의 사이에 그 같은 것을 원치 않아요.

same thing

So I don't want the same thing between me and my kids.

#애들은 금방 자라고, 그럼 자기의 삶에 바빠지겠죠.

kids / grow up / fast / life / busy

Kids will grow up fast, and they will get busy with their own lives.

#그러니 제가 할 수 있는 동안은, 최대한 많은 시간을 같이 있고 싶어요.

possible=가능한 / much time

So while I can, I want to be with them as much time as possible.

#당연히 제 와이프가 금전적으로 지원하기 위해 일하죠.
많지는 않지만 충분해요.

financially=금전적으로 / support=지원하다 / enough

Of course my wife works to support financially. It's not a lot, but it's enough.

#한 번 뭔가 이런 것을 읽은 적이 있어요. '덜 가지고, 더 살아라!' 저랑 와이프는 그 말이 좋았어요.

read / live / saying=말, 격언

I read something like this once. 'Have less! Live more!' My wife and I liked that saying.

#우리는 그냥 행복하길 원해요.

We just want to be happy.

15 04

부정문

NOT 들어갑니다. 몇 번째?
세 번째죠.
SHOULD 기둥에 NOT을 붙이면
'하지 않는 게 좋을 것 같은데. 하지 말지 그래.'
이런 제스처만 보내는 느낌이 됩니다.
그럼 바로 직접 만들어보세요.

#우리 여기 있으면 안 되는데.
→ We should not be here.
간단하죠? SHOULD 뒤에 NOT만 붙이면 됩니다.

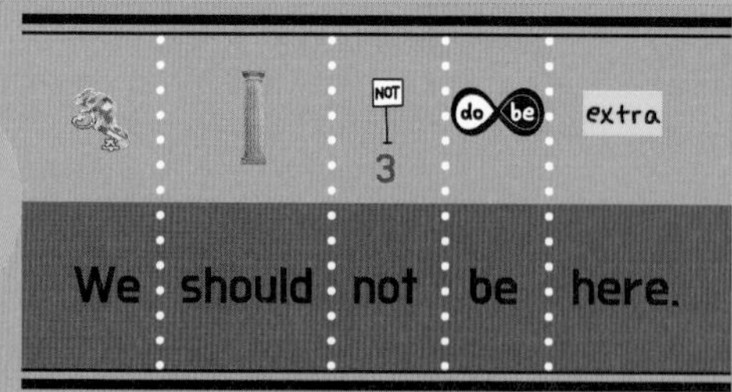

둘이 묶으면 무슨 소리가 날까요?
[슈든트]가 된답니다. I shouldn't.
→ We shouldn't be here.

#우리 정말 여기 있으면 안 되는데.
→ We really shouldn't be here.
이미 다 배운 것에 NOT만 넣는 겁니다.

#그거 하면 안 되지. (하지 말라는 것을 부드럽게)
→ You should not do that.

구조는 쉬운데 오히려 명령 기둥을 고를까, SHOULD 기둥을 고를까 고민되나요? 우리말과 다른 언어이기 때문에 '사과 = apple'처럼 문장 전체가 딱 떨어지는 번역이 없을 때도 있습니다. 그러니 딱 맞게 번역하려 하기보다는 어떤 느낌으로 말할지 여러분이 정하면 되는 겁니다.

그럼 별것도 아닌 차이를 왜 쓸데없이 많은 기둥으로 나누었느냐고요? 항상 다 비슷한 것은 아니기 때문이죠.
다음 문장을 만들어보세요.

#이거 뭐야? 이거 여기 있으면 안 되는데!

→ What is this? This should not be here!

'이게 있으면 안 되는 건데'를 "Don't be here" 하면 물건한테 말하는 거잖아요.
이렇게 다른 기둥으로는 메시지 전달이 안 될 때도 있습니다. 그럼 더 해보죠.

#엄마가 이거 보면 큰일 나!

이러면 안 된다! 그 가능성이 있으면 안 됨! 무슨 기둥이 어울릴까요? CAN 기둥.

→ Mom can't see this!

질문! 그냥 SHOULD 기둥으로 말하면 안 될까요?
됩니다!

Mom shouldn't see this! 이러면 약하게 말하는 것뿐입니다.
"엄마가 이거 보면 큰일 나!"보다 약한 것은
"엄마가 이거 보면 안 돼." 정도겠죠.
어떤 기둥을 선택하느냐는 말하는 여러분 마음대로예요.

계속 만들어보세요.

#이거 어려워?

→ Is this hard?

#이거 너한테 어려워?

→ Is this hard for you?

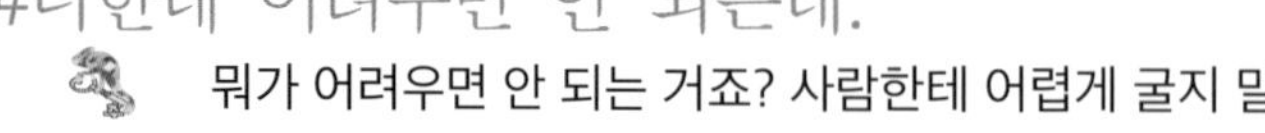

#너한테 어려우면 안 되는데.

뭐가 어려우면 안 되는 거죠? 사람한테 어렵게 굴지 말라는 것이 아니라, 이것이 어려우면 안 되는 거죠, It.
그러면 안 된다고 하니 SHOULD 기둥, shouldn't.
be hard 하고 나머지 엑스트라는 알아서!

→ It shouldn't be hard for you.

그런데 이 말을 만약 CAN'T 기둥으로 쓴다면,

#It can't be hard for you.

지금 상대가 어렵다고 했는데도 저렇게 대꾸하면,
'어려울 수 없다, 있을 수 없는 일이다'라는 뜻이 되어
'안 어려워~' 하며 상대의 말을 부정하며 무시해버리는 겁니다.

명령 기둥으로는 아예 되지가 않죠.
"Don't be hard" 하면 상대한테 hard가 되지 말라는 거잖아요.
약한 기둥이라고만 생각해서 MIGHT 기둥으로 말하면

#It might not be hard for you.

이건 "너한테는 어렵지 않을 수도 있어"라고 말하는 거죠?

그러니 모든 말이 다 하나의 기둥으로 움직일 수 있는 게 아닙니다.
'그때그때 달라요'란 식으로 외국어를 바라보면 피곤해집니다. 여러분은 자신이 말하고 싶은 메시지만 생각하고 그 말에 어울리는 기둥만 뽑아 쓰면 끝!
라면 끓일 때 파스타나 국수 등 다른 면발까지 동시에 생각 안 한다는 원칙! 중요합니다!

기본적인 SHOULD NOT 문장은 간단해서 좀 다른 것들을 설명했습니다. 그럼 NOT을 사용하는 것도 입에 익숙해질 수 있도록 연습장으로 가보죠.

연습

#우리 이 레벨 이상 올라가지 않는 게 좋을 것 같아.

.... We should not go above(beyond) this level.

상황) 외국에 이런 속담이 있습니다.

유리 집에 사는 사람들은 돌을 던져선 안 된다.

Tip: 본인도 나쁜 점이 많으면서 남의 나쁜 점을 헐뜯지 말라는 겁니다.

glass house / stone=돌 / throw [*쓰*로우]=던지다

People in glass houses shouldn't throw stones. /
People who live in glass houses
.... should not throw stones.

#난 행사에 참석 안 하는 게 좋을 것 같아.

event / attend=참석하다

.... I shouldn't attend the event.

#네가 나라면 갈 것 같아?

.... Would you go if you were me?

#너 전 애인한테는 연락하지 않는 게 좋을걸.

contact

.... You shouldn't contact your ex.

#너 자신을 구글에서 검색하는 거야?

google

.... Are you googling yourself?

#그거 잘하는 거야. 너 자신을 검색하는 게 좋을 거야
— 면접이 있다면. 면접관들은 널 검색할 거거든.

good / job interview / interviewer=면접관

That's good. You should google yourself
if you have a job interview because
.... they (interviewer) will google you.

#내일 뭐 입을 거야? 그건 안 입는 게 좋을 것 같은데.

Hint: 특별한 날이니 "for"

wear

What are you gonna wear for tomorrow?

.... You shouldn't wear that.

#거기요! 거기 안에 계시면 안 됩니다!

.... Excuse me! You shouldn't be in there!

#내가 네 친구로서 말하는데 저들 앞에서 그 말은 하지 마. (안 하는 게 좋을 거야.)

say

I'm telling you as your friend.

.... You should not say that in front of them.

#네 승진이 날 신경 쓰이게 하지 않아야 하는데 신경 쓰이네.

promotion=승진 / bother=신경 쓰이게 하다

Your promotion shouldn't bother

.... me but it does (bother me).

#이것의 중요성을 잊어버려선 안 되겠어.

importance=중요성 / forget

.... I shouldn't forget the importance of this.

#넌 정말 대화하기가 힘들어! 한 사람하고 대화하는 것이 이렇게 어려우면 안 되잖아!

talk / difficult=어려운, 힘든 / person / hard=어려운, 힘든

You are so difficult to talk to! Talking

to a person shouldn't be this hard. /

.... It shouldn't be this hard to talk to a person.

기둥을 섞으면서 어휘 늘려볼까요?

상황) 친구한테 돈을 빌려줬는데 더 이상 연락도 안 된다며 고민합니다.

#A: 그래서 이것으로 인해 친구를 잃게 될 거라 생각하세요?

> lose / think <

So do you think~ you are gonna lose your friend~ 다음에

extra **'이것으로'는?** because of this도 되고

또 잘 쓸 수 있는 껌딱지는, over this.

이미지 그려지죠? 이 상황을 지나게 되면서, over → 친구를 잃는 거죠.

→ So do you think that you are gonna lose your friend over this?

#이 말이 상투적으로 들린다는 것 아는데요.

> '상투적'은 cliché [클리'셰이] <

→ I know that this sounds cliché.

#친구한테는 돈 빌리면 안 돼요.

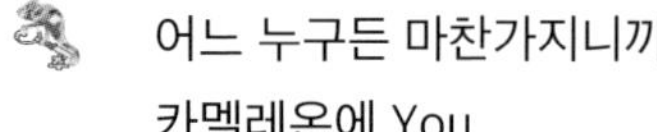

어느 누구든 마찬가지니까

카멜레온에 You.

→ You shouldn't borrow money from friends.

상대의 조언에 예의를 차리고 싶으면

#B: 제가 빌린 것은 아니지만 그래도 그쪽 말씀이 맞아요.

> borrow / right <

→ Well, I didn't borrow it, but you are right.

You are right. 이런 대꾸 잘합니다.

하지만 상대가 기분 나쁘게 조언할 때는 그런 감정도 표현할 줄 알아야겠죠!

#B: 아니요, 내가 빌린 것이 아니라 빌려줬다니까요!
> lend - lent <
→ No, I didn't borrow it! I lent it!

#그리고 말이야 쉽죠!
앞의 스텝에서 배웠는데 기억나세요?
(스텝 15[01])
→ And it's easier said than done!
감정 실어서 말하세요.

#A: 아, 제가 기분 나쁘게 하려고 한 말은 아니에요.
> upset / mean <
그런 의도가 아니었던 거죠. mean 많이 씁니다.
→ I didn't mean to upset you.

그냥 염려가 되었어요.

누가? 저죠. I was
'염려가 되다' concerned [컨'선~드].
concern. '영향을 미치다, 관련되다'라는 뜻입니다. 이 단어를 pp로 넣어 "I was concerned" 하면, '제가 연결된 것처럼 영향을 받았었다'고 말하는 겁니다. 우리말로 "염려가 되어서요"인 거죠.
→ I was just concerned.

이건 당신이랑 관련 없거든요.
→ This doesn't concern you.
이런 말에 concern을 잘 씁니다. 너한테 영향을 미치지 않으니 신경 끄라고 하는 말이죠.

그래도 상대가 사과하는데 좋게 끝내야겠죠.

#B: (염려해줘서) 고맙습니다.
> "Thank you"보다 '그 행동을 고마워한다, 깊이를 알아본다'는 말에는 appreciate [어'프*리'씨에이트] <
→ I appreciate it.

깐깐하게 끝까지 할 말은 하고 넘어갈까요?

#하지만 이건 저와 제 친구의 일입니다.
But this is~ **저랑 제 친구의 일?** 껌딱지 하나면 해결되는데 맞혀보세요.
extra between me and my friend.
→ But this is between me and my friend.

이렇게 다양한 상황을 원맨쇼처럼 연기할수록 실력이 늘 거라고 했습니다. 상황을 하나만 더 해보죠.

상황) 누군가 나에게 무례한 질문을 합니다.

#지금 저한테 매우 무례하게 구시네요.
> rude [*루드] <
→ You are being very rude to me now.

#저한테 그렇게 말하시면 안 되죠.
→ You shouldn't talk to me like that.
지금 그러는 중인데, "그러시면 안 되죠"라는 말로, "You shouldn't be asking me this"도 되겠죠. 기둥 BE + 잉으로 꼰 겁니다.

보면 영어는 단어를 많이 외우기 이전에 먼저 다양한 기둥을 골라내서 꼬는 것부터 실력을 키워야 할 것 같죠? 천천히 나아가면 됩니다. 그럼 NOT으로 연습해보세요.

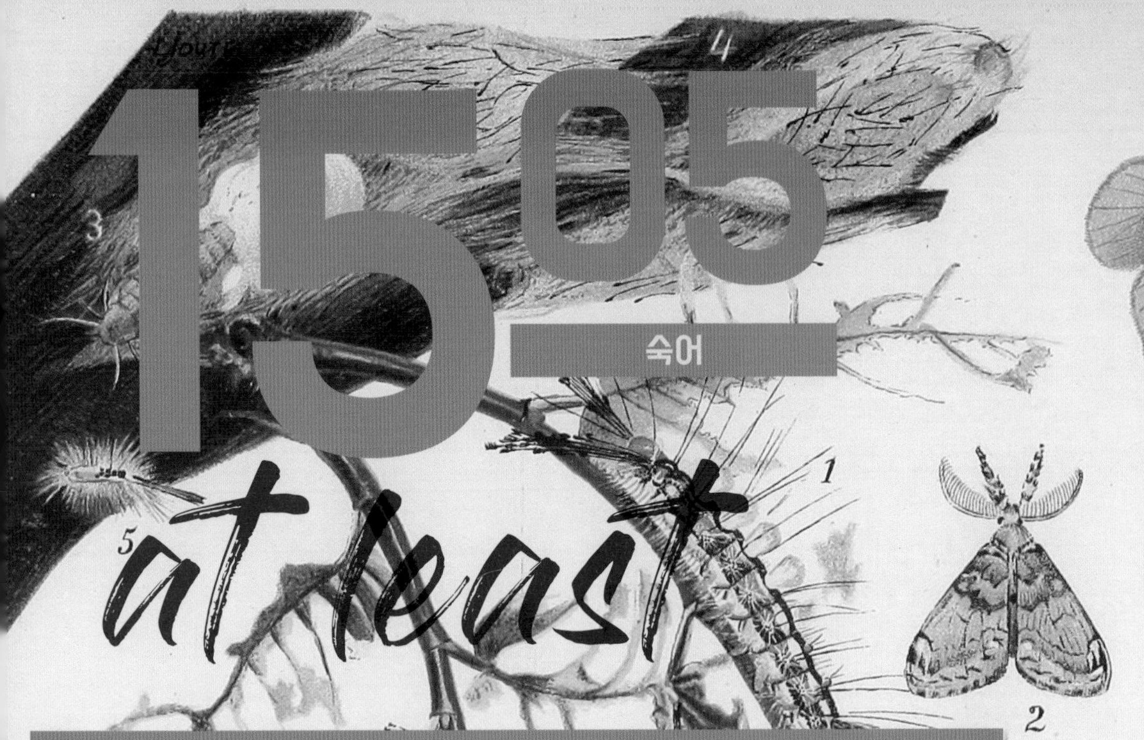

바로 들어갑니다. 영어로 만드세요.

#내가 여기 있으면 안 되는데.

→ I shouldn't be here.

#우리 밖에 나가서 사람도 만나고 해야지!

→ We should go out and meet people!

#왜 우린 아직도 여기에 이러고 있는 거지?

메시지 전달! 항상 메시지 먼저!

→ Why are we still here like this?

어딘가에서 헤어나지 못할 때 영어는 '내가 붙었다'고도 합니다. '스티커'에 그 stick 있죠? 다른 것에 의해 내 상태가 붙어버린 것으로 "I am stuck"이라고 해요.

stick의 pp가 stuck이랍니다. 뭔가에 의해 내가 붙은 거죠.

어딘가에 끼어 옴짝달싹 못 할 때도

#나 끼었어!

→ I am stuck!

#내 발이 끼었어!

→ My foot is stuck!

그럼 새로 배운 어휘를 응용하며 다시 만들어보세요.

#왜 우린 아직도 여기에 이렇게 갇혀 있는 걸까?

→ Why are we still stuck here like this?

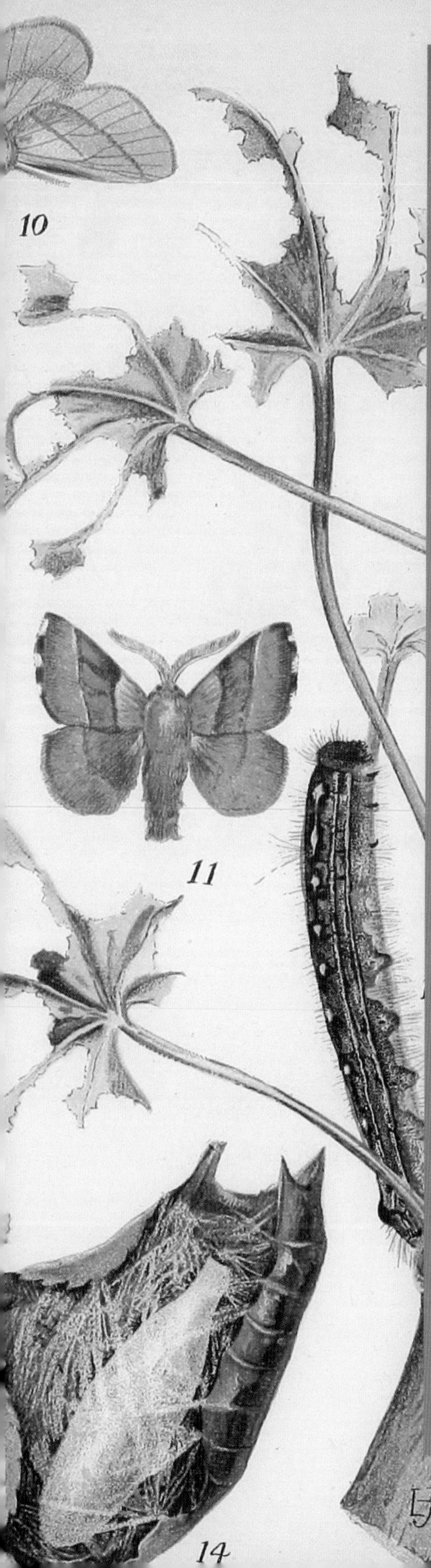

그러자 듣고 있던 이가 옆에서 말합니다.

최소한 너희는 나중에 나갈 수 있게 될 거잖아.

최소한! 영어로?

최소한
最小限

less 배웠죠. more의 반대말이 less였죠.
more에서 최상으로 올라가면 most [모스트],
less에서 최하로 내려가면 [스트] 소리 나야 해서
least [리스트]로 갑니다.
스펠링 때문입니다. 레스트가 아니라 least [리스트].

most	least [리스트]

'최소한!'은 껌딱지 붙여 at least로 씁니다. 제일 적은 것에 포인트 해서 말하는 거죠. 그럼 배경으로 깔고 다른 말에 적용해보죠.

#최소한 너희는 나중에 나갈 수 있게 될 거잖아!

→ At least, you will be able to get out of it later!

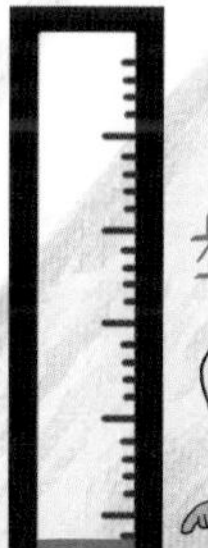

더 사용해보죠.

상황) 상대가 내 말을 들으려 하지 않습니다.

#그쪽이 제 말을 듣기 싫은 것은 알겠는데요.

> **'알겠다.** 전에 몰랐는데 지금은 알겠다'는 느낌으로 쓰는 단어, realise [*리얼라이즈] '깨닫다'라고 많이 쓰는데 영어에서 훨씬 더 여러 가지 뜻으로 자주 사용합니다. <

→ I realise you don't want to listen to me.

#그래도 최소한 제 말을 들어줄 수는 있는 거 아닙니까.

정말 질문하는 것은 아니죠? 뒤집지 않고 말하면 됩니다.

→ But at least you could listen to me.

#저를 셧아웃 시키기 전에.

→ Before you shut me out.

shut me out. 이미지로 그려지나요? 더 만들어보죠.

#그 일이 일어나서 정말 죄송해요. 진심입니다.

→ I am really sorry that happened. I truly am.

I truly am sorry. 진심으로 사과할 때 잘 쓰는 말이에요. 이 정도는 설명 없어도 이제 보이죠?

#그래도 최소한 제가 일부러 그런 것은 아니잖아요.

> purpose [*펄포스]=이루고자 하는 목적 <

→ But at least I didn't do it on purpose.

#제 파트너가 이것으로 책임을 지지는 않아야 합니다.

> blame [블레임]=잘못을 탓하다, ~책임으로 보다 <

이것으로 책임지는 것은, get blamed for this. 설명 없어도 보이죠?

→ My partner shouldn't get blamed for this.

#최소한 그가 해고되지는 않게 해주세요.

→ At least don't get him fired. / At least don't fire him.

BE + pp로 만들었나요? 껌딱지 on purpose나 for this. 이제 설명 없어도 보이시나요?

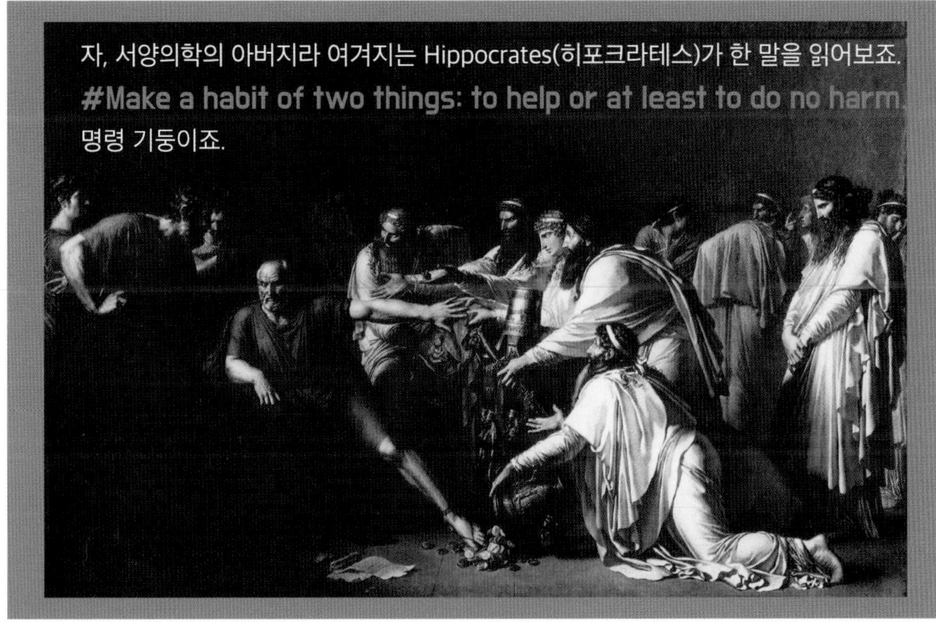

자, 서양의학의 아버지라 여겨지는 Hippocrates(히포크라테스)가 한 말을 읽어보죠.
#Make a habit of two things: to help or at least to do no harm.
명령 기둥이죠.

Make / a habit / of two things:

만들어라 / 습관을 / 한 번 더 들어가서, 2개의 습관을 만들어라.

to help / or at least / to do / no harm.

도와주든지, 아니면 최소한 해라 / 하는 것을 / no harm을

harm은 '피해' - 최소한 피해를 주지 말라는 거죠.

돕든지 최소한 피해를 주지 말든지 이 2개를 습관으로 들이라는 겁니다. 좋은 번역은 여러분 몫!

at least는 '적어도, 최소한, 하다못해' 등으로 쓰입니다. 보면 셋 다 비슷한 말이죠?

이번에는 '하다못해'라는 말로 예문을 만들어볼까요? 이미지 그리면서 다음 메시지 전달하세요!

#지금 내가 회의실에 있는 것조차 안 된다고 말하는 거야?
> conference [컨*퍼*런스] room / tell <
→ Are you telling me that I can't even be in the conference room?

#알았어! 그럼 하다못해 밖에 있게 해줘, 그래서 그분들하고 말할 수 있는 기회라도 생기게 — 그분들이 방에서 나올 때.
→ Fine! Then at least let me be outside, so I get a chance to talk to them when they come out of the room.

at least 자체는 어렵지 않죠? 배경이 아닌 엑스트라로 붙여도 괜찮습니다. 그럼 연습장으로!

연습

상황) 두 친구가 고용주에게 말합니다.
#A: 적어도 걔(남)한테 기회는 줄 수 있지 않겠어.
(질문 아닙니다.)
chance

.... At least you could give him a chance.

#B: 그래, 최소한 열심히 노력은 하고 있잖아.
hard=열심히 / try=노력하다

.... Yeah, at least he's trying hard.

상황) 작가의 다음 작품을 기다리는 큐레이터
#하다못해 선생님이 뭘 하는 중인지 확인이라도 할 수 있을까요?
check

.... At least could I check what you are doing?

#저녁 못 드시면 최소한 커피 한 잔은 마시고 가세요.
조건: 먹다, 마시다 대신 stay 사용!
dinner / stay

If you can't stay for dinner,
.... then at least stay for coffee.

#(완전 확신은 아님) 내 남편 섹시할 수 있어, 적어도 네 남자 친구보단 더 섹시할 수 있어.

My husband could be sexy, at
.... least sexier than your boyfriend.

상황) 의사가 보호자에게 말합니다.
#적어도 신경손상은 없었습니다.
nerve damage=신경손상

........There was no nerve damage at least.

#우리 딸 주머니에 라이터가 있었어. 우리가 당황하기 전에, 적어도 애랑 얘기는 해봐야지.
daughter / pocket=주머니 / lighter / panic=당황하다 / talk

There was a lighter in our daughter's pocket.
.... Before we panic, at least we should talk to her.

#최소한 난 운동은 하지! 당신 배는 어쩔 건데?
exercise / belly

At least I am exercising!
.... What are you gonna do about YOUR belly?

#우리 사장님은 테니스를 적어도 1주일에 4번은 하셔.
boss

.... My boss plays tennis at least four times a week.

곧바로 만들어보세요.

#네 인생에 대해 불평 좀 그만해!

> complain [컴'플레인] <

→ Stop complaining about your life!

#넌 최소한 건강하잖아! (넌 건강은 가지고 있잖아!)

→ You are healthy at least. (At least you have your health!)

#어떤 사람들은 그것도 없다고!

→ Some don't even have that!

at least는 at과 least 둘이 합쳐졌잖아요. 그럼 least 자체만은 어디서 왔다고 했죠? more가 most였다면 least는 less에서 온 겁니다. 그래서 most가 'the most'로 사용되듯 least도 그렇게 사용될 수 있답니다. 다음 문장을 만들어보세요. 쉽지 않습니다.

#나도 일을 해야겠지. 그래도 일이 너무 많은 건 원치 않아!

→ I should work too, but I don't want too much work!

#가장 적은 양의 책임감을 원해.

> amount=양 / responsibility [*리쓰폰씨'빌리티]=책임감 <

→ I'd like the least amount of responsibility.

the most amount ↔ the least amount

어휘력을 넓히는 것은 영화나 드라마를 보면서 간단히 할 수 있습니다. 옛날 흑백영화에서 나오는 영어들은 알아듣기가 더 쉽답니다. 감동적이거나 재미있는 흑백영화들 많죠? 결국 영화는 스토리가 중요하잖아요.

It's a Wonderful Life (1946) [film]
Directed by F. Capra

〈미스터 스미스 워싱턴에 가다〉와 〈It's a wonderful life(멋진 인생)〉 등을 연출하고, 미국 영화계를 대표했던 감독이자 시나리오 작가인 Frank Capra가 한 말을 볼까요?

#Scriptwriting is the toughest part of the whole racket. It is the least understood, and the least noticed.

Scriptwriting / is / the toughest part / of the whole racket.
대본 쓰기는 = 가장 터프한 부분이다 / 한 번 더 들어가서 전체 'racket'에서? **racket**은 '시끄러운 소음'에 잘 쓰입니다. 영화를 만들면서 생기는 모든 일을 하나의 큰 소음으로 표현한 거죠. 그래서 우리말로 '난리'와 가장 잘 어울리는 느낌. 대본을 쓰는 것이 '온 난리'에서 가장 힘든 부분이라는 거죠. 아직 말이 다 안 끝났네요.

It / is / the least / understood.
대본 쓰기는 = 가장 적게 understood pp로 움직인 거죠? 사람들이 대본 쓰기가 어떤 것인지 가장 이해를 못 하고 있는 겁니다.

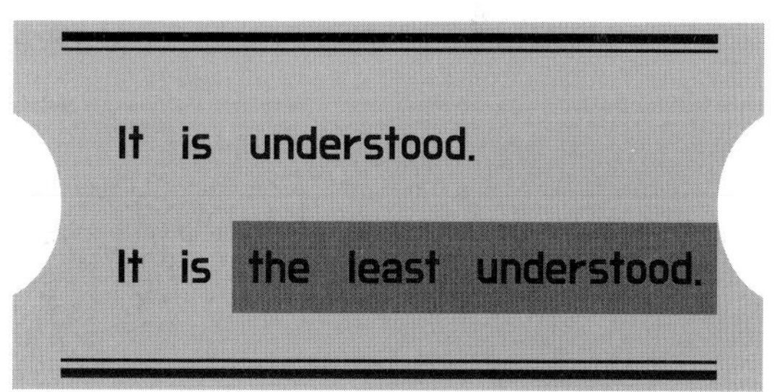
It is understood.
It is the least understood.

and / the least / noticed.
사람들이 가장 적게 notice 하고 있는 거죠. 있는지도 잘 모르는 겁니다. 배우, 영화감독, 카메라, 프로듀서 등 다양한 사람들이 나오지만, 가장 힘든 부분은 스토리를 써내는 건데 아이러니하게도 사람들이 가장 잘 이해하지 못하고, 가장 의식하지 않는 분야라는 거죠.

그럼 least로 연습해보세요. 셀 수 있는 것에서는 fewest도 나오니 응용하세요! (스텝 15[03])

연습

#당신 지금 여기서 가장 덜 성숙한 사람처럼 행동하고 있어.

mature [마'추어]=성숙한 / act

.... You are acting like the least mature person in here.

#가장 덜 비싼 걸 골랐어.

expensive / choose

.... I chose the least expensive one.

#치즈를 좋아하시면 지방이 가장 적은 걸로 드세요.

cheese / like / fat=지방

.... If you like cheese, eat the ones with the least fat.

#저는 더 이상 반에서 가장 똑똑한 아이가 아니었죠.

any more / classroom / smart

.... I was not the smartest kid in the classroom any more.

#고모: 나는 가장 장애물들이 적은 길을 선택했어.

obstacle [옵스타클]=장애물 / path=길 / choose

.... I chose the path with the fewest obstacles.

#하지만 내 생각에는 너는 네가 하고 싶은 것을 하는 게 좋다고 생각해, 결국 너의 유일한 인생이잖아.

after all=결국

.... But I think (that) you should do what you want to do, because it's your only life after all.

#가장 장애물들이 적은 자영업을 알아보세요.
(그게 더 좋아요.)

private business=자영업 / look into=조사하다, 주의 깊게 살피다

.... You should look into private business with the fewest obstacles.

#Maria가 수학시험에서 가장 적은 실수를 했어.
math test / mistake / make

Maria made the fewest mistakes in the math test.

#내 생각엔 Robinson(여) 선생님이 가장 좋은 선생님인 거 같아, 경험이 가장 적은데도 불구하고.
Ms. Robinson / experience [익'스피*리언스]

I think Ms. Robinson is the best teacher, even though she has the least experience.

그럼 문장들을 복습하면서
익숙해지세요!

15 06
분사 서술적 용법

Planet에서 TO 다리도 배우고 [잉]도 배웠죠?
TO 다리가 지금 이후에 일어나는 느낌이라면 [잉]은 일어나는 중의 이미지로 전달되었습니다.
《Hamlet》의 to die와 dying의 차이를 그려보면 되죠? (스텝 11[13])
[잉]은 벌어지고 있는 이미지가 전달되기 때문에 BE + 잉 기둥에도 사용되었죠.
그런데 왜 하필이면 명칭이 [잉]일까요?
같은 단어가 어느 위치에 가느냐에 따라 영어는 뜻이 바뀌었죠? 이 [잉]도 그냥 '동명사'라고만 하기에는 다른 위치로 들어가면 뜻이 바뀌면서 재활용이 되잖아요. 그래서 [잉]을 하나로만 바라보면 다양한 상황에서도 쉽게 이미지로 그릴 수 있어요. 함께 볼까요?
보면 자동으로 알게 됩니다.

상황) Kate와 Liam이 서로 좋아하게 되었습니다. 그때 친구가 놀리면서 하는 노래,

#Kate and Liam sitting in the tree,

그러더니 스펠링을 대면서 부릅니다.

#K-I-S-S-I-N-G!

이미지 그려보세요.
Kate랑 Liam이 앉아 있는데, 나무 안에 앉아 있죠? on이 아니라 in인 것은 외국 영화에서 흔히 보는 큰 나무의 가지에 앉아 있는 상황을 말하는 겁니다. 꼭 나무 안에 있는 것처럼 보이잖아요.
그러고 나서 스펠링을 댄 단어. 뭐죠?
kissing. 그럼 무슨 이미지가 그려져요?
나무에 앉아서 동시에 뭐 하고 있죠? 키스하고 있는 겁니다.

저 말의 틀을 몰랐다고 해도 말을 이해하는데는 문제가 없죠? 이번 스텝에서 배울 것은 바로 저 [잉]입니다. sitting을 한 후 동시에 진행되는 것을 한 번 더 덧붙이는데 [잉]이 잘 어울리니 그걸 사용하는 거죠.
이해는 쉬워도 말로 만드는 데는 시간이 걸리니까 편하게 익숙해지세요.
대화로 들어가보죠.

They are sitting

in the tree ... kissing.

동시에 벌어지고 있는 중 [잉]

상황) 어린 아들이 집에서 안 보입니다.

#엄마: 애가 어디로 간 거야?

→ Where did he go? / Where is he?

#이모: 걔 방은 확인해봤어?

→ Did you check his room?

#엄마: 당연히 했지! 거기가 가장 처음 확인한 곳이야!

→ Of course I did! That is the first place (that) I checked!

찾아볼 장소가 많으니 "That is the first place!" 하고 한 번 더 설명하기 위해 WH 열차로 연결했어요. (스텝 13[07]) 아직은 쉽지 않죠?

그냥 "I checked there first!"라고 해도 전혀 문제없습니다.

#이모: 내가 밖을 확인해볼게.

→ Let me check outside. / I will check outside.

현관에 나가더니 소리칩니다.

#이모: 찾았어!

> find <

→ I found him!

#엄마: 걔 밖에서 뭐 하고 있어?

→ What is he doing out there?

이모: 저기 앉아서 고양이랑 놀고 있어.

He is sitting there~

extra 앉아서 노는 것을 동시에 하고 있죠. 이럴 때 [잉]으로 말해줄 수 있어요, playing with a cat.

→ He is sitting there playing with a cat.

그냥 and 연결끈으로
"He is sitting there and playing with a cat"
도 당연히 됩니다.

대신 [잉]을 재활용해서 쓴다면 앉아서 동시에 노는 중이다 느낌으로 말할 수 있는 것이죠. 보면 그냥 'and'만 생략된 것처럼 보이죠? 그런데 항상 그렇지는 않아요. 동시에 일어나는 것이니 자연스럽게 서로 겹쳐질 때가 있는 겁니다. 또 해봅시다.

#A: 내가 뭐 하나 물어보자.

→ Let me ask you something.

#내가 너에게 안 좋은 소식을 안다면, 넌 내가 말해줬으면 좋겠어, 아니면 차라리 모르고 싶어?

메시지 전달! 말하려는 포인트를 기억하고 말해보세요.

'안다'라고 하지 말고 have news로 가보세요.

→ If I had some bad news for you, would you like me to tell you, or would you rather not know? (스텝 11[04] would rather / 스텝 12[02] want you to)

어때요? 가이드처럼 말이 나오기가 쉽지 않죠? 당연합니다. 초반에는 그냥
I have some bad news. Do you want to know?

이 말을 빨리 나오게 하는 것도 스스로에게 박수를 보낼 일이에요! 대신 가이드를 보고 이렇게도 만들 수 있다는 것을 접하세요. 문장 한 번 더 쌓아보죠.

#B: (뻔히) 안 좋은 소식이 있구먼, 말해줘!

> obviously [어*비어슬리] <

→ Obviously you have bad news. Tell me!

#A: 네 남자친구를 봤는데, 카페에 앉아서 여자애 어깨에 손을 올려놓고 있었어.

> boyfriend / girl / put arm around <

→ I saw your boyfriend and he was sitting in a café and he put his arm around a girl.

이렇게 말하는 것 이해 가죠? 이번에는 동시에 다 진행된다는 느낌으로 가볼까요?
I saw your boyfriend~ 내가 saw 했을 때 그 애는 앉아 있었습니다. 동시에 있는 일이니, sitting in a café.
앉아 있으면서 동시에 손을 올려놓고 있었어요, putting his arm~ 여자애한테, around a girl.

→ I saw your boyfriend sitting in a café putting his arm around a girl.

[잉]은 이런 식으로 덧붙이기도 한답니다.
좀 더 해보죠.

상황) 아들이 매우 늦게 귀가합니다.

#엄마: 너 이걸 몇 시라고 하는 거야?

> call <

→ What time do you call this?

#왜 전화를 안 받았어?

> answer or pick up <

→ Why did you not answer (pick up) the phone?

#엄마 아빠가 여기 앉아서 너 걱정하고 있었잖아!

Your father and I sat here~ 앉아서 동시에 했던 것이 worrying about you!

→ Your father and I sat here worrying about you!

동시 진행이란 느낌이어서 그냥 뒤에 [잉]으로 붙여준 것입니다. 그게 끝!

뭔가 건넌다는 느낌이 있어서 붙이는 TO 다리는 그래도 단어 앞에 to가 있지만, 동시에 일어난다는 느낌으로 [잉]을 붙일 때는 단어가 바로 나오면서 [잉]이 붙으니 어색하죠?
좀 더 연습이 필요하니 계속 더 접해봅시다.

I saw your boyfriend~
sitting in a café~
동시에 일어났던 것
putting his arm around a girl.
동시에 일어났던 것

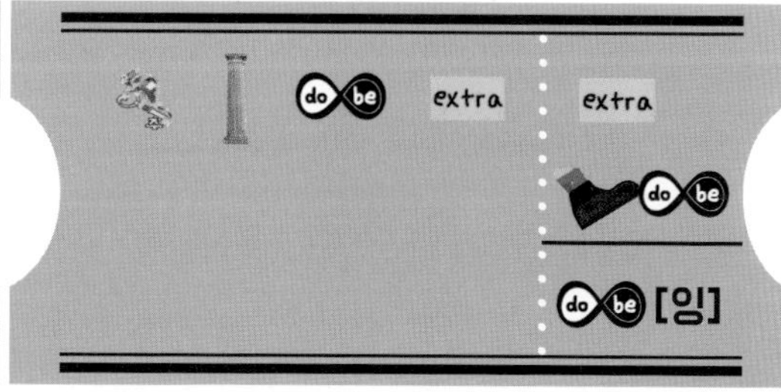

상황) 이메일이나 문자를 할 때는 할 말이 있어서죠?

#저희 아버지가 문자를 보내셔서, 얼마나 선물이 마음에 드셨는지 말씀하시더라고요.

> text / present / love / say <

→ My father texted me and said how much he loved the present.

문자를 보내서 할 말을 동시에 했다는 느낌으로 더 간단하게

→ My father texted me saying how much he loved the present.

이렇게도 잘 말한답니다. 만들면서 이미지를 그리세요. 비슷한 구조로 하나만 더 해볼까요?

#누군가 여러분에게 연락을 할 수도 있습니다.

할 수도 있고 안 할 수도 있을 때는 MIGHT 기둥!

→ Somebody might contact you.

#누군가 여러분에게 연락을 해서, 여러분의 개인 정보를 물을 수도 있습니다.

> personal information [펄스널 인*포메이션] / ask <

Someone might contact you~

동시에 하는 것이 asking for your personal information.

→ Someone might contact you asking for your personal information.

Someone might contact you

... asking for your personal information.

동시에 [잉]

어떤가요? 해석하는 것은 어렵지 않을 것 같죠?

만드는 것이 어렵게 느껴진다면 지금은 사용하지 않아도 됩니다. 그래도 도움이 되는 이미지는,

You and I are sitting in a tree kissing.

이것을 기억하면 익숙해지는 구조랍니다.

그럼 문장을 더 쌓아볼 테니 천천히 만들어보세요.

#저 여자애 좀 봐봐!

→ Look at that girl!

#저 여자애 춤추는 것 좀 봐봐!

Look at that girl~ 동시에 여자애가 하는 것이 뭐죠? dancing!

→ Look at that girl dancing!

#너무 많은 시간을 쓰지 마!

→ Don't spend too much time!

#TV를 보는 데 너무 많은 시간을 쓰지 마!

→ Don't spend too much time watching TV.

→ Don't spend too much time on watching TV.

껌딱지로 해서 on watching TV라고 이어 붙여도 되고, 시간을 보내는 것이 TV를 보면서 동시에 벌어지니 [잉]으로 이어 붙여도 메시지 전달이 되는 거죠.

그런데 이렇게 [잉]으로 이어 붙이는 것을 문법책에서는
'spend ~ing: ~하는 데 ~를 소비하다' 하면서 '관용표현'이라고 분류하는 경우가 많습니다.

불필요하죠? 이런 설명을 접할 때는 직접 영어 문장을 분석해보세요. 굳이 분류할 필요가 없는 경우가 대부분이랍니다.

영어는 대단한 것이 있는 것처럼 보여도 실제 보면 매우 적은 수의 도구만으로 그 특징을 살려 다양한 틀을 만든 것뿐입니다. 엑스트라에 [잉]을 넣는 것도 메시지 전달이 되니 이렇게 재활용해주는 거죠. 그럼 이미지를 하나 더 그려보고 연습장으로 가죠.

상황) 거래처 직원들이 웃으며 나가기에 묻습니다.

#좋은 소식이나 뭐 그런 거 있었어요?

→ Was there good news or something?

#웃으면서 걸어 나가던데.

기둥 구조부터 항상 먼저 채우고 엑스트라 고민하세요! 여기서 기둥 두비는 '걸어 나가다'입니다!

> walk out <

They were walking out~ 한 다음 동시에 웃고 있던 모습 smiling까지 그려집니다.

같이 붙여 넣어보세요.

→ They were walking out smiling.

굳이 이렇게 말하지 않고, "and they were smiling"만 말해도 되는 겁니다!

그럼 편하게 이미지를 그리면서 연습해보세요.

연습

#검사: 저분들을 봤습니까?

Did you see them?

#저분들이 버스를 기다리는 걸 봤습니까?

wait

Did you see them waiting for the bus?

#화재 신고자: 연기를 봤어요.

smoke

I saw the smoke.

#연기가 창문 밖으로 나오는 걸 봤어요.

window

I saw the smoke coming out of(from) the window.

#1. Sam(여) 어디 있어? 걔 여기 없는 거 같아! 다른 영화관에 있을 수도 있겠네. (없을 수도 있음)

different / cinema

Where is Sam? I don't think she is here!
She might be in a different cinema.

#2. Sam이 다른 영화관에 있으면서 티켓 구매하고 있을 수도 있겠네.

ticket / buy

.... She might be in a different cinema buying tickets.

#1. Helen 옆에 남자가 있네.

.... There is a guy next to Helen.

#2. Helen 옆에 남자가 앉아 있네.

.... There is a man sitting next to Helen.

#3. 너 Helen 옆에 남자가 앉아 있다는 거 알고 있어?

.... Do you know that there is a guy sitting next to Helen?

#나 책 읽는 데 시간을 더 보내야겠다.

spend

.... I should spend more time reading books.

#A: 너 여기 누워 있었잖아, 그렇지?

lie - lying

.... You were lying here, weren't you?

#너 여기 누워서 음악 듣고 있었잖아, 그렇지?

.... You were lying here listening to music, weren't you?

#B: 아닌데요. 저 밖에 있었는데 축구하면서.

.... No. I was outside playing football.

#1. 우리 방금 엄청 큰 매 봤어요!

massive / hawk [호크]

.... We just saw a massive hawk!

#2. 우리 방금 엄청 큰 매가 사냥하는 걸 봤어요!

.... We just saw a massive hawk hunting!

#여자 소리 들었어? 여자가 비명 지르는 거 들었어?

scream

.... Did you hear a woman? Did you hear a woman screaming?

#저 여자애 누구야?

→ Who is that girl?

상대가 누구? 하는 눈빛입니다. 열차로 연결해보세요.

#저 긴 벤치에 앉아 있는 애.

지금 현재 앉아 있는 애니까 BE + 잉 기둥으로 연결하면 되겠죠?

→ Who is sitting on that long bench.

→ Who is that girl who is sitting on that long bench?

저 여자애 누구야? 저 긴 벤치에 앉아 있는 애?

WH 열차죠? 우리말로 쓴다면

저 긴 벤치에 앉아 있는 여자애 누구야?

영어는 뒤로 말을 계속 붙여도 되는 구조이니 전혀 상관없다고 했습니다.

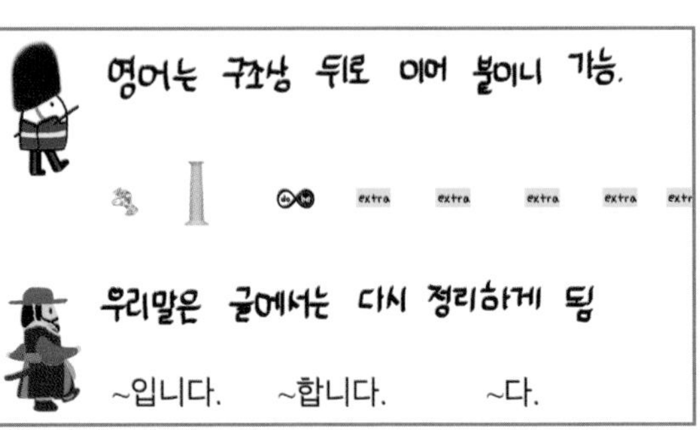

이제 다른 방식으로 가보죠.

저 여자애를 가리키는데 그 여자애가 지금 동시에 앉아 있는 거죠? BE 기둥은 같다(=)라고 표현되잖아요? 그래서 이것도 "Who is that girl sitting on that long bench?"라고 줄일 수 있는 것입니다.

[잉] 붙이는 것과 똑같이 보이죠?

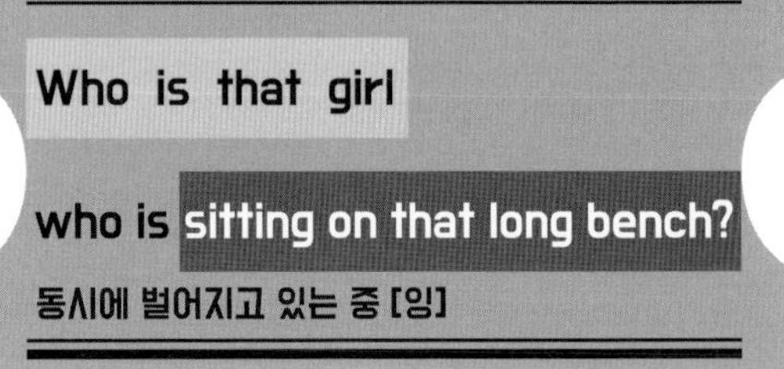

그래서 [잉]이 WH 열차와 매우 비슷한 상황이 자주 있답니다. 사용할 때 겹쳐지는 부분이 있죠. 이번엔 WH 열차와 비슷한 것을 하나 비교해볼까요?

문장 쌓기로 진행할 테니 이미지 그리면서 만들어보세요.

#1. 밖에 어떤 사람들이 있던데요.

→ There were some people outside.

#2. 그 사람들 그쪽 기다리고 있던데요.

→ Those people were waiting for you.

합쳐볼까요?

#3. 밖에 그쪽 기다리던 사람들이 있던데요.

→ There were some people outside waiting for you.

WH 열차로 간다면

#4. 그쪽 기다리던 사람들이 밖에 있던데요.

→ There were some people outside who were waiting for you.

이럴 때는 WH 열차보다 그냥 [잉]으로 가는 것이 더 수월한 것 같죠? 이렇게 뻔해서 생긴 틀 같습니다. 이것을 문법적으로 설명하면 '형용사 용법', '분사' 등등 복잡해집니다. 영어 문장만 보세요. 그럼 다시 [잉]으로만 가보죠.

상황) 내가 뭔가를 심각하게 보고 있자 형이 묻습니다.

#뭐 보고 있어?

→ What are you looking at?

#우리 강아지 기침하는 것 보고 있어.

> cough [커*프] <

→ I am looking at our dog coughing.

#1. 나 뭔가 느꼈어.

> feel <

→ I felt something.

#2. 뭔가가 박스 안에서 움직이고 있었어.

→ Something was moving in the box.

이 말을 다시 한다고 생각하고 처음부터 느낌을 기억하면서,

#3. 나 뭔가 느꼈어, 박스 안에 뭐가 움직이는 거.

I felt something~

뭔가를 느꼈는데, 그것이 움직였어요. 동시에 느끼는 것으로, moving in the box.

이렇게 한 템포 쉬면서 말한 것을 글로 쓸 때는 콤마도 찍어준답니다.

→ I felt something, moving in the box.

#1. 교실 안에 있는 여자애.

→ The girl in the classroom.

#2. 춤추고 있는 여자애.

→ The girl dancing.

이렇게 여자애를 설명하는 거죠. 그럼 꼬아볼까요?

#3. 저 무대 위에서 춤추는 여자애가 제 여자 친구예요.

→ The girl dancing on that stage is my girlfriend.

카멜레온 자리에서 좀 더 설명한 것뿐입니다.

#저 자동차는 최악이야!

→ That car is the worst!

#저 차 운전하는 그 누구나 화내게 될걸.

→ Anybody driving that car would get angry.

[잉], 동시에 하는 모습 떠올리고 그것을 설명할 때 붙이면 되는 것! 감이 잡히나요?

쉽지 않으면 지금은 메시지 전달에 더 집중하세요. 다른 틀로 만들어볼게요.

#그 어느 누구든 화를 낼걸, 저 차 운전하면.

→ Anybody would get angry when they drive that car.

#그 어느 누구든 화를 낼걸, 저 차를 운전한다면.

→ Anybody would get angry if they drive that car.

더 쉬운 메시지 전달법도 많습니다.

영어는 기둥이 중심이고 나머지는 가져다 붙인다, 이게 다예요.
배운 도구들을 가지고 도구의 사용법 느낌을 중심으로 꼬는 것뿐입니다.
그럼 응용이 어디까지 될 수 있는지 구경 한 번만 하고 정리하죠.

#당신은 사랑을 찾고 있는 남자네.

> search <

→ You are a man searching for love.

#난 자유를 갈망하는 여자야.

> freedom / long=갈망하다, 간절히 바라다 <

→ I am a woman longing for freedom.

#사랑을 찾고 있는 남자와 자유를 갈망하는 여자 사이에 관계가 이루어질까?

> 뭐가 될 거라는 거죠? 관계죠. relationship [*릴레이션쉽] / work <

→ Would the relationship work between a man searching for love and a woman longing for freedom?

그럼 이제 책 말고 밖을 둘러보면서 동시에 일어나는 것을 덧붙여서 간단하게 만들어보세요.

15 07 의문문 / 의문사

YN Q / WH Q

좀 쉬운 스텝 들어가보죠.

Question!

당연히 어떻게 만드는지 알죠? 뒤집기.

쉬우니 WH Q도 같이 들어갑니다.

곧바로 만들어보세요.

#나 집에 가야 할까? (나 집에 가는 게 좋을까?)

'그래야 한다'를 **'그래야 하나?'**로 질문하기 위해선

주어(카멜레온)와 기둥만 뒤집으면 되죠.

→ Should I go home?

계속 만들어보세요.

상황) 집에 들렀는데 남편이 있습니다.

#A: 당신 지금 회사에 있어야 하는 거 아니야?

→ Shouldn't you be at work now?

#집에서 뭐 하고 있어?

→ What are you doing at home?

#B: 그러는 당신은 여기서 뭐 해?

이 말 간단해요.

'당신이야말로'를 강조하고 싶을 때는 같은 문장에 YOU만 강하게 말하면 됩니다.

→ Then what are YOU doing here? 혹은

→ Then what about YOU?

이런 말도 잘한답니다.

#I could ask you the same question.

나도 같은 질문을 할 수 있다는 거죠.

상황) 주차장에 들어섰습니다.

#A: 우리 차를 어디에 세우는 것이 좋을까?

SHOULD 기둥 질문이니, 앞에 필요한 WH만 붙이면 되죠?

→ Where should we park the car?

운전자가 계속 말합니다.

#그림자 아래 세울까? (그렇게 해야 할까?)

> shadow [샤도우] <

→ Should we park it under the shadow?

#아! 저기!

→ Oh, there!

#자리 있다!

> space or spot <

→ There is a space(a spot).

#B: 좀 멀지만 우린 걷지 뭐.

> far <

→ It's little far but we can walk.

'우린 걷지 뭐.' 기둥 선정 까다로웠죠? CAN 기둥이 가장 잘 어울려요. DO 기둥 하면 반복해서 걷는 거잖아요. 아니면 '그렇게 하자'는 느낌으로 이렇게 말해도 되겠죠? "It's little far but let's walk."

다음 문장도 만든 후 가이드와 비교해보세요.

#A: 아, 너무 좁아 보인다. 나 저기 못 들어가.

> tight [타잇]=꽉 조이는 <

→ Ah, it looks too tight. I can't get in there.

#B: 저게 너무 좁다고? 넌 주차하는 법 좀 연습해야 될 것 같아!

> practice <

→ That's too tight? I think you should practice how to park! (I think you should practice parking!)

상황) 친구가 결혼한답니다.

#A: 네 친구(여) 결혼식에 가야지.

→ You should go to your friend's wedding.

#B: 내가 왜 가야 하는데? 그 애는 내 옛날 애인이거든!

→ Why should I go? She is my ex!

#이러나저러나 난 못 가. 그때 난 여기 없을 거야.

→ Besides I can't go. I won't be here then. (스텝 11[15])

#나 다다음주에 영국에 가거든.

다다음주. Hint: #내일 모레가 뭐였죠? the day after tomorrow (스텝 09[09] 참조)

그러면 '**다다음주**'는?

the week after next (week).

→ I am going to England the week after next (week).

확실히 가는 것이니 BE + 잉 기둥 사용했습니다.

그러니까 생각나네.

말을 하니까 상기되었다는 거죠. 영어는 딱 그렇게 말합니다.

→ That reminds me. "그것이 나를 상기하네"라는 말입니다. 자주 쓰는 말이에요.

#공항에 얼마나 일찍 가야 할까?

얼마나 일찍. How early~

→ How early should I go to the airport?

"How old are you?"처럼 그대로 앞에 붙는 것 배웠습니다. (스텝 05[21])

#B: 얼마나 일찍 도착해야 돼?

→ How early should I arrive?

#A: 비행 2시간 전에 도착해야 돼.

> flight [*플라이트] <

→ You should arrive two hours before your flight.

어렵지 않죠? 지금까지 한 것들과 다 똑같을 뿐, 기둥만 바꾸면 되는 겁니다.
그럼 어휘 늘리면서 연습장에서 집중해서 만들어보세요.

연습

상황) 남자 친구가 군대에 갔습니다.
#그를 기다려야 될까요? (기다리는 게 좋을까요?)

.... Should I wait for him?

#동성 결혼이 합법이어야 하나요?
same-sex marriage [메*리쥐] / legal [리갈]=합법적인

.... Should same-sex marriage be legal?

#내일 발표 준비해야 하지 않아? (그러는 게 좋지 않아?)
presentation [프*레젠'테이션] / prepare [프*리'페어]

.... Shouldn't you prepare for your presentation tomorrow?

#나 오늘 코트 입어야 할까?
coat

.... Should I wear a coat today?

#또 다른 직장 없이 내 직업을 그만두는 게 좋을까?
job

.... Should I quit my job without another job?

#어떻게 해야 될까? (뭘 하는 게 좋을까?)
Hint: '어떻게'라고 해서 how 아니죠. 무엇을 하는 게 좋을까 묻는 거죠?

.... What should I do?

#우리 몇 시에 만날까? (몇 시가 좋을까?) 그리고 어디서 뭐 먹을까? (어디가 좋을까?)

.... What time should we meet? And where should we eat?

#거기 도착하면 어떤 직원한테 보고를 해야 하나요?
report / staff

.... Which staff should I report to when I get there?

#걔네들의 난장판을 왜 우리가 치워야 되는데?
mess / clean up

.... Why should we clean up their mess?

#자기네 가족 방 몇 개 예약해야 돼? (몇 개 하는 게 좋을까?)
reserve [*리절*브]

.... How many rooms should I reserve for your family?

#저희가 왜 저분들을 고용해야 할까요?

.... Why should we hire them?

드라마 속 대사를 영어로 만들어보죠.

첫 직장에 나간 친구에게 전화가 왔습니다.

#A: 나 정신이 하나도 없어!

> freaky [*프*리키]는 '기겁할 정도로 이상한'이란 뜻이고 freak out을 do 동사에 넣으면 긴장하고 놀란 상태를 말합니다. 자주 사용합니다. <

→ I am freaking out!

#오늘이 나 새 직장에서 첫날이거든.

→ Today is my first day at a new job.

#내 상사가 나보고 따라다니라고 했는데.

> boss / follow around <

around를 붙이면 여기저기 따라다닌다는 느낌이 든답니다.

→ And my boss told me to follow him around.

#그러더니 나를 빼고 회의실에 들어가 버렸어.

이미지로 떠올리면서 엑스트라 잘 붙이세요.

> conference [컨*퍼*런스] room <

→ Then he went into the conference room without me.

#어떻게 생각해?

'어떻게'라고 해서 how 아니죠. 네 생각은 무엇이냐 묻는 겁니다.

→ What do you think?

#내가 밖에서 기다리는 게 좋을까, 아니면 뭔가 할 일을 찾는 게 좋을까?

→ Should I wait outside or should I find some work to do?

#모르겠어, 모르겠어!

→ I don't know! I don't know!

#B: 첫날은 항상 가장 힘든 날이잖아.

> hard <

→ The first day is always the hardest.

#You will make it through in one piece.

만들어낼 거다 / through = 통과해낼 거다. in one piece, 한 개의 조각 안으로?
하루가 산산조각 나지 않고 한 개의 조각으로 잘 통과되게 네가 만들 것이라는 뜻입니다.
간단하게 **"잘해낼 거야"**라는 말이죠.
영어에 참 다양한 말이 존재하죠?

그냥 "You will do fine"이라고 하면 되지 왜 저렇게 복잡하게 말하는지 영어가 원망스럽나요? "You will do fine"도 됩니다!!! 초보 시절에는 저렇게만 나올 거예요. "Don't worry"만 나올 수도 있고요. 누구나 겪는 자연스러운 과정이에요. 뛰기 전에 일단 걸어야죠. 동시에 자주 쓰는 새로운 것도 그냥 같이 접한다고 생각하세요.

이런 식의 새로운 어휘를 접하는 가장 좋은 방법은 영상을 통해 접하는 겁니다.
상황을 보고 기둥을 중심에 두고 번역하면 되는 거죠.
더불어 자신의 전공 분야와 연결되는 드라마나 영화를 보면 더 좋겠죠? 그러면 자연스럽게 일반적인 영어와 전문 영어 양쪽을 다 접하게 되어 있답니다.

예를 들어 과학을 좋아하는 사람이라면
즐거움과 전문 용어를 접할 수 있는
〈The Big Bang Theory〉도 있죠.
실험물리학자, 천체물리학자, 엔지니어,
미생물학자, 신경생물학자 사이에서
벌어지는 이야기입니다.

어휘를 접하는 것과 동시에 우리와 다른
sarcasm 유머도 쉽게 접할 수 있답니다.

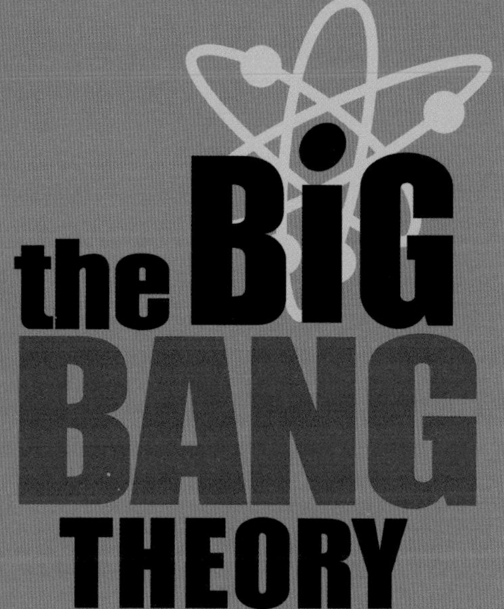

그럼 기억해두면서 내 삶에서 뭘 어떻게, 언제 하는 게 좋을까 등으로 SHOULD 기둥 질문을 다양하게 만들어 연습해보세요.

15[08] 가정법

as (if) though

복습해보죠. 얼마나 기억하고 있나 확인해보세요.
as 배웠죠? '비교하는데, 같다'고 말하는 거죠. (스텝 11[16])

#이것이 유일한 답이 아니야.

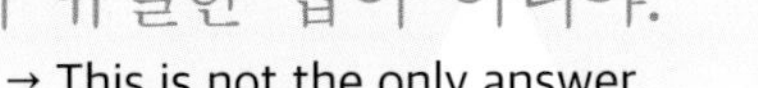

→ This is not the only answer.

#이건 너의 안내서로 여기 있는 거야.

→ This is here as your guide.

요리할 때 기본적인 재료로 새 음식들이 계속 발명되는 것처럼, 언어도 다양한 재료들이 섞이면서 계속 새로운 것들이 나왔죠.
as로 이번엔 다음 문장을 만들어보세요. (스텝 12[08])

#드시고 싶은 만큼 드세요.

→ Have as much as you want.

#최대한 빨리 거기에 갈게!

→ I will be there as soon as possible.

go보다 더 강한 느낌 be there를 썼습니다.

as 기억나죠?
기억이 안 나면 몇 번이든 그 스텝으로 돌아가서 또 확인하고, 입력하고, 더 연습해보세요.
익힌 후에 시간이 지나 같은 것을 다시 되돌아보면 훨씬 더 잘 보인다고 했습니다.
이렇게 다시 돌아보면 실력이 확 향상되는 기술은 외국어에서 특히 빛을 발한답니다. 본인이 약하다고 느끼는 스텝만 돌아가면 되니 진도 뒤처지는 것을 겁낼 필요가 없습니다.

그럼 이번 스텝에서
한 번 더 섞어볼 겁니다.

이번에 배울 스텝은 **as**와 **if**

if는 현실에 그런 것이 아니고 '만약에' 라는 상상을 하며 말할 때 사용했습니다. (스텝 09[18])

IF

IF 2탄도 배웠죠? (스텝 11[02])
아예 일어날 수 없는 상상의 세계를 말할 때 사용하기 때문에, 기둥들을 다 한 단계 약한 것으로 골라서 말한다고 했습니다.

그럼 적용해볼까요? 기둥 잘 고르세요!

#A: 내가 만약 새가 될 수 있다면, 난 선택할 거야, 부엉이가 되는 것으로.

> owl [아울] <

→ If I could be a bird, I would choose to be an owl.

#넌? (넌 뭐가 될 거야?)

→ What about you?

#B: 난 새가 될 수 있다면, 불사조가 되고 싶어.

> phoenix [*피닉스] <

→ If I could be a bird, I would want to be a phoenix.

A: 무슨 불사조가 진짜인 것처럼 말하네.

상대가 말하는데 **You are talking~**

불사조가 진짜인 것처럼 말하는 거죠. 아래 문장 먼저 영어로 말해보세요.

#불사조는 진짜가 아니다.

→ Phoenixes are not real. 다음 문장!

#불사조가 진짜라면.

→ If phoenixes were real.

진짜가 아니니 기둥을 약하게 하기 위해, 한 단계 뒤로 해서 were로 간다고 했죠. (스텝 11[02]) 이제 섞어보죠.

넌 말하네. 불사조가 진짜인 것처럼.

네가 말하는 것이 = 이런 것처럼 말하는 겁니다. 이것을 as로 연결해주면 딱인 거죠.

You are talking = if phoenixes were real.

You are talking as if phoenixes were real.

실제 그렇지 않은데 꼭 그런 것처럼.

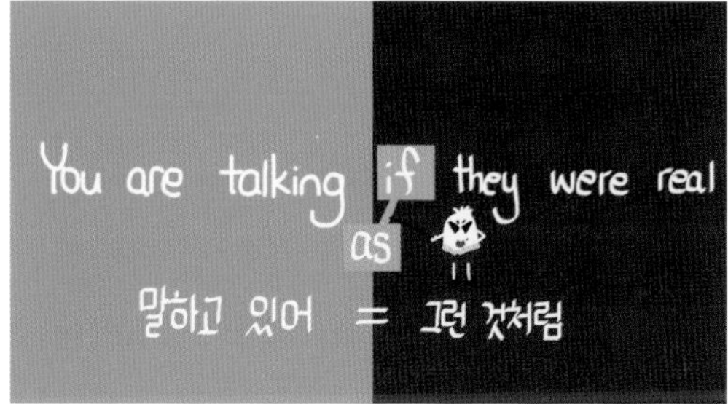

"You are talking"은 BE + 잉 기둥 말고 DO 기둥으로 말해도 됩니다. 상대가 아예 생각을 그렇게 해서 항상 그렇게 말하고 다닐 것 같으면 크게 커버하는 기둥으로 말하면 되는 거죠.

→ You talk as if they were real.

이것이 학교에서 배우는 'as if'입니다. 왜 이렇게 생기게 되었는지 보이죠? 문법 용어에서는 이것을 '가설법'이라고 부르더군요.

그리고 같은 문장을 '직설법'으로 바꾸는 것도 학교에서 배웁니다. 재미삼아 해볼까요?

직설법은 돌리지 말고 직접적으로 말하는 거죠.

아까 말을 직설법으로 하면!

#불사조는 진짜가 아니야.

→ Phoenixes are not real.

이게 끝! 너무 허무하죠?

이렇게 문법 용어를 벗겨 영어로만 보면 정말 간단한 것들뿐입니다.

저 영어를 만들기 위해서 굳이 직설법, 가설법이란 용어를 알 필요가 없는 거죠.

불사조는 진짜가 아니야.

여러분 레벨에 이제 이 말은 영어로 바꾸기도 쉽죠?

우리가 이번에 한 단계 더 올려 배운 스텝이 **"불사조가 진짜인 것처럼 말하네"**입니다.

그럼 더 만들어봅시다. 기둥들 섞으니 천천히 만드세요.

#저 사람들은 저 책이 신에 의해 쓰인 것처럼 행동하네.
> god / write - written / act <

→ Those people act as if that book were written by God.

#사람들이 쓴 거라는 것 저 사람들 알고 있지?

→ They do know it is written by men, right?

어때요, pp 잘 선택하셨나요?

대화도 만들어보세요!

#A: 우리 손자가 완전 통제 밖이야!
> grandson / total / control <

control에서 out 되었다는 말 잘 쓴다고 했죠?

→ Our grandson is totally out of control!

#계속 돈을 써대, 내 돈을 자신이 자동으로 물려받을 것처럼!
> spend / automatic / inherit [인'헤*릿]=상속받다 <

→ He keeps spending money as if he would automatically inherit my money!

#내가 뭘 좀 해야겠어! (그게 좋겠어.)

→ I should do something!

#B: 끊어버려!

→ Cut him off!

off 껌딱지 붙여서 이미지 더 강해졌죠?

#That would get his attention!
> attention [어'텐션]=주목 <

정신을 차리고 어딘가에 주목하는 겁니다.
메시지가 웃기죠? 그거면 정신 차릴 거야, 식인 거죠.

이제 번역이 이상해도 점점 감이 오나요?
as if 느낌을 계속 기억하면서 연습장에서 만들어보세요.

#나 바로 여기 있거든! 내가 여기 없는 것처럼 말하지 마!

right / speak

I am right here! Don't speak as if I weren't here.

#내 동업자는 내가 무슨 미친 것처럼 날 쳐다봤어.

business partner / crazy

My business partner looked at me as if I were crazy.

상황) 동창 모임에 참석했습니다.

#A: 너 우리가 Andy네에서 했던 그 파티 기억해?

remember

Do you remember that party (that) we had at Andy's?

#B: 기억하지, 마치 어제 일어난 것처럼.

yesterday / happen

I remember it as if it happened yesterday.

#A: 네가 문손잡이 부러트리지 않았어?

door handle / break

Didn't you break a door handle?

#걘(여) 내가 그 단어를 사용했다는 게 믿기지 않는 것처럼 보였어.

word / believe

She looked as if she couldn't believe I used that word.

#이 새로운 여성분이 상당한 권력을 가지고 있는 것처럼 들렸습니다.

considerable [컨'씨더*러블]=상당한 / power / sound

This new woman sounded as if she has considerable power.

#그분(여)이 오늘 다시 온다고 했는데. 무슨 말을 하는 게 좋을까요?

She said (that) she would come back today. What should I say?

#내가 벌써 죽은 것처럼 얘기하지 마! 나 아직 안 죽었거든!
dead

Don't talk as if I were already dead! I am not dead yet!

#너 방금 손가락이 연기 나는 총인 것처럼 불었냐?
finger / smoking gun / blow

Did you just blow your finger as if it were a smoking gun?

#당신 어머님이 마치 이미 아시는 것처럼 반응하셨어!
know / react=반응하다

Your mom reacted as if she already knew!

#그건 마치 내가 떨어지는 것처럼 느껴지게 했어.
fall / feel / make

That made me feel as if I were falling.

#걘(남) 자기가 사장인 것처럼 행동해, 근데 아니거든. 내가 사장이거든!

He acts as if he were the boss, but he isn't. I am!

---

if는 when과 같지만 if는 그냥 확신이 없을 때 쓰면 된다고 했습니다.
완전 가상이 있고, '현실에서 일어난다면'이란 가상이 있죠?

as if도 마찬가지입니다. if가 들어가 있잖아요.
현실에서 일어날 수 있는 것들은 기둥이 쉬워지겠죠? 아는 대로 쓰면 됩니다. 하나만 더 해보고 정리하죠.

#우산 가지고 가라.
→ Take an umbrella.

#비 올 것처럼 보인다.
→ It looks as if it is gonna rain.

혹시나 이 말이 아직 벅차다면 버리고 안 써도 돼요! 이 말 쓰지 않더라도 메시지를 전달할 방법은 많잖아요. 만들어보세요.

#우산 가져가! 비 올 수도 있어!

→ Take an umbrella! It might rain!

#비 올 거야! 우산 가져가!

→ It will rain! Take an umbrella!

#우산 가져가야 될 것 같은데. (그게 좋을 듯)

→ You should take an umbrella.

그 어떤 말이든 다 메시지 전달되죠? 결론은 날씨가 흐리다, 우산 챙겨라.

여러분은 이제 기본적으로 대화하는 것은 거의 다 배웠습니다.
이제 그것들 중 엮이는 것들로 이렇게 어휘도 늘리는 거죠. 어휘를 늘리는 이유는 실제 대화에서 잘 쓰이는 것을 알아볼 수 있게 하기 위해서입니다.

팁 하나 더!
as if 말고 as though도 가끔 나오는데, 같다고 보면 됩니다!
그럼 먼저 as if로만 탄탄하게 만들고 여유가 되면 as though도 바꿔서 넣어보세요!

15 09

숙어

in case of

단어를 영어로 바꿔보세요.

#여행가방 → suitcase
#필통 → pencil case
#담뱃갑 → cigarette case

다 case죠? 뭔가 네모나고 넣을 수 있는 것을 case라고 하잖아요. 그럼 우리 인생의 타임라인을 봅시다.

과거에서 시간이 흘러 현재를 지나 미래까지 타임라인이 지나갑니다. 그런데 갑자기 사건이 딱 생겼어요. 그 사건의 시작, 사건의 과정, 사건의 끝까지 타임라인에서 표시할 수 있습니다.

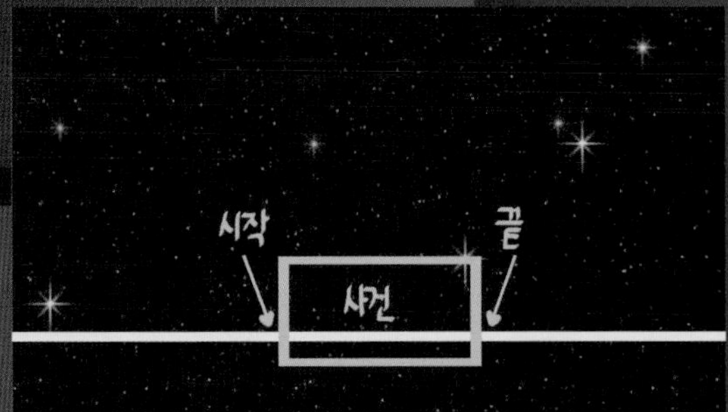

손으로 만질 수는 없지만, 머릿속으로 충분히 상상할 수 있는 하나의 통이 된 거죠.
이런 각각의 사건이 상상의 case=통에 담깁니다.
그래서 '사건'이란 단어도 영어로 case랍니다. 만들어보세요.

#형사님! 형사님이 맡을 사건이 있어요.

> detective [디'텍티*브] <

→ Detective! There is a case for you.

사건을 통째로 하나 주는 겁니다.

#이번 사건은 좀 까다롭습니다.

> tricky [트*릭키] <

→ This case is little tricky.

이렇게 case는 하나의 통에 담긴 사건, 일이라 보면 됩니다. 더 넓혀보죠.

#이 고객의 경우를 봐.

이 고객이 관련된 시작부터 끝까지 타임라인에서 박스를 칩니다. 이 고객의 case인 겁니다. '사건'과 '경우'를 영어는 같은 이미지라 생각해서 똑같이 쓰는 거죠. 타임라인에서 들어온 시간부터 그 관련된 부분이 끝나는 곳까지 상상으로 박스를 쳐 case에 넣는 거예요.

→ Look at this client's case.

#시작부터 끝까지 엉망이잖아.

> start / end / mess <

→ It is a mess from the start till the end.

→ It is a mess from the start to the end.

마지막으로 한 번만 더 넓혀보죠.

#당신의 사유를 진술해보쇼.

> state [스테잇트]=진술하다 <

do be 명령 기둥이죠. 하라고 시키는 거잖아요. State~
'이렇다!'라고 정식으로 말하는 것을 state라고 합니다.
그래서 **자기소개서**가 personal statement.

extra 뭘 진술하래요? 당신의 사유. 사유? 당신의 케이스를 말합니다, your case.

→ State your case.

자! 상황극 한번 해볼까요? 여러분이 외국 경찰에게 "State your case!"를 듣는 상황에 처해졌어요. 그런데 저 말을 못 알아들었다면? 어떻게 대처해야 하죠? 마네킹이 되지 말라고 했죠. 다음과 같이 말해봅시다.

#제가 번역기를 꺼내는 것이 좋겠네요.

> translator [트*란슬레이터] / take out <

→ I should take out my translator.

#완벽하지 않을 수 있지만, 도움은 될 수 있어요.

> perfect / help <

→ It might not be perfect, but it could help.

#보시다시피,

→ As you can see,

#제 영어가 짧아서요.

→ my English is not so good.

이런 것은 연습을 많이 할수록 좋겠죠?
다음 것도 계속 만들어보세요.

#저한테 다시 좀 말씀해주시겠어요,
이번에는 좀 쉬운 영어로요?

> simple English <

→ Could you please tell me again in simple English this time?

이렇게 물으면 상대가 "Tell me about your case / Tell me what happened"라고 풀어줄 겁니다. 물어보면 대부분 다 해줍니다.

대화가 완전히 멈추면 번역기를 돌리세요.

#제가 말씀을 제대로 이해했는지 확실치가 않네요.

> properly / sure <

→ I am not sure if I understood you properly.

#그거 중요한 말이었나요?

→ Was that important?

#방금 한 말 중요한 말이었나요?

→ Was what you just said important?

#그럼 적어주실 수 있나요?

→ Then could you write that down for me?

이 말을 완전히 에둘러서 예의를 더 차려볼까요?

"Would it be possible for you to write it down for me?"

얼마나 꼬았는지 확인해보세요. 상대에게 많은 수고를 부탁할 때는 이런 식의 질문을 자주 합니다. 이런 건 영어가 능숙해지면 자연스럽게 접근하게 될 겁니다.
지금은 메시지 전달에 집중!

만약 상대가 한숨을 쉬며 계속 같은 말을 할 땐 당당하게,

"더 쉬운 영어로요!!"

In simpler English, please! 이러면서 같이 한숨 쉬세요. 외국어 못한다고 지지 마세요.
하는 김에 더 화내볼까요? 만들어보세요.

#심플한 단어로 설명하는 법 모르세요?

→ Don't you know how to explain in simple words?

너무 강도가 올라갔나요?
이건 극도로 드문 경우입니다.

자, 그럼 case는 알겠죠? 이제 재활용해서 더 늘려볼게요. 다음 문장을 만들어보세요.

#우산 가지고 가!

→ Take your umbrella!

#비 올 수도 있어!

→ It might rain! 간단하죠?

하지만 언어는 메시지를 다양하게 전달할 수 있죠. 다음 문장 볼게요.

비 올 경우 생각해서.

우산 가지고 가!

타임라인에서 이런 경우를 대비하라는 거죠.
case가 그려집니다.
in case인데 무슨 케이스? 비 케이스.
한 번 더 들어가서, **of rain!**

in case of rain.

아까 나왔던 '고객의 경우'는 특정한 사건을 말하는 것이니 in the case of the client 식으로 the가 들어가지만, 지금 같은 상황은 타임라인에서 확정도 없고 생기지 않을 수도 있으니 the 없이 곧바로 in case로 들어간답니다.

만약 of rain처럼 명사가 아니라 기둥 문장 다 넣고 싶으면 간단하게 that으로 연결해주면 되겠죠?
→ In case that it rains.
기둥 문장이 뻔히 보이니 that을 생략해서 "In case it rains"라고도 잘 말합니다. 보면 DOES 기둥으로 갔죠? when 리본처럼 타임라인을 길게 열어두는 겁니다.
자, 그럼 더 만들어보죠.

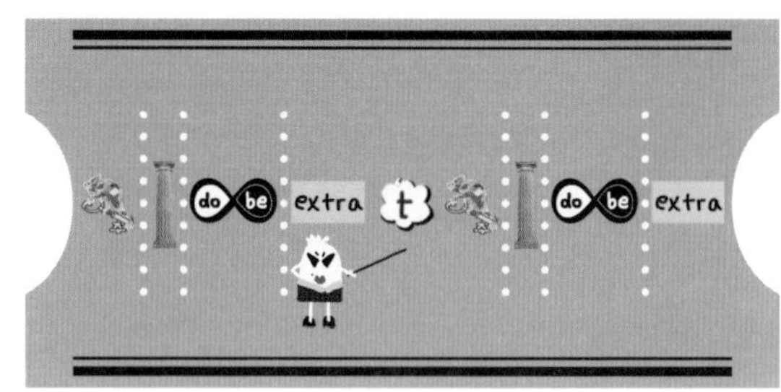

#저 여자애가 내가 필요할지 모르니까, 난 남아 있을게.

→ In case she needs me, I will stay here.

in case는 배경으로 빼준 것이지만 뒤에 엑스트라로 가도 됩니다.

→ I will stay here in case she needs me.

어렵지 않죠? 하나 더 해볼게요.

#모든 가정에는 소화기가 있어야겠죠, 화재를 대비해서요.

> household / fire extinguisher [익스팅구이셔] <

→ Every household should have a fire extinguisher in case of fire.

#It goes without saying.

간다 / 말하는 거 없이?

말할 필요도 없다는 겁니다. 너무 당연해서 언급하지 않아도 말이 전달된다는 겁니다.

이제 연습장에서 직접 다양하게 case를 그려보세요.

연습

#우리 마감시간은 일찍 잡는 게 좋을 거 같아, 우리가 제때 못 끝낼 수 있는 경우에 대비해서.

deadline / early / set / on time=제때 / finish

We should set our deadline earlier, in case we don't finish on time.

#항생제 치료 시작하세요, 감염에 대비해서요.

antibiotics [안티바이'오틱스] treatment / infection [인'*펙션]=감염

Start antibiotics treatment in case of infection.

#네가 올 경우를 생각해서 내가 최고의 자리를 잡아놓을게.

seat=자리 / save

I'll save you the best seat in case you come.

#화재를 대비해서, 계단은 저쪽 방향입니다.
stairs=계단 / way=방향

In case of fire, stairs are that way.

#의사: 여러분 중 한 분은 가까이 있으시는 편이 좋겠습니다, 동의가 필요할 것을 대비해서요.
close / stay / consent [킨센드]=동의서

One of you should stay close in case we need your consent.

#내가 산에 위스키 한 병을 가지고 오마, 우리가 뱀에 물리는 경우를 대비해서.
mountain / whiskey / bottle / snake / bite

I'll bring a bottle of whiskey to the mountain in case we get bitten by a snake.

#A: 엄마라면 딸 전화번호는 알고 있어야 되지 않나, 비상시를 대비해서?
daughter / phone number / emergency [이멀젼씨]

Shouldn't a mother know her daughter's phone number in case of an emergency?

#B: 요즘 누가 전화번호를 외우고 다녀?! 내 폰 줘봐!
memorize [메모*라이즈] / pass

Who memorizes phone numbers these days?! Just pass me my phone!

#비상 상황들을 대비해서 유모한테 연락처 남기고 왔지? (그렇지?)
emergencies [이멀젼씨즈] / nanny / contact number / leave

You left the nanny a contact number in case of emergencies, right?

#걔(여)가 너한테 말한다고 했었는데, 말 안 했을 경우, 내가 너한테 말해줘야 될 거 같아서.

She said she was going to tell you, but in case she didn't, I thought I should tell you.

in case도 그렇게 어렵지 않았죠?
지금까지 정말 다양한 스텝을 밟으셨습니다. 메시지를 전달하기 위해 필요한 기초들을 90% 이상 밟았다고 생각하면 됩니다.
이제부터 in case처럼 기초들끼리 섞이며 다른 말로 확장되는 것을 지속적으로 접하게 될 겁니다.

이미 배운 것들이 붙어서 통째로 다니면서 다양하게 이용되는 것도 더 자주 보게 될 겁니다. 그러면서 영어 실력이 더욱더 탄탄해질 겁니다.
마지막으로 정리하죠.

'그럴 경우를 대비해서'라는 긴 말 대신 우리말도 '혹시나 해서'라고 줄이죠?
영어도 'just in case'라고 씁니다.

#가지고 가, 혹시 모르니까.

→ Take it just in case.

이게 다예요.

그럼 영화 〈The Truman show〉 속 대사를 보면서 정리하죠.
주인공이 이웃에게 아침 인사를 한 후 항상 반복하는 말이 있습니다.

Good morning! 후에.

#In case I don't see you, good afternoon, good evening, and good night!

"Good morning, and in case I don't see ya,
good afternoon, good evening, and good night!"
- The Truman Show

15-10

빈도부사

RARELY HARDLY

뭔가가 얼마나 자주 일어나느냐에 따라 다양한 액세서리 단어가 있었죠?

복습할 겸 리스트로 만들어볼까요?

#항상 100 - always 혹은 all the time
#대부분 90 - usually
#자주 80 - often
#가끔 50 - sometimes
#절대 안 함 0 - never

숫자는 반복의 정도를 나타내며 이해를 돕기 위한 임의의 수치입니다.
보면 '가끔 하는 것'과 '절대 안 하는 것' 사이에는 단어가 별로 없죠?

'좀처럼 하지 않는다'도 알면 좋은 단어인데 한 번 접했던 seldom은 잘 안 쓰인다고 했죠. 왜냐하면 잘 쓰이는 다른 단어가 있거든요.

바로 **rarely** [*레얼*리]입니다.

뒤에 ly가 보이죠? 빼면 rare잖아요.
이 단어도 잘 쓰입니다.

#이런 케이스는 극도로 드물어요.

> extreme [익'스트*림~]=극한 <

→ This is extremely rare.

하나 더 해보죠.

#두 번째 기회는 드물어요. 그러니 당신의 첫 번째 기회를 현명하게 사용하세요.

> chance / rare / wise [와이즈] / use <

→ Second chances are rare.
So use your first one wisely.

그럼 rarely는 '드물게 일어난다'가 어울리겠죠? '드물다'는 말은 그런데 우리말 대화에서는 쉽게 안 들려요. 우리가 쓰는 말은 따로 있죠. 예를 들어, "해외여행 드물게 가요" 대신 "'거의' 안 가는 편이에요"라고 더 잘 씁니다. "거의 하지 않아요"라는 말의 느낌이 바로 rarely입니다.

그럼 예문에 넣어볼까요?

#전 대부분 실내에서 일합니다.

> indoors <

→ I usually work indoors.

#현장에는 거의 안 나가는 편이에요.

> field [*필드] <

I rarely go~ 껌딱지는 현장 안으로 들어간다는 느낌으로, into the field.

→ I rarely go into the field.

#저랑 제 남편은 어떤 것이든 거의 동의를 안 하는 편이에요.

My husband and I ~

( ) rarely ~ agree ~

extra on anything.

→ My husband and I rarely agree on anything.

rarely는 never처럼 이미 단어 안에 부정이 들어가 있어서 never 대신 벽돌 바꿔치기만 해도 됩니다.

#전 욕 절대 안 해요.

> curse [컬스] <

→ I never curse.

#전 욕 거의 안 하는 편이에요.

→ I rarely curse.

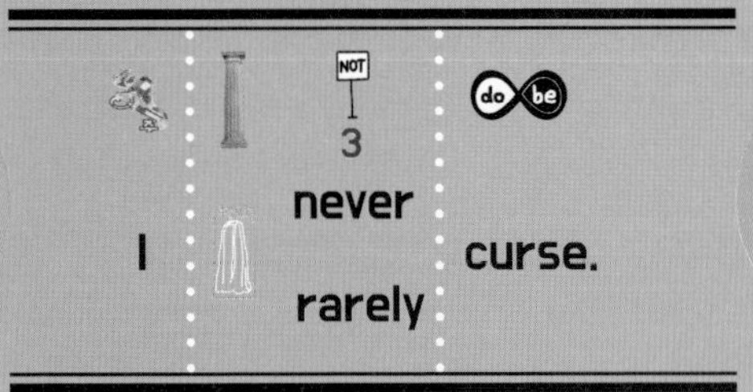

다음은 기둥을 섞어보죠.

#작가분(남)이 요즘에는 거의 안 보여요. 은둔자세요.

> writer / nowadays [나어데이즈] / see / recluse [*레클루스]=은둔자 <

첫 문장은 pp 기둥으로 가면 되겠죠?

→ The writer is rarely seen nowadays. He is a recluse.

작가 중에는 은둔형이 정말 많은데 반대 성향의 작가 중 유명한 이가 바로 **Oscar Wilde** [오스카 와일드]입니다.
그가 한 말을 영어로 만들어볼까요?
#진실은 거의 대부분 순수하지 않고, 절대 단순하지 않다.
> truth [트*루*스] / pure / simple <
→ The truth is rarely pure and never simple.

책으로 나온 우리말 번역을 볼까요?
"진실은 순수하기가 힘들고, 결코 단순하지 않다."
역시 전문 번역이 훨씬 좋죠?
Oscar Wilde는 아일랜드의 작가로 영국 옥스퍼드대를 졸업한 후 런던에 정착, 화려하게 치장하고 다니면서 전통적인 삶을 날카롭고 또 재치 있게 비판한 작가라고 합니다.

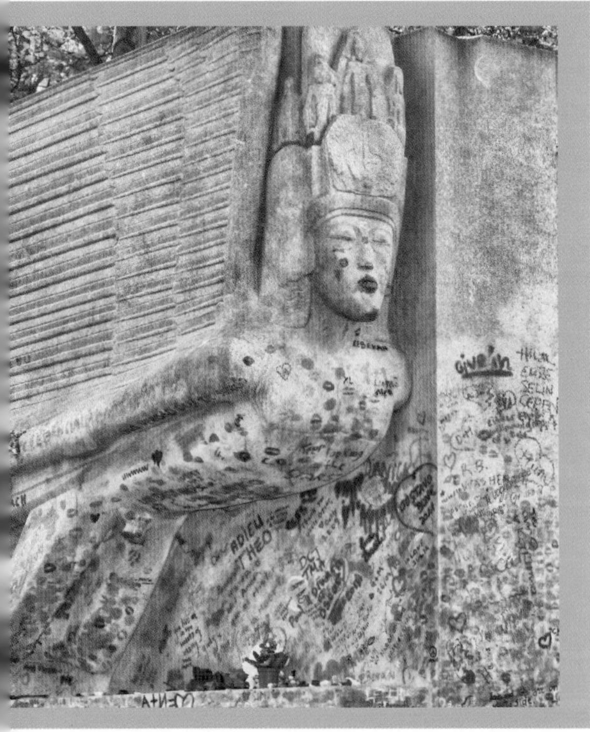

성공한 극작가였지만 후에 동성애자란 이유로 영국에서 추방당해 프랑스로 건너간 후 파산하고 결국 병에 걸려 죽습니다. 그의 묘비는 프랑스 파리의 여행지로도 유명한 공동묘지 Père Lachaise [페르 라쉐스] Cemetery에 있습니다. 무덤이 마을처럼 형성되어 있고 쇼팽, 프루스트, 짐 모리슨 등 많은 유명인이 묻혀 있죠.

Oscar Wilde의 묘비는 방문자들이 립스틱 키스로 도배해버려서 이제는 파리시에서 유리벽을 둘러놓았다고 하더군요.
Oscar Wilde의 다른 말을 하나 더 볼까요?
#변화는 거의 편한 적이 없다.
> change / comfortable <
→ Change is rarely comfortable.

그럼 이제 연습장에서 '거의 하지 않는다'는 타임라인을 생각하면서 만들어보세요.

연습

#전 혼자서는 거의 심심하지 않아요.
alone / bore

I am rarely bored alone.

#그룹 안에서나 사람들 많은 곳 안에서는 자주 심심하죠.
group / crowd [크*라우드]=사람들, 군중, 무리

I am often bored in groups and crowds.

#기적은 거의 일어나지 않지만, 일어나기도 해.
miracle [미*라클] / happen

Miracles rarely happen, but they do happen.

#저희는 너무 바빠서 점심을 먹을 시간이 거의 없어요.
busy / lunch / eat / time

We are so busy that we rarely have time for lunch.

#저희 아버님은 저한테 거의 화를 안 내셨어요.

My father rarely got angry with me.

#한국 사람들은 모르는 사람한테 거의 웃질 않아요.
strangers / smile

Koreans rarely smile to strangers.

#정치는 보이는 것만큼 간단한 경우가 거의 없어.
Hint: as simple as로 만들어보세요.
politics / appear [어'피어]=나타나다, 보이다 / simple

Politics is rarely as simple as it appears.

#제가 이런 행동을 거의 안 하는데, 그쪽 연락처 받을 수 있을까요?

I rarely do this, but can I get your phone number?

한 김에 다 정리하고 갑니다. never가 있었고 rarely가 있었죠?

#전 술 전혀 안 마십니다.

→ I never drink alcohol.

#전 술을 거의 안 마시는 편이에요.

→ I rarely drink alcohol.

#전 술을 아예 안 마시는 편이에요.

보세요. rarely와 never의 중간이죠?

거의 never까지 간다고 말하는 거죠. 이건 단어만 외우면 됩니다. 바로 **hardly** [하~들리].

→ I hardly drink alcohol.

우리가 아는 hard와 연결하지 마세요. 더 복잡해지니 그냥 따로 익히세요. 바로 만들어보죠.

#전 수영은 아예 안 하는 편이에요.

→ I hardly swim.

쉽죠? 느낌만 기억하면 됩니다. 그럼 짧게 연습장 가서 익숙해진 후 rarely와 hardly를 더 다양하게 써가며 쉬운 단어로 연습해보세요.

거의
안 하는 것이나 hardly
마찬가지야.

#여긴 눈이 거의 아예 내리지 않아요.
snow

.... It hardly snows here.

#Eric(남)은 거의 아예 입을 열지 않아.
mouth / open

.... Eric hardly opens his mouth.

#그는 누구와도 얘기하는 걸 좋아하지 않지.
talk

.... He doesn't like talking to anyone.

#내 딸은 아예 거의 전화도 안 해.
daughter / call

.... My daughter hardly calls me.

#이곳은 너무 시끄러워! 생각을 아예 할 수가 없네!
place / loud / think

This place is so loud!
.... I can hardly think!

부사

문법 용어.

외국어를 하기 위해 알아야 할 것은 문법이지 문법 용어가 아니라고 했습니다.
문법이란 단어를 잘못된 위치에 사용해 '허튼' 소리를 하지 않도록 그 틀을 접하는 것이죠?

문법 용어를 익히는 것은 반대할 일이 아니지만 그것만을 위주로 영어를 접하면 정작 중요한 것을 놓치는 상황이 생겨 이 코스에서는 일부러 최대한 멀리했습니다.
그래도 몇 개는 사전에서 영어 단어를 찾을 때 매우 유용할 수 있기에 알면 도움이 되는 것은 접했습니다.

처음에 딱 4가지를 소개한다고 했었죠?
스텝 01[12]에서 만난 첫 번째가 '동사'였습니다. 영어로 **verb!**
사전에는 줄여서 v.라고도 나옵니다.
verb의 종류는 몇 개? 2개!
do와 be가 있었죠!
be는 그냥 be이지만, do 쪽은 do, eat, laugh, think처럼 다양했습니다.

그다음 스텝 02[16]에서 '주어'를 접했습니다.
두비의 주인으로 영어 구조에서 매우 중요하다는 것 이젠 알죠?
우리말에서는 잘 숨는 바람에 '카멜레온'이란 별명을 붙이고
아이콘에 '주'라는 글씨를 그려줬습니다. 영어로는 subject라고 한답니다.

세 번째는 명사. (스텝 04[09])
명사라고 하면 물건만 생각하지만, 세상 모든 것의 명칭이 다 명사죠?
사람, 상상력, 세상 등등 다 명사라고 했습니다.
영어로 noun [나운]. 사전에 n.이라고 표기됩니다.

그리고 스텝 07[15]에서 배운 형용사.
'여자'가 명사면 '지적인 여자'에서 **'지적인'**이 바로 형용사죠.
명사를 꾸며줄 때 쓰이고 영어로 adjective였습니다.
subject는 '대상'이란 단어도 되는데 거기에 'add'를 해서 생긴 단어. 줄여서 adj.

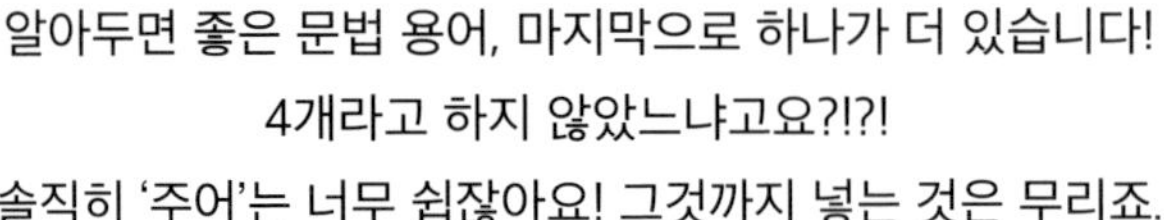

알아두면 좋은 문법 용어, 마지막으로 하나가 더 있습니다!
4개라고 하지 않았느냐고요?!?!
솔직히 '주어'는 너무 쉽잖아요! 그것까지 넣는 것은 무리죠.

진짜 여러분이 알면 도움 되는 문법 용어는 다섯 손가락 안에 들어갑니다!
그중 진짜 마지막!
아이러니하게도 이것은 문법에서 비중이 가장 약한데도 불구하고
워낙 설명이 복잡하게 소개된 경우가 많아 모르는 입장에서는
대단한 것처럼 보이기 때문에 짚고 넘어가는 거니까 편하게 보세요.

번역해보세요.

#Aging Gracefully.

aging [에이징]은 '노화'.
gracefully로 ly가 붙었으니
graceful 하게 나이 들라는 거죠.
→ 우아하게 나이 들어가는 것.

Aging gracefully

aging을 '노화'로만 번역하진 않으시죠?
일 천천히 해!
"Work slowly!"처럼
곱게 늙어! 하면
"Age gracefully!"가 되는 겁니다.
age가 두비 자리에 가니 '나이가 들다'가 되는 거죠. do 동사가 되는 겁니다, v.

문법 용어로 구경해볼까요?
grace는 '우아함'입니다. 명사죠?
graceful 하면 '우아한'이라고 해서 beautiful 같은 것이니 이런 단어는 adj. 형용사라고 불렀고요.

그럼 **gracefully**는?
뭔가를 하는데 '우아하게' 하라고 해서
우리는 ly로 배웠습니다. (스텝 05[25])
이전 스텝에서 rarely, hardly도 배웠죠?
이 ly도 문법 용어가 따로 있을까요?

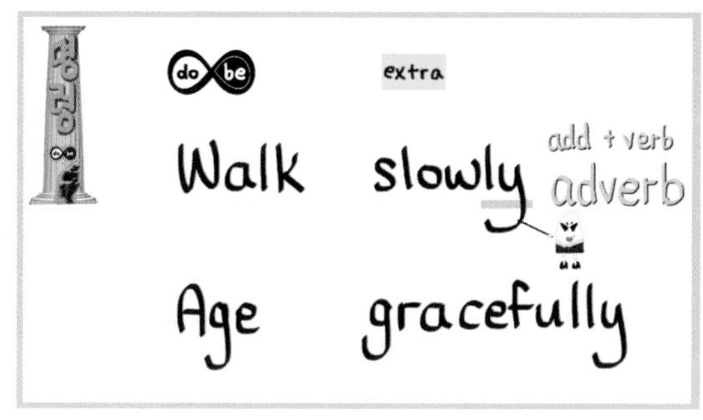

Age gracefully.
늙는데 우아하게 늙으라고 하고,
Walk slowly!
걷는데 천천히 걸으라고 하는 것처럼
verb를 설명해주죠?
그래서 이것을 영어로 adverb라고 부른답니다. verb에 add를 해서 verb를 꾸며주는 거죠.
뭐, 여기까지는 어려운 것 같지 않죠? 자, 그럼 adverb를 우리말로 하면?

'부사'라고 합니다. 곧바로 추상적인 단어가 되어버리죠. 영어 버전 adverb가 이해하기 좀 더 편하죠?

그럼 다음 것!

therefore, just, enough, really, too, etc.
다 배운 것들이죠? 그렇다면 다 사용법이 같나요? 아니죠.
그런데 전부 다 adverb라고 부릅니다.
이상하죠? 왜일까요?!

adverb의 대다수가 바로 '날치'랍니다.
날치의 특징은 기둥 문장을 두고 그 사이들을 날아다녀서
날치라는 별명을 붙였잖아요. 다른 것들은 자기만의 위치가 있지만
날치는 기둥 문장이 있으면 더해지는 것뿐입니다.
부(副)성분의 '부'가 '부사'의 부입니다.

'부(副)성분'은 영어로
an accessory ingredient라고 합니다.
액세서리! 결국 그 많던 액세서리가 다 adverb라는 거죠.
다시 보면 별것 아닙니다.
없어도 되는 액세서리들. 그냥 더하는 것들!

영국 BBC에서 제공하는 'Learning English'라는 무료 영어 교육 사이트가 있습니다. 거기서 한 한국인이 이 adverb의 위치에 대해 질문한 글이 있더군요. 그대로 인용해보겠습니다.

Position of adverbs.
Jang-Joon Lee from Korea writes:
"I studied English for more than twenty years in school. But I still don't know the exact position of an adverb. Is there any rule regarding the position of adverbs? Thanks a lot."

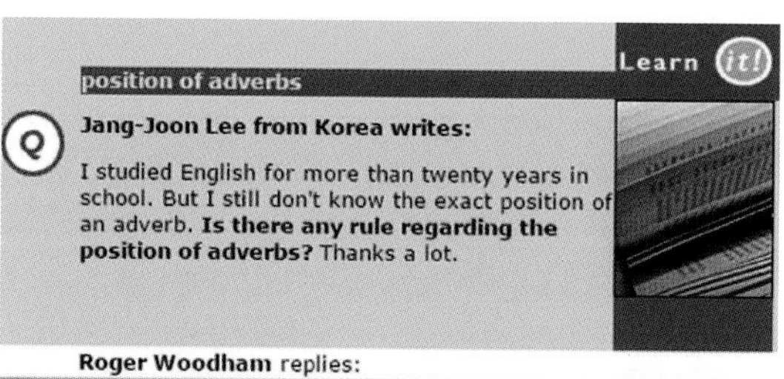

regarding 처음 나왔네요. 몰라도 대충 알아보겠죠? 하나하나 뜻을 다 찾아보는 것은 시간이 날 때 하면 됩니다.
regarding은 사전에서 찾으면 '그것에 관하여'라고 나옵니다.
이 질문의 큰 메시지는 뭐예요?

20년 동안 학교에서 영어를 공부했는데 아직까지도 adverb 위치를 모르겠다면서 위치에 관련된 룰이 있느냐는 거죠?

BBC가 해준 답변은?
3 페이지에 걸쳐 다양한 adverb들을 소개하면서 위치를 기둥 맨 앞, 기둥 맨 뒤, 기둥 중앙이라고 가르쳐주었답니다. 결국 영어권 자료도 마찬가지인 거죠.

보세요. 부사는 날치잖아요. 하는 짓이 날치인데, 정해진 한 군데 위치에서 찾으려 하니 힘들죠.
거기다 날치 안에서도 단어마다 종류가 다양하잖아요. 그럼 가장 좋은 방법은?
'adverb'라는 문법적인 부분을 버리세요!

영어를 외국어로 배울 때 문법적 구성으로만 보지 말고 꼭 실용적으로 봐야 하는 것을 고르라면 바로 이 부사입니다. 또 하나 버려야 할 것이 5형식이죠.

문법 용어를 설명해놓고 out 하라고 설명하는 것이 웃긴가요?

그런데 정말입니다.
20년을 공부하고도 다시 질문할 만큼 쉽게 사람을 함정에 빠트릴 수 있답니다. 우리는 피해야 하는 것도 무엇인지 알아야합니다!

많은 영어 자료를 보면 문법 설명과 용어들이 가장 중요한 것처럼 가르칩니다. 하지만 정작 영어를 외국어로 터득하다 보면 그것들은 중요치 않다는 것을 알게 됩니다.

그럼, 이것으로 문법 용어 스텝은 끝입니다! 끝!

#우리가 피하면 좋을 것들을 기억하세요. 영어로?

> avoid [어'*보이드] <

→ Remember what we should avoid.

→ Remember things that we should avoid.

15 12

분사 서술적 용법

saw it dropped

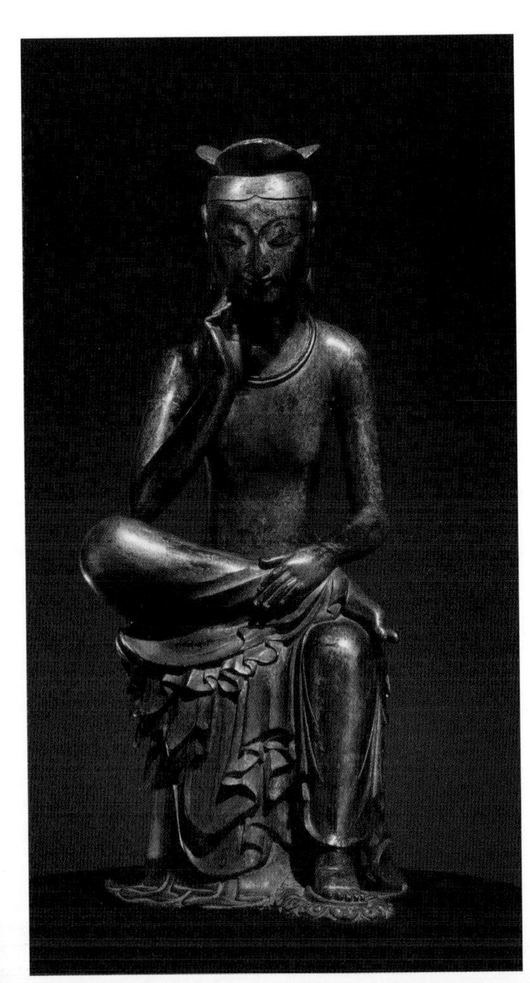

#물 잔이 반이 비었나요, 반이 꽉 차 있나요?

> glass / empty / full <

→ Is the glass half empty or half full?

서양에서는 이 질문에 대한 대답으로 그 사람이 긍정적인지 부정적인지 알아본답니다.

그래서 물어보는 질문 중 하나가,

#당신은 잔이 반이 비어 있는 사람인가요, 반이 차 있는 사람인가요?

→ Are you a glass-half-empty person or half-full person?

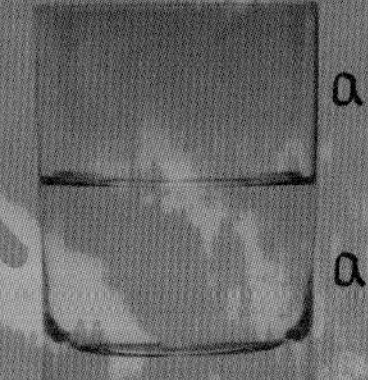

a glass - half - empty

a glass - half - full

영국 일간지 《Daily Mail》의 기사를 읽어볼까요? 이제 여러분은 아래 기사를 다 읽을 수 있습니다.

Mail Online

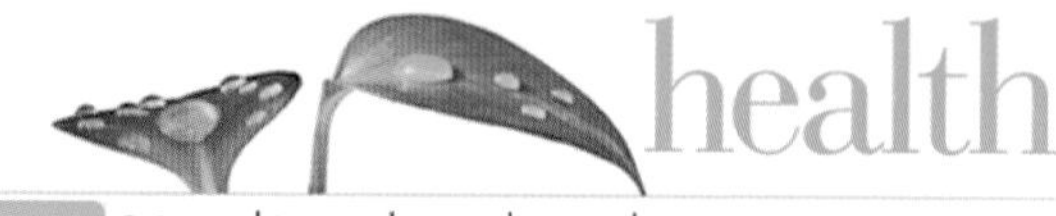

health

Home | News | U.S. | Sport | TV&Showbiz | Australia | Femail | Health | Science | Money | Video | Travel | Fashion Finder

Latest Headlines | *Health* | Health Directory | Health Boards | Diets   Login

Are you a glass half-empty person? Don't worry, it's not your fault - we're hardwired to be positive or negative

- **Study is first to prove there are positive and negative people in the world**
- **Negative people who were instructed to be happy became more anxious**
- **'You can't just tell someone to think positively,' say researchers**

2014. 04. 03. by Anna Hodgekiss. Mailonline.

#Are you a glass half-empty person?

물이 반이 비어 있는 사람이냐는 거죠?

#Don't worry, it's not your fault

걱정 말라고 합니다. 당신의 잘못이 아니라고요.

#-we're hardwired / to be positive / or negative.

우리는 하드와이어 되어 있다? BE + pp 기둥이죠?

'와이어'는 줄 아닌가 싶겠지만, 영어에서 잘 쓰는 말이랍니다.

hard-wire는 고정 배선으로 하드웨어에 내장된 고정 회로를 말합니다.

사람을 컴퓨터의 하드웨어처럼 기계에 비교한 것이죠.

we are hardwired 하면 우리는 이미 배선이 고정되었다는 겁니다.

to be positive or negative. 긍정적이 될 것인지, 부정적이 될 것인지.

인간이 고정되어 설계되었다는 것이죠. 다시 말해 선택이 아닌 태어날 때부터 그랬다는 것.

흥미롭죠?

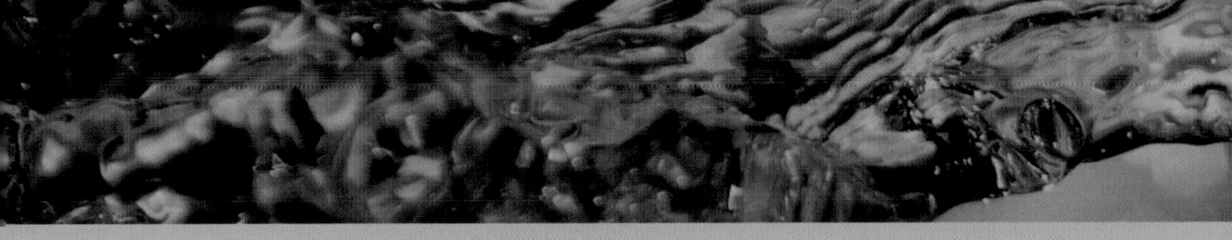

#Study / is / first / to prove
연구가 처음이었는데 증명하기 위한 처음이었다는 거죠.
#there are positive / and negative people / in the world.
THERE 기둥! 긍정적이거나 부정적인 사람이 세상에 있다는 것을 증명하기 위한 첫 연구였다는 것이죠.
#Negative people / who / were / instructed
부정적인 사람들 / 열차로 가서 BE + pp 기둥으로 연결되었네요. instruct를 받은 부정적인 사람들. instruct는 '지시를 하다'입니다. 지시를 받은 부정적인 사람들.
#to be happy
무슨 지시? to be happy, 행복해지라고 지시를 받은 부정적인 사람들.
#became / more anxious.
DID 기둥이었던 거죠? 어떻게 되었대요? 더 불안해졌다고 하죠.
#"You can't just tell someone / to think positively", say researchers.
'당신은 그냥 말할 수 없다 / 누군가에게 / 긍정적으로 생각하라고' 연구원들이 말하는 것이죠.

사람마다 설계가 다르게 되어 있어 부정적으로 설계된 사람들에게 행복하라고 지시하면 더 불안해졌다고 하는 내용입니다. 재미있죠?

영어의 틀을 알고 앞에서부터 읽어나가면 이해하는 속도가 빨라지죠? 메시지를 이미 이해했으니 우리말로 자연스럽게 번역하고 싶을 때는 이미 한국어를 잘하는 여러분이 보기 좋게 정리하면 됩니다.

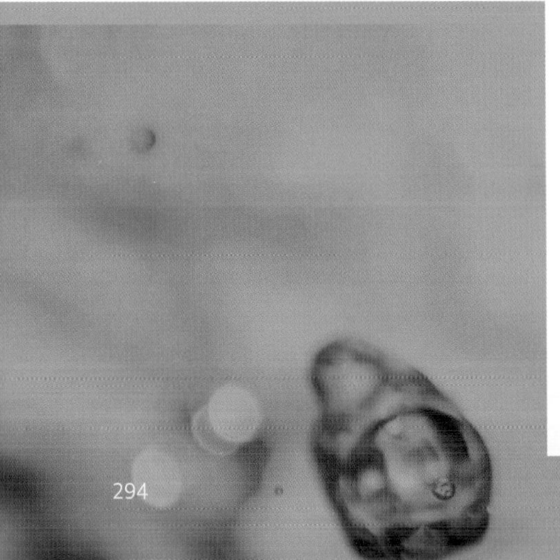

Dear Optimist,
Pessimist, and
Realist,

While you guys
were busy arguing
about the glass of
water, I drank it!

Sincerely,
The Opportunist

이번에는 인터넷에 돌아다니는 편지를 읽어보죠. 모르는 단어는 핸드폰이나 사전에서 찾으세요!

#Dear Optimist, Pessimist, and Realist

Dear로 시작하니 누군가에게 편지를 쓴 겁니다.

낙천주의자, 비관주의자 그리고 현실주의자에게.

#While you guys were busy arguing about the glass of water, I drank it.

잘라서 다시 번역해보죠.

#While you guys were busy

while 리본 들어가 있죠? when 같은 것인데 대신 시간이 흘러가는 느낌이 있는 거죠? 너희들이 바빴던 동안,

#arguing about the glass of water,

곧바로 [잉] 나오죠? 뭐 하느라 바빴어요? 'argue'가 '다투다'이니 다투느라 바빴다는 거죠. 뭐에 대해? 물 한 잔에 대해,

#I drank it. 내가 마셔버렸다.

너희들이 물 한 잔 가지고 논쟁하느라 바쁜 동안, 내가 마셨다.

#Sincerely,

sincerely는 우리가 편지 끝에 '올림, 드림'이라 쓰듯 영어에서 잘 쓰는 말이랍니다.

#The opportunist.

누구한테 온 편지예요?

기회주의자.

긍정적인 사람, 부정적인 사람, 현실적인 사람이 서로 물컵의 물을 가지고 다투는 동안, 기회주의자가 자신이 마셨다고 편지를 남긴 거죠.

잠깐! 그럼 현실주의자들은 물 잔을 어떻게 보나요?

'위에는 비었고, 밑에는 찼고, 물 잔에 물을 반을 채우면 원래 이래! 괜히 물 잔에 의미 부여하지 마!'

웃기죠? half glass를 모르면 이 편지가 이해되지 않겠죠? 문화를 알아야 이해할 수 있는 말들도 참 많답니다. 이렇게 다른 문화를 접하다 보면 다르게 바라보는 시각도 접할 수 있으니 뇌에 자극도 되고 좋죠.

자, 우리가 방금 읽은 이 글 속에
스텝 15[06]에서 배운 구조가 나온 것 알아챘나요?

"You guys were busy arguing"

그럼 이번에는 이미지 그리면서 비교해보죠.

#내가 내 친구를 봤어요.

→ I saw my friend.

#기절하는 것을 봤습니다.

> faint <

→ Fainting.

다른 단어로도 써보죠.

#쓰러지는 것을 봤습니다.

> collapse [컬'랖스] <

→ Collapsing.

이번에는 친구를 봤는데

해고당하고 있는 것을 봤습니다.

I saw my friend~

친구가 fire를 하는 게 아니라 당하고 있는 것을 본 거죠. BE + pp로 가면 어울리겠죠? 대신 그 상태를 얻고 있는 것이니 get으로 간 후에 pp를 엮으면 더 잘 전달됩니다. (스텝 14[09])

→ getting fired.

→ I saw my friend getting fired.

I saw my friend ... getting fired

해고당하는 상황

뒤에 [잉]을 붙여 동시에 일어난 상황인데, 상대가 하는 게 아니라 받는 상태라면 being으로 가든지 getting으로 가서 pp를 붙이면 되는 겁니다. 보면 정말 적은 재료로 참 다양하게 사용하죠?

그럼 다음 것을 해볼까요?

I saw my friend ... getting fired.

해고당하는 상황 삐삐

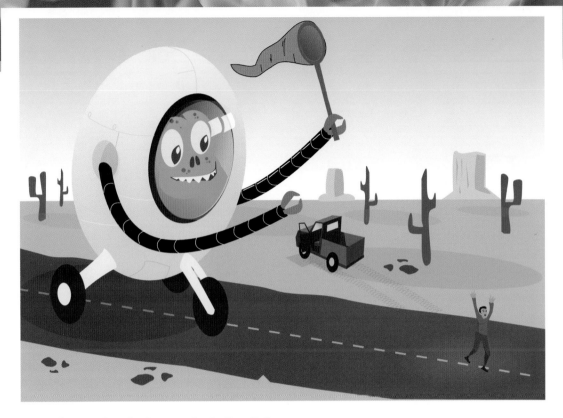

#저 그거 봤어요. 파괴된 것을.

> destroy <

누가 파괴했는지는 궁금하지 않고 그냥 누군가에 의해 파괴되어 있는 것을 본 거죠.

destroy 되는 상황을 봤다는 느낌이 들면

→ I saw it~ being destroyed. 이렇게 말하면 됩니다.

그럼 보는 모습 I saw it과 그 앞에 동시에 대상이 파괴되는 이미지 it being destroyed가 같이 전달되는 거죠. 당연히 "I saw it getting destroyed"도 됩니다. get을 쓰면 확실히 '받는' 느낌이 더 전달됩니다.

같은 말을 그냥 pp만 붙여도 된답니다. → I saw it destroyed.

[잉]처럼 망가지는 도중의 이미지는 덜 전달되지만 '파괴된 것을' 봤다는 정도로 작은 차이입니다.

같이 만들어볼까요?

#저분은 유명한 작곡가야.

> famous composer [컴'포저] <

→ That person is a famous composer.

말하다가 얼마나 유명한지를 더 말하고 싶어서 WH 열차로 엮죠.

#전 세계에 알려진 분이시지.

> 전 세계에 = 자주 쓰는 말은 all over the world <

extra 저 사람이 아는 것이 아니라 저 사람은 가만히 있는데 다른 사람들이 아는 것이니 BE + pp 기둥으로 가면 되겠죠? Who is known.

extra 남은 엑스트라, all over the world.

→ That person is a famous composer who is known all over the world. (스텝 12[07])

자! 이미 배운 [잉]은 말하고 바로 연결할 수 있었죠?

→ You and I are sitting on the tree~ kissing.

그렇게 [잉]이 연결되듯 pp도 연결할 수 있는 겁니다.

→ That person is a famous composer~ known all over the world.

That person is a famous composer~
who is known~ all over the world.
BE 피피
That person is a famous composer~
known all over the world.

또 보죠.

#내 남자 친구가 시험을 잘 봤어.

→ My boyfriend did well on the exam.

#만족해서 나왔어.

> satisfy [싸티스*파이]=만족시키다 <

He came out~ 나왔는데

extra 동시에 만족해서 나온 것이죠, satisfied.

→ He came out satisfied.

satisfy는 '만족시키다'라는 do 동사라고 했습니다.
이렇게 내가 만족했을 때는 '결과가 나를 만족시킨 것이니' satisfy의 pp를 써야 한다는 것을 아는 것이 지금 이 스텝을 배우는 것보다 더 중요합니다!
지금 배우는 구조는 안 써도 되거든요. "He was satisfied"라고만 해도 전혀 상관없습니다.
He came out and he was satisfied. 이것도 되잖아요.

아이들이 심플한 한국어를 쓴다 해서 한국말을 못한다고 생각하지 않듯, 말을 단순하게 한다고 해서 영어를 못한다는 생각은 안 듭니다.

하지만 satisfied로 해야 할 것을 satisfy 혹은 satisfing으로 가면, '아직 언어 기본은 안 되어 있네'라는 생각이 든답니다. 그래서 가장 기초적인 것들은 쉽고 빨리 나오게 확실히 연습해두어야 하는 거죠.

#저희 사촌 언니는 자러 갔어요, 결과에 기분 좋아하면서요.

> please=기쁘게 하다 <

→ My cousin went to bed pleased with the result.

동시에 벌어진 것인데, please는 내가 누군가를 기분 좋게 하는 것이고, 난 가만히 있는데 결과가 나를 기분 좋게 한 것은 pp로 가면 됩니다. pleasing으로 써버리면 사촌 언니가 '결과를 기쁘게 해주면서' 자러 간 겁니다. 말이 안 되죠.

좀 더 해볼게요.

My cousin went to bed

... pleased with the result.

#내 친구 집 샀더라. 나 보러 갔었어.

→ My friend bought a house, and I went to see it.

#큰 집인데,

→ It was a large house,

#호수 근처에 위치해 있어.

> **'짓다. 위치시키다'**는 situate [씨츄에잇] <

그냥 and도 되지만 어차피 동시에 말할 수 있으니 연결해볼까요?

집이 뭔가를 위치시키는 것이 아니라 위치해 있는 것이니 situate의 pp로 가야죠, situated

extra ~ near the lake.

→ It was a large house situated near the lake.

뒤에 어떤 느낌으로 붙는지 감이 잡히나요? 그럼 마지막으로 하나만 더 해볼게요.

#저 남자 봤어요.

→ I saw a man.

#차에 받힌 거요!

> hit의 pp 역시 hit <

→ Hit by a car. 이어 붙이면

→ I saw a man hit by a car.

그런데 차에 받히고 있는 중인 이미지로 더 전달하고 싶다면? 간단하게

→ I saw a man being hit by a car!

I saw a man being hit by a car!
[잉]

I saw a man hit by a car!

이미지 그려지죠?

[잉]과 pp를 기둥 문장 뒤에 엑스트라로 붙이는 것은 실제 말할 때에는 애매할 수 있습니다. 간단하게 WH 열차가 생략된 것처럼 바라보면 쉽게 적응할 수 있는데, 그것은 계속 연습하면서 익숙해질 겁니다.

굳이 사용하지 않아도 메시지를 전달할 때 전혀 문제가 없습니다. 다시 말해 여러분의 카드에 지금은 없어도 되는 것이니 여유 있게 연습장에서 접하면서 감만 키운다고 생각하고 만들어보세요.

#1. 경찰은 시체를 발견했습니다.
body / find

.... The police found a body.

#2. 경찰은 정원에서 매장된 시체를 발견했습니다.
garden / bury=묻다 - buried -buried [베*리드]

.... The police found a body buried in the garden. / Police found a body in the garden buried.

#저 남자는 자기 아내가 피로 범벅이 된 걸 봤어!
Hint: It is covered with snow. / wife / blood

.... That man saw his wife covered with blood!

#1. 그 이름이 뭐였지? — 그 남자?

.... What was the name of that man?

#2. 경찰한테 체포된 남자의 이름이 뭐였지?
arrest=체포하다

.... What was the name of the man arrested by the police? / What was the name of the man who was arrested by the police?

#네 왼쪽에 있는 집 보여, 눈에 덮인 집?
그게 우리 새 집이야!

.... Do you see the house on your left covered with snow? That's our new house!

어땠나요? 영어책에는 이렇게 [잉]과 pp와 기둥 문장에서 엑스트라로 나오는 것들과 관련해 다양한 문법 설명이 있답니다. 그것들은 먼저 말이 탄탄해지고 나면 접하는 것으로 합시다. 항상 말이 트이는 것이 중요하다고 했죠? 그럼 배운 것을 토대로 그냥 pp 연결이 아닌 [잉] 연결처럼 천천히 Being + pp로 이어주면서 탄탄하게 만들어보세요.

15 13

숙어

WHETHER A OR B

《사자의 서》라고 들어보셨나요? 영어가 좀 더 쉬울 수도 있겠네요.
《Book of the Dead》
책은 책인데, 죽은 자들의 책인 거죠. 고대 이집트에서 관에 함께 매장한 '사후세계 안내서'라고 합니다. 그 안내서에 따르면, 우리가 죽고 난 후 우리의 심장이 진실의 깃털과 비교되어 무게가 재어진다고 해요. 그 결과로 사후가 어떻게 되는지 정해졌다고 합니다.

#천칭은 영어로? balance scale입니다. '통째'로 접한 either A or B에서 천칭을 봤죠.
(스텝 09[16])

either가 들어간 문장을 읽으면서 얼마나 기억하나 확인해볼까요?
《사자의 서》에 나오는 글귀의 영어 번역본을 읽어봅시다.

#Either you are allowed to pass into the afterlife, or you will be eaten by the waiting chimeric devouring creature composed of the deadly crocodile, lion, and hippopotamus.

Either 머릿속에 천칭 올리세요.
you are allowed 네 상태가 허락을 받았든지
to pass 지나도록
into the afterlife. 어디 안으로? afterlife. 사후세계로.
or 아니면, 반대편 천칭에 올릴 것은
you will be eaten 너는 상태가 먹힐 것이다.
by the waiting chimeric devouring creature 뭐에 의해, 기다리고 있는 [카이메릭] [디바우어링] [어쩌고저쩌고에게] 결국 뭐에게 먹힌다는 건데 궁금하면 찾아보면 되겠죠?

먼저 **[카이메릭]**은 [카이메라]의 형용사라고 합니다. **[카이메라]**는 사자 머리에 염소 몸통, 뱀꼬리를 가진 신화 속 괴물로 우리는 [키메라]라고 하죠. 그다음 뭐라는 거죠, 볼까요?
devouring devour는 [게걸스럽게 먹다]입니다. 그다음 단어는?
creature 여기서 create란 단어 보이세요? creature는 '생물, 생명'입니다. 이름을 붙이기 힘든 종을 creature라고 불러요. 다시 말해, 키메라 같은 게걸스럽게 먹는 생물에 의해 먹힐 것이라는 거죠. 이미지 그려졌나요?
잠깐! creature 뒤에 말이 더 있습니다.

composed of the deadly crocodile, lion, and hippopotamus.
creature인데 composed, 구성된 겁니다. 바로 pp가 연결된 거죠. 바로 전 스텝에서 배웠습니다. 다시 말해 여기에 나온 키메라 같은 괴물은 사자, 염소, 뱀으로 구성된 게 아니라 치명적인 악어, 사자, 하마로 구성된 생물이라는 겁니다. 더 무서운 괴물인 거죠.
진실의 깃털과 비교하여 통과 못 하면 우리는 이 괴물에 게걸스럽게 먹힌다는 겁니다.
dead crocodile 죽은 악어죠. '다른 이의 죽음을 불러일으킬 악어'라고 하면 deadly crocodile이라고 합니다. 그래서 deadly가 우리말로 '치명적'이 되는 겁니다.
항상 메시지가 전달되면 다시 한번 영어로 천천히 읽어보세요.

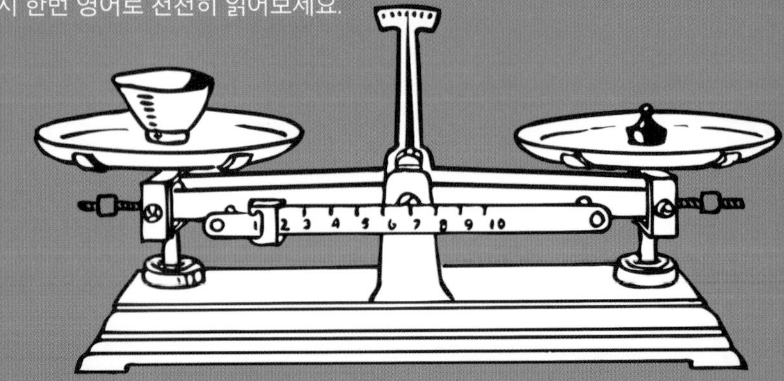

여러분이 이미 배운 either 다음에 or가 붙으면 위에서 했듯 천칭에 올려서 이것이든지 저것이든지 둘 중 하나라는 말이 되었죠? 다음 문장에 다시 적용해보세요.

#우리는 지나가게 되든지, 아니면 먹힐 겁니다.

> pass / eat - eaten <

→ Either we will pass or we will be eaten.

이것은 리본이 아니죠. 그냥 연결끈 같은 or인데, 대신 앞에 either가 붙어서 통째로 다니면서 '둘 중 하나로 기울 것이다'라는 것을 말할 때 썼어요. 그래서 연결끈처럼 기둥 문장뿐 아니라, 달랑 명사만 붙어도 되었습니다.

#검은색이든지 흰색이든지 난 상관 안 해.

→ Either black or white, I don't care.

#이거든지 저거든지 하나 선택해.

→ Choose either this or that.

→ Either this or that, choose one.

어렵지 않죠? either는 천칭이 무조건 한쪽으로만 기울어지는 겁니다.
그럼 다음 문장을 만들어보세요.

상황) 합의한 결정에 불만을 말하는 사람이 있습니다.

#넌 이 결정이 마음에 안 든다고?

> decision [디'씨젼] <

→ You don't like this decision?

네가 마음에 들든 들지 않든, 우리는 할 거니까 그만 징징대!

네가 마음에 들든 들지 않든~~

이번 스텝에서 배울 새로운 표현입니다! 통째로 익히면 된답니다. '통째로' 나타나는 스텝들이 자주 나온다는 것은 그만큼 여러분이 기초를 많이 다진 거라고 했죠?

이 말 만드는 법. 간단합니다.

'Either you like it or not'에서

Whether [웨더] you like it or not.

either 빼고 그냥 앞에 whether 붙이고 그대로 들어갔습니다. either가 둘 중의 하나면, whether는 이리로 가든, 저리로 가든, 상관없다는 겁니다.

보통 영어책에서는 'whether A or B'로 배웁니다.
Whether you like it or not을 봤을 때
A가 'you like it'
B가 'you don't like it'인 거죠.
좀 간단하게 설명하려고 A와 B를 쓰는 것뿐입니다.

대신 이 whether는 리본으로만 보기 때문에 either처럼 그냥 명사만은 붙지 못한답니다. 어이가 없지만 '문법'적으로는 그래요. 가끔 whether 뒤에 기둥 문장이 없는 것도 볼 수 있는데 그건 생략이 가능해서 그런 겁니다. 이런 규칙들을 외우려고 하지 마세요. 자질구레한 규칙은 오히려 헷갈리기만 할 뿐 여러분은 그냥 기둥 문장만 붙이면서 편하게 예문부터 접해보죠. 다음 대화를 볼게요.

#저희랑 같이 가야 하는 거 아니에요? (그러는 것이 좋지 않나?)

→ Shouldn't you come with us?

#합류를 하든 안 하든 저희는 지금 갑니다.

> join <

→ Whether you join us or not, we are leaving now.

배경처럼 앞으로 깔았습니다. 뒤로 가도 됩니다.

→ We are leaving now whether you join us or not!

간단히 줄여 'join us or not'으로 말했고, 풀면:

#네가 우리와 합류를 하든,

→ Whether you join us,

#우리와 합류를 하지 않든.

→ or you don't join us.

좀 더 만들어보죠.

#네가 이 게임을 이기든 지든, 이건 너의 마지막 게임이 될 거야.

→ Whether you win or (you) lose this game, this will be your last game.

리본이니 뒤바꾸어도 되죠.

→ This will be your last game whether you win or (you) lose.

#이 일은 일어날 거야!

→ This is going to happen!

말하다가 덧붙여도 되겠죠.

#네가 원하든 원치 않든.

→ Whether you want it or not.

이번엔 건강 관련 사이트에 있는 글을 읽어보죠.

#Have protein at EVERY meal.

명령 기둥이죠. 가지래요, [프로 어쩌고를] / 모든 식사 때.

protein [프로틴]은 단백질입니다. 매 식사 때 단백질을 먹으라는 거죠.

#Whether it's tuna, chicken, eggs or nuts, stock up on these foods.

whether 다음 뭐든 상관없다는 거예요. 참치든, 닭고기든, 계란이든, 견과류든,

stock up. 명령 기둥입니다. '주식'을 영어로 stock. do 동사에 넣으면 쌓아두라는 겁니다.

stock up. 위로 쌓아둬라, 채워두라는 겁니다.

읽은 것을 기억하려 하지 말고, 이미지로 떠올리며 메시지 전달에 집중해서 다시 영어로 말해보세요.

#모든 식사 때마다 단백질을 섭취하세요. 참치든, 닭고기든, 달걀이든, 견과류든, 이런 음식들을 비축해두세요.

이번엔 문장 쌓아보죠. 알던 사람이 성공했다는 소식을 들었어요. 질투심에 누군가 말합니다.

#A: 그것은 운으로 된 거야.

> luck <

→ That is done~ **방법** 껌딱지 붙여보세요! by luck.

→ That is done by luck.

누군가 이렇게 말하는 것이 passive-aggressive라고 했죠? (스텝 14[13]) 누가 한 소리 합니다.

#B: What difference does that make?

네가 한 말로 인해서 결과가 달라지는 것이 무엇이냐며 묻는 말입니다.

우리말로는 "그게 무슨 상관인데?"가 어울리겠죠? 다음 말에 적용해보세요.

#그게 운으로 되었든 아니든 무슨 상관인데?

→ What difference does that make whether it's done by luck or not?

줄여서 말해볼까요?

#실력이든 운으로든 여전히 그녀는 성공을 이뤘어.

> skill / luck / successful <

→ Whether by skill or luck, she still became successful.

눈치채셨나요? 가이드에 기둥 생략되었죠?

Whether (it's done) by skill or (it's done by) luck.

그럼 이제 whether를 적용해 연습장에서 천천히 만들어보세요.
'통째'로 사용하는 것은 시간이 좀 걸리니 실전에서는 초반에 사용 못 해도 괜찮습니다. 그러니 압박감 버리고 편하게 만드세요. 그런 마음가짐이 외국어에 더 도움이 된답니다. 대신 문장 안에서 기둥들을 잘 선택하세요!

연습

#난 이 사파이어가 진짜든 가짜든 신경 안 써.

sapphire / real / fake / care

.... I don't care whether this sapphire is real or fake.

#우리의 여정이 1년 동안 지속되든 그냥 하루 동안 이어지든, 난 매우 기대된다.

journey [져니] / year / last=지속되다 / excite

Whether our journey lasts for a year
.... or just a day, I am very excited.

#공공장소에선 넌 저분들을 지지하는 게 좋을 거야, 네가 저분들의 견해를 공유하든 안 하든.

public / support=지지하다 / opinion=견해 / share=공유하다

You should support them in public
.... whether you share their opinion or not.

#네가 이기는지 지는지는 중요하지 않아.

win / important

It's not important
.... whether you win or lose.

#그들이 성공하든 실패하든, 결과는 같을 거야.

succeed / fail / result / same

Whether they succeed or fail,
.... the result will be the same.

이번엔 다양하게 섞을 테니 메시지 전달하면서 만들어보세요.

상황) 세 사람이 앉아서 이웃집 남자에 대해 말합니다.

#A: 저 남자는 집에서 일하네.

→ That man works at home.

옆에 사람이 말합니다.

#B: 아니면 직업이 없든지.

→ Or he doesn't have a job.

#A: 그래, 그럴 수도 있겠네.

→ Yes, that could be too.

#집에서 일하든지 아니면 직업이 없네.

→ He either works at home or doesn't have a job.

그러자 대화를 듣던 다른 이가 말합니다.

#C: 저 사람이 집에서 일을 하든 직업이 없든, 우리가 왜 상관하는데?

> care <

→ Whether that person works at home or doesn't have job, why do we care?

#우리는 아무도 직업이 없잖아!

→ We don't have a job! 또 잘 쓸 수 있는 말,

→ None of us has a job!

none이 들어가니 강하죠.

either A or B나 whether A or B 같은 것을 보면 괜히 A or B 때문에 서로 비슷할 것 같죠? 헷갈린다면 서로 멀리 떨어뜨려서 따로 먼저 연습하세요. 하나가 스텝 09[16]에 있었다면 이건 스텝 15[14]에 있잖아요. 이런 식으로 말이죠. 그래도 헷갈리면 하나를 아예 버리고 다른 것부터 먼저 탄탄하게 해놓으세요. 그럼 예문 2개만 더 하고 끝낼까요?

Ford

세상에서 처음 대량생산이 가능한 차를 만든
Henry Ford. 그 회사가 Ford죠?
농부의 아들로 자수성가한 사람이랍니다.
그가 한 말을 읽어볼까요?

#Anyone who stops learning is old, whether at twenty or eighty.

어느 누구든~ WH 열차 연결했죠.
멈추는 사람. 배우는 것을 멈추는 사람은 나이가 들었다.
20세에 멈추든지 80세에 멈추든지.
"I stopped at twenty"라고 하면 20세에 멈춘 거죠.

이렇게 뻔히 보이니 기둥을 생략하고 곧바로
"Whether at twenty or eighty"로 간 것뿐입니다.
20세에 멈추든지 80세에 멈추든지 그 어느 누구든 배우는 것을 멈추는 사람은 늙었다는 거죠.
어기서 old라는 것은 dinosaur 느낌이 들죠? 새로운 시대를 따라가지 못하는 정신이 되는 거죠.

그가 이어서 한 다음 말을 직접 만들어보세요.

#그 어느 누구든 계속 배우는 사람은 젊음을 유지한다.

→ Anyone who keeps learning stays young.

포드가 한 말 중에 하나만 더 영어로 만들어볼까요?

#당신이 할 수 있다고 생각하든, 할 수 없다고 생각하든 당신이 옳다.

→ Whether you think you can, or you think you can't, you're right.

결국 당신의 생각대로 움직인다는 겁니다.
못 한다고 생각하면 못 할 것이고, 할 수 있다고 생각하면 할 거라는 거죠.
당신이 옳다, 당신이 말한 대로 당신의 미래가 펼쳐질 것이다.

그럼 이제 스스로 whether만 연습할 것인지 either와 같이 연습할 것인지 정해서 천칭을 올려놓고 다양하게 만들어보세요!

15 14

의문사 / 부가의문문

WH 주어 / TAG Q

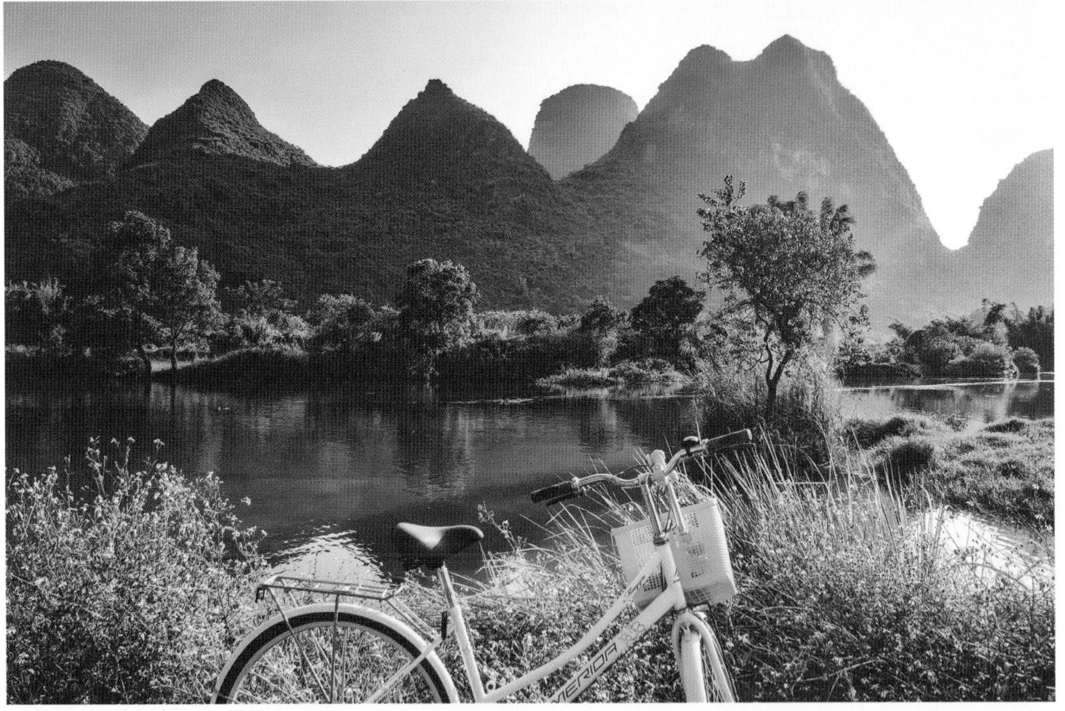

축하합니다! 마지막 스텝입니다.

SHOULD 기둥의 구조는 가장 기본 구조인 만큼 조금만 연습하면 금방 터득하게 되어 있죠? 대신 기둥의 느낌이나 다른 기둥들과 꼬는 것에 적응하는 것은 더 시간이 걸릴 거예요. 여러분이 이제 초반 기둥들을 만들기가 더 쉬워진 것처럼 이 SHOULD 기둥도 다음 기둥들을 진행하면서 다시 비교되고 반복됨에 따라 실력이 점차 더 늘 겁니다. 그럼 이제 이번 트랙의 마지막 스텝인 WH 주어와 TAG Q를 같이 해보죠.

#A: 전 바로 얼마 전에 출산 했답니다.

영어는 의외로 간단하게 풀어 말하는 경우가 많다고 했죠. 여러분도 이제 구조를 잘 아니까 글 그대로 번역하기보다는 메시지 전달에 집중해보세요. 그 방법이 오히려 어색하지 않은 영어 문장을 만드는 확률을 높일 겁니다.

→ I just had a baby.

실제로 자주 이렇게 말합니다.

그럼 상대가 좋게 반응을 해줘야죠.

#B: 그러셨어요? 축하드립니다.

→ Did you? Congratulations.

#A: 그냥 궁금해서 그러는데.

> wonder <

→ I was just wondering.

#아기의 처음 고체 음식이 무엇이어야 할까요?

고체 음식? '고체'는 solid [쏠리드]. 그래서 탄탄해서 무너지지 않을 강한 대상을 solid라고 잘 말한답니다.

고체 음식은 solid food겠죠?

아이의 첫 번째 고체 음식:

baby's first solid food

→ What should be baby's first solid food?

#액체는? liquid [리쿠이드]

#기체는? 이미 압니다. gas죠.

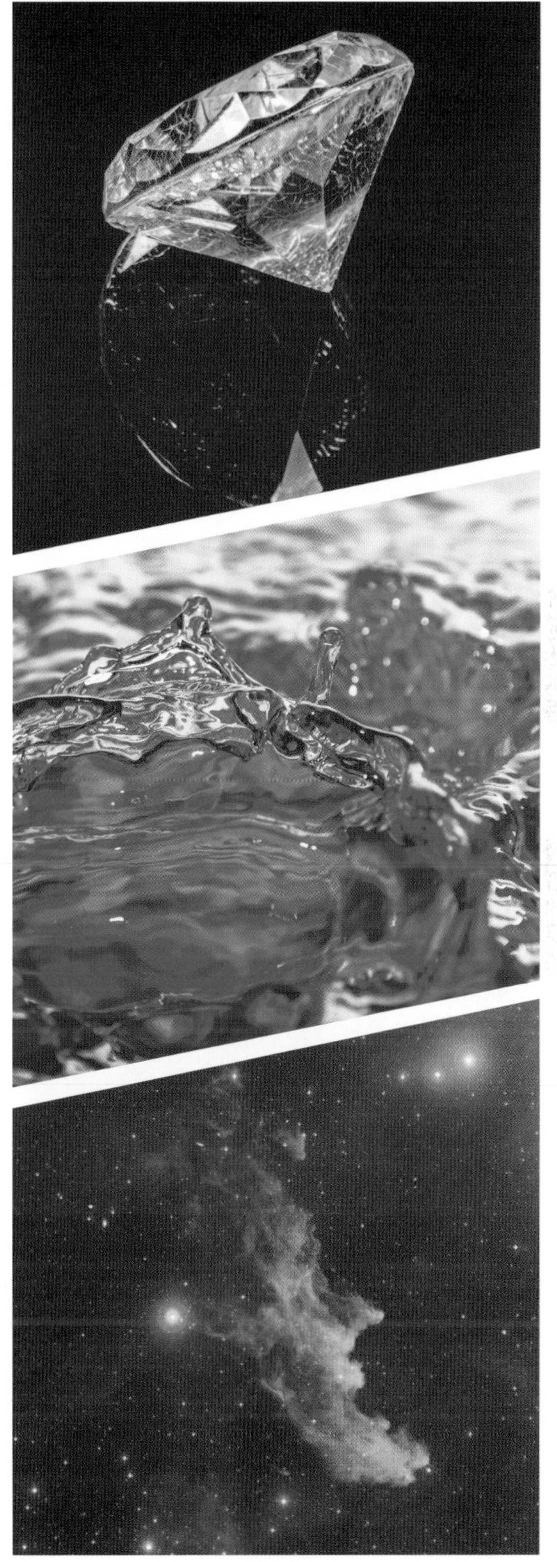

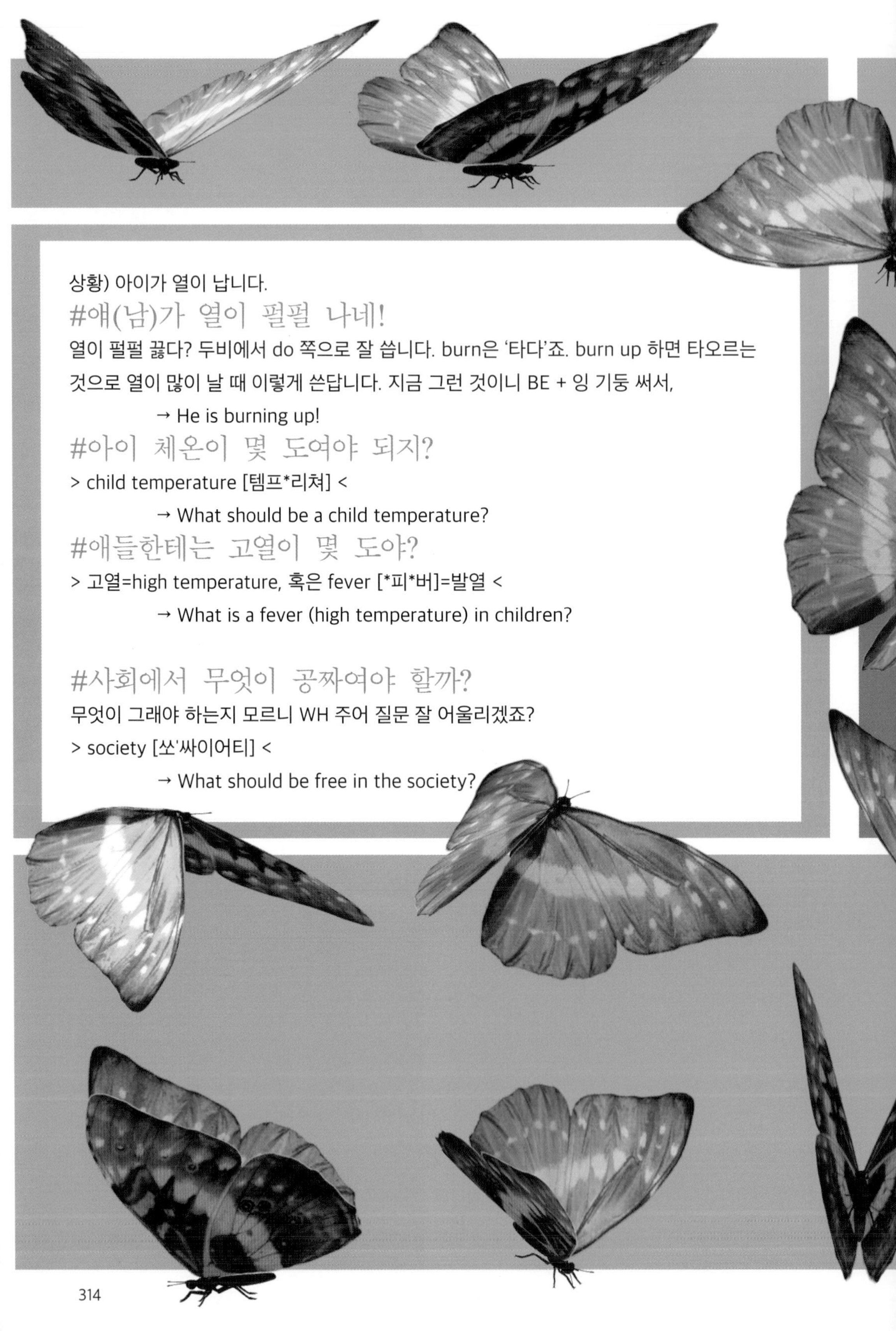

상황) 아이가 열이 납니다.

#애(남)가 열이 펄펄 나네!

열이 펄펄 끓다? 두비에서 do 쪽으로 잘 씁니다. burn은 '타다'죠. burn up 하면 타오르는 것으로 열이 많이 날 때 이렇게 쓴답니다. 지금 그런 것이니 BE + 잉 기둥 써서,

→ He is burning up!

#아이 체온이 몇 도여야 되지?

> child temperature [템프*리쳐] <

→ What should be a child temperature?

#애들한테는 고열이 몇 도야?

> 고열=high temperature, 혹은 fever [*피*버]=발열 <

→ What is a fever (high temperature) in children?

#사회에서 무엇이 공짜여야 할까?

무엇이 그래야 하는지 모르니 WH 주어 질문 잘 어울리겠죠?

> society [쏘'싸이어티] <

→ What should be free in the society?

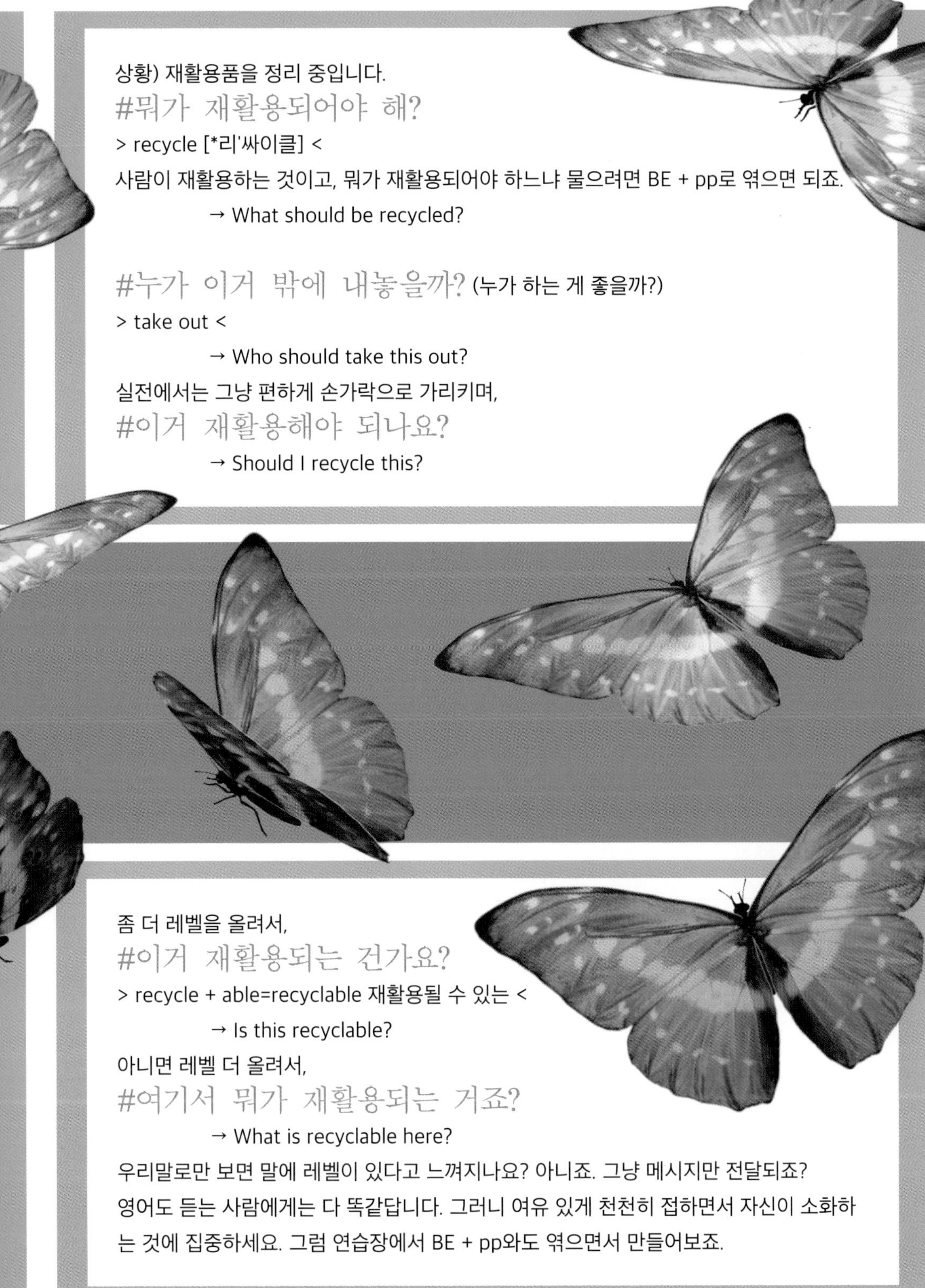

상황) 재활용품을 정리 중입니다.

#뭐가 재활용되어야 해?

> recycle [*리'싸이클] <

사람이 재활용하는 것이고, 뭐가 재활용되어야 하느냐 물으려면 BE + pp로 엮으면 되죠.

→ What should be recycled?

#누가 이거 밖에 내놓을까? (누가 하는 게 좋을까?)

> take out <

→ Who should take this out?

실전에서는 그냥 편하게 손가락으로 가리키며,

#이거 재활용해야 되나요?

→ Should I recycle this?

좀 더 레벨을 올려서,

#이거 재활용되는 건가요?

> recycle + able=recyclable 재활용될 수 있는 <

→ Is this recyclable?

아니면 레벨 더 올려서,

#여기서 뭐가 재활용되는 거죠?

→ What is recyclable here?

우리말로만 보면 말에 레벨이 있다고 느껴지나요? 아니죠. 그냥 메시지만 전달되죠? 영어도 듣는 사람에게는 다 똑같답니다. 그러니 여유 있게 천천히 접하면서 자신이 소화하는 것에 집중하세요. 그럼 연습장에서 BE + pp와도 엮으면서 만들어보죠.

연습

#또 무엇이 개선되어야 할까요?

improve [임'프*루*브]=개선하다

.... What else should be improved?

#구급상자에는 뭐가 있어야 되죠?

first aid kit

.... What should be in a first aid kit?

#뭐가 세상에서 금지되어야 할까요?

ban=금지하다

.... What should be banned in the world?

#제 이력서에는 뭐가 있어야 할까요?

C.V.

.... What should be on my C.V.?

#누가 먼저 '사랑해'를 말해야 될까?

.... Who should say 'I love you' first?

#최대효과를 위해 어떤 종류의 비타민들을 같이 섭취해야 되는지 저한테 말해줄 수 있나요?

maximum effect [맥시멈 이'*펙트] / type / vitamins / take - taken

.... Please could you tell me which types of vitamins should be taken together for maximum effect?

#누가 왕좌에 앉아야 될까요?

throne [*쓰*론]

.... Who should sit on the throne?

#요약에는 어떤 것이 포함되어야 하나요?

summary [써머*리] / include [인클루드]=포함하다

.... Which (what) should be included in a summary?

#이건 실제가 아닙니다.

> real <

→ This is not real.

#허구예요.

> fiction [*픽션] <

→ It is fiction.

지어낸 이야기가 아니라 실화나 정보를 전달하는 글들은 fiction의 반대말로 non-fiction이라고 합니다. 앞에 non-을 붙이는 것은 난센스(nonsense)의 non처럼 그것이 아니라고 할 때 사용한답니다.

영화나 드라마, 소설책보다 non-fiction을 좋아하는 분들 계시죠?
영어를 접하고 싶은데 그렇다고 TED 같은 강연보다는 뭔가 볼거리들이 더 다양하고 영화 같았으면 하는 분들에게 documentary를 추천합니다.
검색하면 유명한 다큐들을 쉽게 볼 수 있습니다.

BBC나 National Geographic에서도 다양한 소재로 다큐멘터리를 만들기 때문에 고르는 재미도 있답니다. 어디서부터 시작해야 할지 모르겠으면 BEST로 추천된 것부터 먼저 보세요. 구글에서 영어로 BBC documentary라고만 검색해도 무료 동영상이 뜹니다. 항상 영어로 검색해서 여기저기 들어가보세요.

#내가 왜 영어로 검색하는 것을 겁내지?

> search / afraid <

→ Why am I afraid of searching things in English?

#나 겁내면 안 되지, 그렇지?

꼬리표 질문이죠? 이미 다 배운 것이니 설명 없어도 알 수 있죠?

→ I shouldn't be afraid, should I?

영어로 검색하는 것도 국내 사이트와 방식이 같습니다. 단어만 넣으면 검색되듯 '옳은 단어' 신경 쓰지 말고 그냥 계속 관련 단어를 누르면서 검색해보세요.

다음 말들을 계속 만들어볼까요?

#자신의 인생을 개선시켜줄 것들을 검색하세요.

> improve / search [썰~치] <

do be 검색하라죠? 명령 기둥, Search~

extra 뭘 검색? 자신의 인생을 개선시켜줄 것들.

What would improve your life도 되고 (WH 1)

Things that would improve your life도 되겠죠? (열차)

→ Search things that would improve your life.

#하지만 재미를 갖는 것도 잊으면 안 되겠죠, 맞죠?

> fun / forget <

→ But we shouldn't forget to have fun, right?

#시간을 현명하게 쓰세요!

> wise <

→ Spend your time wisely!

#나 이거 하루 종일 할 거야. 그게 문제가 되진 않겠지, 그렇지?

→ I am gonna do this all day. It shouldn't be a problem, should it?

연습으로 자연스럽게 나오는 것이 더 중요합니다. 상황 상상하고 감정 실으면서 이제 꼬리표 질문도 연습장에서 직접 만들어보세요.

상황) 받기 싫은 전화가 왔습니다.

#받아야겠지? (그렇지?)

answer

.... I should answer it, shouldn't I?

#우리 가방들 어디 있어? 우리 가방 여기에 있어야 되잖아, 아니야?

.... Where are our bags? Our bags should be here, shouldn't they?

#나한테 이거 가르쳐줄 수 있어? 얼른! 내가 최고한테 배워야지 않겠어? (그렇지 않아?)

best

.... Can you teach me this? Come on! I should learn from the best, shouldn't I?

#가기 싫어! 그래도 준비하는 게 좋겠지, 그렇지?

still=여전히, 그럼에도 불구하고

.... I don't want to go! Still I should get ready, shouldn't I?

#내 신념을 위해 맞서야겠지, 그렇지?

belief / stand up=맞서다

.... I should stand up for my belief, shouldn't I?

#A: 네 형이 급여인상을 요구해야 할 것 같지 않아? (안 그래?)

raise [*레이즈] / request [*리'크웨스트]=요구하다

.... Your brother should request a raise, shouldn't he?

#B: 네 말이 맞아. 형이 정말 그래야 해.

.... You are right. He really should.

자! 축하드립니다! SHOULD 기둥을 끝내셨네요!

잠깐! SHOULD 기둥 위에 보면 '신령'이 있는데 스텝 하는 내내 한 번도 등장하지 않았죠?
이 '신령'은 신령답게 surprise로 때가 되면 나타날 겁니다. 지금은 알지 않아도 됩니다.
SHOULD 기둥!
뭔가 해야 된다고 생각할 때 사용하는 기둥. 다른 사람한테는 충고나 조언으로 들리기 때문에 예민한 주제인 만큼 강도로 나눠서 분류했던 것 기억하시나요?
약-중-강으로 해서 가장 많이 사용하는 약부터 시작한 것이 SHOULD 기둥이었습니다.

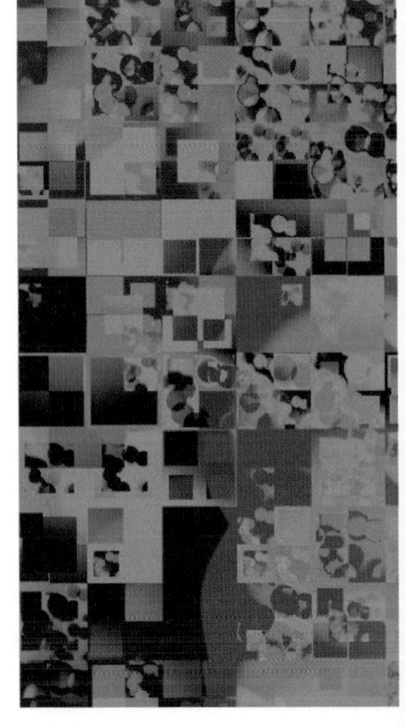

중간 레벨 강도인 기둥이 바로 다음 기둥에 등장한답니다.
그 기둥은 모양이 살짝 특이해서 오랜만에 퍼즐식으로 머리를 굴려야 하니 데굴데굴 재미있을 겁니다. 새롭게 배우거나 외워야 할 것은 없고 이미 아는 것으로 응용하는 기둥이니 긴장 안 하셔도 돼요!

여기까지 오셨으니 정말 많은 말을 할 줄 알게 되셨습니다. 영어에 콤플렉스가 생길 수밖에 없었던 공부 방식들을 돌아보면서 서서히 혼자 영어를 공부할 때 피해야 하는 길들도 접했죠?
다음 트랙에서는 좀 더 강한 말을 타고 더 다양한 비평에 들어갈 겁니다.
그럼 다음 기둥에서 뵙죠!

지름길을 선택한 이들을 위한 아이콘 요약서

- 문법 용어를 아는 것은 중요치 않습니다. 하지만 문법의 기능을 아는 것은 중요합니다. 이것은 외국어를 20개 하는 이들이 다들 추천하는 방식입니다. 문법을 이렇게 기능적인 도구로 바라보는 순간 영어는 다른 차원으로 쉬워지고 자신의 말을 만드는 것은 퀴즈처럼 재미있어집니다.

- 아래의 아이콘들은 영어의 모든 문법 기능들을 형상화한 것들로 여러분이 영어를 배우는 데 있어서 엄청나게 쉬워질 것입니다.

영어의 모든 문법 기능을 형상화한 아이콘

우리말은 주어가 카멜레온처럼 잘 숨지만 영어는 주어가 있어야 하는 구조. 항상 찾아내야 하는 카멜레온.

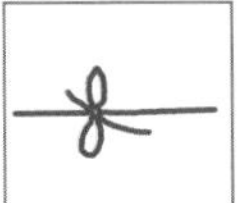

단어든 문장이든 연결해줄 때 사용하는 연결끈.

스텝에서 부정문, 질문 등 다양한 구조를 접하게 되는 기둥.

여기저기 껌딱지처럼 붙으며 뜻을 분명히 하는 기능. 힘이 세지는 않아 기둥 문장에는 못 붙음.

문장에 필요한 '동사'. 영어는 동사가 두-비. 2개로 정확히 나뉘므로 직접 골라낼 줄 알아야 함.

위치가 정해져 있지 않고 여기저기 움직이며 말을 꾸며주는 날치 아이콘.

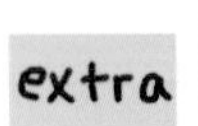

중요한 것은 기둥. 그 외에는 다 엑스트라여서 뒤에 붙이기만 하면 된다는 것을 상기시켜주는 아이콘.

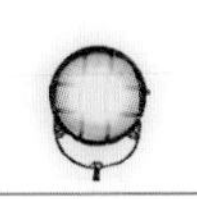

날치 중 어떤 부분을 강조하고자 할 때 보이는 스포트라이트.

Map에 추가로 표기된 아이콘의 의미

영어를 하려면
가장 기본으로 알아야 하는 스텝.

알면 더 도움이 되는 것.

주요 단어들인데
학생들이 헷갈려 하는 것들.

반복이 필요한 훈련 스텝.

- 문법이란 문장을 만들기 위해 올바른 위치에 단어들을 배열하는 방법으로 영어는 그 방법이 심플하고 엘레강트합니다. 각각의 문법 기능을 가장 쉽게 설명하는 것이 다음 아이콘들입니다. 문법에는 끝이 없다고 생각했겠지만 기둥 이외에 문법은 총 10개밖에 없으며 이것으로 어렵고 복잡한 영어까지 다 할 수 있습니다.

- 복잡하고 끝없던 문법 용어들은 이제 다 버리세요. 여러분이 원하는 것은 영어를 하는 것이지 복잡한 한국어 문법 용법들을 알려는 것이 아니니까요.

연결끈같이 보이지만, 쉽게 매듭이 풀려 기둥 앞에 배경처럼 갈 수 있는 리본.

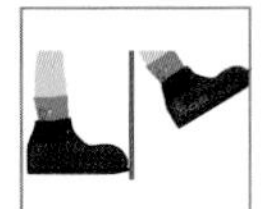

타임라인에서 한 발자국 더 앞으로 가는 TO 다리.

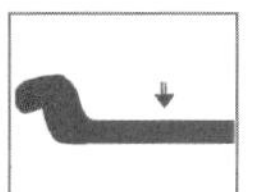

리본이 풀려 기둥 문장 앞에 깔리며 배경 같은 역할을 할 때 보이는 카펫.

열차마다 연결고리가 있고 고리끼리 서로 연결되면서 전체적으로 긴 열차가 됨을 나타내는 아이콘.

어려운 문법처럼 보이지만, 기둥 구조를 익히고 나면 굉장히 간단해지는 기능.

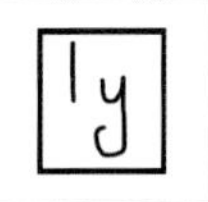

단어 뒤에 붙어 전달되는 의미를 변화시키는 ly.

껌딱지같이 간단하게 붙이기만 하면 되지만 껌딱지와 달리 무거운 기둥 문장을 붙일 수 있는 THAT.

기둥끼리 엮일 때 보여주는 아이콘.

두비에 붙어 두비의 기능을 바꿔주는 [잉].

구조를 분석하는 것보다
그냥 통째로 연습하는 것이 더 간단한 스텝.

실제 영어 대화에서 많이 쓰이지만 국내에서 잘 안 접했던 말.

전에 배운 Planet 스텝을 이후에 배운 새로운 기둥 등에 적용시켜 Planet을 크게 복습하는 스텝.

기둥 이외의 큰 문법 구조.
집중해야 함.

영어공부를 재발명하는 최파비아 기둥영어 (전9권)

쉽다! 단순하다! 효과는 놀랍다!
기둥 구조로 영어를 바라보는 순간
영어가 상상 이상으로 쉬워진다.
아무리 복잡한 영어라도 19개의 기둥으로 배우면
영어를 완전정복할 수 있다.
하루에 한 스텝씩!

1권 1번 명령기둥 · 2번 CAN 기둥 · 3번 WILL 기둥
2권 4번 DO/BE 기둥 · 5번 DOES 기둥/BE 기둥
3권 6번 BE+잉 기둥 · 7번 WAS 기둥
4권 8번 DID 기둥 · 9번 THERE 기둥
5권 10번 MIGHT 기둥 · 11번 WOULD 기둥
6권 12번 GONNA 기둥 · 13번 COULD 기둥
7권 14번 BE+pp 기둥 · 15번 SHOULD 기둥
8권 16번 HAVE TO 기둥 · 17번 MUST 기둥
9권 18번 HAVE+pp 기둥 · HAD+pp 기둥

영어의 전 과정을 커버하는
《최파비아의 기둥영어》 전9권

+ 영어학습을 도와주는 맵과 가리개
+ paviaenglish.com - 무료 리스닝 파일과 섀도잉 연습